BÖHMISCHES BÄDERDREIECK

Rund um Franzensbad, Karlsbad und Marienbad

Kerstin und André Micklitza

Trescher Verlag

1. Auflage 2015

Trescher Verlag
Reinhardtstr. 9
10117 Berlin
www.trescher-verlag.de

ISBN 978-3-89794-302-5

Herausgegeben von Bernd Schwenkros und
Detlev von Oppeln

Reihenentwurf und Gesamtgestaltung:
Bernd Chill
Gestaltung, Satz, Bildbearbeitung: Ulla Nickl
Lektorat: Hinnerk Dreppenstedt
Stadtpläne und Karten: Johann Maria Just,
Martin Kapp
Druck: Druckhaus Köthen

Gedruckt auf chlorfrei gebleichtem Papier

Printed in Germany

Alle Angaben in diesem Reiseführer wurden sorgfältig recherchiert und überprüft. Dennoch können Entwicklungen vor Ort dazu führen, dass einzelne Informationen nicht mehr aktuell sind. Gerne nehmen wir dazu Ihre Hinweise und Anregungen entgegen. Bitte schreiben Sie an **post@trescher-verlag.de.**

LAND UND LEUTE

REISEZIELE

REISETIPPS VON A BIS Z

SPRACHFÜHRER

ANHANG

Karlsbad, Mühlbrunnkolonnade

KAVÁRNA ŠPALÍČEK

EXTRAS

Burg Seeberg

Vorwort

Franzensbad, Karlsbad und Marienbad gehören zu den traditionsreichsten Kurbädern in Europa. Sie bilden das Herz des Böhmischen Bäderdreiecks, das nur einen Katzensprung von Bayern, Sachsen oder Thüringen entfernt liegt.

In der Frühzeit des Kurtourismus war es keine Seltenheit, dass die Gäste zuhause noch vor der Abreise ihr Testament aufsetzten. Denn unter anderem aus Vary, dem späteren Karlsbad, sind drastische Prozeduren überliefert – wer sie überlebte, galt als vollkommen geheilt. Diese Zeiten sind aber lange vorbei: Die heutigen Heilanwendungen sind immer weiter vervollkommnet worden und haben sich seit vielen Jahren bewährt, so dass ausgezeichnete Ergebnisse beinahe immer garantiert sind.

Die Thermen und Kurhäuser, Quellen und Kolonnaden entstanden zu einem Großteil im späten 19. Jahrhundert und sind nicht selten architektonische Kleinode in Historismus oder Jugendstil, und überhaupt präsentieren sich die Kurviertel der Bäderorte in sehr unterschiedlicher Weise als Schönheiten, deren harmonische Gestaltung die Sorgfalt und Weitsicht der Stadtplaner noch heute verrät.

Das unverfälschte Fluidum der Badeorte mit ihrer herrlichen Umgebung und den zahlreichen Ausflugszielen machen das Bäderdreieck nicht nur für Kurgäste, sondern gerade auch für Wochenendausflügler oder Kurzurlauber attraktiv. Außerdem handelt es sich bei einer Trinkkur in den Kurbädern nicht um das bloße Ausführen einer ärztlichen Verordnung, sondern um eine Zeremonie. Dafür wurde schließlich die Schnabeltasse erfunden: Ohne diesen genialen westböhmischen Badebecher aus Porzellan, sei er klein oder groß, altmodisch oder bereits wieder trendy, müssten alle beim bedächtigen Schlendern durch die Wandelhalle oder beim gemütlichen Promenieren unter freiem Himmel bei jedem Schlückchen stehen bleiben und ihren Kopf in den Nacken biegen. Nicht zuletzt ist die Schnabeltasse ein beliebtes Souvenir, das die Kurgäste gern mit nach Hause nehmen.

Gäbe es die drei großartigen böhmischen Kurorte nicht, so wäre im Laufe der Jahrhunderte auch vieles Geistvolle nicht zu Papier gebracht worden: Die Liste der Komponisten und Literaten, die sich in Westböhmen zu Werken inspirieren ließen, ist erstaunlich lang. Und auch die Erfindung des berühmten Karlsbader Becherbitter und der verführerisch duftenden Oblaten ist untrennbar mit dem Bäderwesen verbunden.

Schon Johann Wolfgang von Goethe – er hielt sich allein 17-mal in Franzensbad, 13-mal in Karlsbad und 4-mal in Marienbad auf – zeigte sich von seinen Besuchen und ihren Auswirkungen auf sein Wohlbefinden ganz beeindruckt und dankbar: »Was ich dort gelebt, genossen / was mir all dorther entsprossen / welche Freude, welche Kenntnis / wär's ein allzulang Geständnis / Mög es jeden so erfreuen / die Erfahrenen, die Neuen!«

›Šťastnou cestu‹, ›Glückliche Reise‹
wünschen Kerstin und André Micklitza

Cottbus, im Dezember 2014

Hinweise zur Benutzung dieses Reiseführers

Westböhmen war Teil des ehemaligen Kronlandes Böhmen innerhalb der österreichisch-ungarischen Monarchie. Bis zur Vertreibung der Sudetendeutschen wurde hier zumeist deutsch gesprochen, auch heute noch sind viele Orte und geographische Bezeichnungen im deutschen Sprachraum zumeist unter ihren alten deutschen Bezeichnungen geläufig. Daher und der besseren Lesbarkeit wegen wird bei geografischen Begriffen wie Seen, Flüssen, Bergen und Hügeln der deutsche Name zuerst benannt, der heute tschechische dahinter in Klammern. Bei Hauptsehenswürdigkeiten oder bei historischen Beschreibungen wird der deutsche Name beibehalten, der entsprechende tschechische bei der erstmaligen Erwähnung mitgenannt. Ein Ortsregister mit allen deutschen und tschechischen Bezeichnungen befindet sich am Ende des Buches.

Dieser Reiseführer beschreibt das Land von West nach Ost, jeweils ausgehend von den größeren Orten. Informationen zu Touristenbüros, Verkehrsverbindungen, Restaurants, Unterkunfts- und Sportmöglichkeiten sowie kulturellen Einrichtungen befinden sich in den Informationskästen am Ende der einzelnen Kapitel. Die Unterkunftspreise variieren stark, abhängig von der Saison, außerdem steigen sie erfahrungsgemäß jedes Jahr mehr oder weniger. Deshalb werden die Herbergen, bezogen auf den Preis für das Doppelzimmer, in drei Kategorien eingeteilt: (€) bis 50 Euro, (€€) 50 bis 100 Euro, (€€€) über 100 Euro.
Die Stadtpläne und Regionalkarten dienen zur ersten Orientierung. Besonders bei längerem Aufenthalt ist es jedoch ratsam, Wanderkarten und ausführliche Stadtpläne, die in den genannten Informationsbüros erhältlich sind, hinzuzuziehen.

Zeichenlegende

- Touristeninformation, allgemeine Informationen
- Busverbindungen
- Zugverbindungen
- Taxistände, Taxiruf
- Hinweise für Autofahrer
- Seil- und Gondelbahnen
- Flugplätze, Flugverbindungen
- Unterkünfte
- Camping- und Zeltplätze
- Lokale
- Cafés
- Museen, Ausstellungen, Sehenswürdigkeiten
- Festivals, Veranstaltungen
- Zoo, Tierpark
- Theater, Konzertsäle
- Bars, Nachtleben
- Thermal-, Heil- und Kurbäder
- Hinweise für Fahrradfahrer
- Golfplatz
- Einkaufsmöglichkeiten

Schloss Bečov

Das Wichtigste in Kürze

Information vor Reisebeginn

Tschechische Zentrale für Tourismus – CzechTourism, Wilhelmstraße 44 (Eingang Mohrenstraße), 10117 Berlin, Tel. 030/2044770, berlin@czechtourism.com, www.czechtourism.cz. Öffnungszeiten Infopoint: Mo–Do 10–12 u.14–19, Fr 10–12 Uhr.
Tschechisches Kulturzentrum München, Prinzregentenstr. 7, 80538 München, Tel. 089/21024932, http://munich.czechcentres.cz.

Einreise

Seit 2008 gilt in Tschechien das ›Schengener Durchführungsübereinkommen‹, an den EU-Binnengrenzen gibt es keine regulären Grenzkontrollen mehr. Den Personalausweis oder Reisepass muss man dennoch mitführen – es werden mitunter stichprobenartige Kontrollen vorgenommen. Außerdem wird ein Identitätsnachweis auch an der Hotelrezeption verlangt.

Geld

Der Kurs des Euro zur Tschechischen Krone (Kč) beträgt etwa 1:27 (Anfang 2015). Die Einführung des Euro ist nicht absehbar. Geldautomaten sind zahlreich vorhanden, insbesondere in den Stadtzentren und in Shopping-Malls. Achtung: Neuerdings schwanken die Umtauschkurse von Bank zu Bank, an manchen Automaten kann man den Kurs vor der Auszahlung ersehen. Einen günstigen Umtauschkurs – wird aber nicht angezeigt – bietet z.B. die Sberbank am Automaten an. Bei der Commerzbank (Komerční banka) darf man sich im deutschsprachigen Menü nicht irritieren lassen. Es wird ein ungünstiger Tageskurs angezeigt. Daher bei der Auswahl ›Ohne Umrechnungskurs abrechnen‹ wählen, dann wird die Abrechnung erst durch die deutsche Hausbank vorgenommen und nach dem regulären (besten) Kurs abgerechnet.
In vielen grenznahen Supermärkten kann man auch mit Euro bezahlen, das Wechselgeld wird aber in Kronen herausgegeben. Zentralnummern für Kartensperren: Tel. 0049/116116.

Unterwegs mit dem Auto

Bei Einreise mit dem Auto sind die auch in Deutschland erforderlichen Papiere mitzuführen. Empfohlen wird die Grüne Versicherungskarte. Wenn der Autofahrer nicht gleichzeitig Fahrzeugbesitzer ist, benötigt er dessen schriftliche Ermächtigung.
Das Straßennetz ist in einem guten Zustand. Dennoch können Hauptstraßen den enormen Verkehr vielerorts nicht mehr reibungslos verkraften, und insbesondere können dann LKW nicht gefahrlos überholt werden. Es gilt die Null-Promille-Grenze und ganzjährig Lichtpflicht für alle Fahrzeuge. Im Winter (1. Nov.–30. April) gilt auf gekennzeichneten Strecken – ›Auto mit Schneeflocke auf blauem Grund‹ – unab-

Landschaftsschutzgebiet Kaiserwald

hängig von den aktuellen Straßenverhältnissen eine Winterreifenpflicht. Beim Parken unbedingt darauf achten, dass der Wagen nicht im Parkverbot steht. Unsere Nachbarn kennen da kein Pardon, und es bleibt nicht beim ärgerlichen, aber an sich harmlosen Knöllchen wie von zuhause gewöhnt: In Böhmen wird rigoros abgeschleppt bzw. an einem der Reifen eine Wegfahrsperre angebracht. Das Auto anschließend auszulösen, kann noch dazu viel kostbare Urlaubszeit kosten.

Unterwegs mit öffentlichen Verkehrsmitteln

Das Bahnnetz ist engmaschig, die Fahrpreise sind mit etwa einem Viertel des deutschen Niveaus preisgünstig. Das Busfahren ist etwas teurer. Werktags kommt man fast überall hin, am Wochenende, vor allem auf dem Dorf, sind die meisten Verbindungen aus dem Fahrplan gestrichen worden. In der Bahn kann man das Fahrrad in den meisten Nahverkehrs- und Schnellzügen mitnehmen; bei ersterem wie zuhause gewohnt zumeist auf extra dafür vorgesehenen Stellplätzen, bei letzterem gibt es oft einen separaten Gepäckwagen.

Preisniveau

Das allgemeine Preisniveau ist in Westböhmen noch etwas niedriger als in Deutschland, aber in Karlsbad und Marienbad zum Teil bereits mit deutschen Preisen vergleichbar. Beim Discounter sind die Preise für identische deutsche Waren oft angeglichen, Grundnahrungsmittel aber oft noch etwas günstiger. Auch verschiedene Dienstleistungen, etwa Friseur und Kosmetik, sind preiswerter als zu Hause. Die Übernachtungspreise haben merklich angezogen. Vielerorts kann man aber nach wie vor gut und günstig speisen.

Sicherheit

Tschechien ist ein friedliches und sicheres Reiseland, Gewaltverbrechen sind äußerst selten. Nicht ganz von der Hand zu weisen ist die Gefahr eines Autodiebstahls. Hier sollten Sie, wo immer möglich, bewachte Plätze oder Garagen ansteuern.

Telefon

Vorwahl für Tschechien: 00420. Danach folgt die immer neunstellige Teilnehmernummer, auch bei Handys. Vorwahl nach Deutschland: 0049, nach Österreich: 0043, in die Schweiz: 0041. Münztelefone sind noch zu finden, auch Auslandsgespräche sind möglich.

Notrufe (landesweit kostenlos):
SOS: 112
Polizei: 158
Stadtpolizei: 156
Schnelle ärztliche Hilfe: 155
Straßenhilfsdienst: 154
Feuerwehr: 150

Verständigung

In den Infobüros spricht oft mindestens ein Mitarbeiter deutsch, ansonsten englisch. Absolut verlassen sollte man sich darauf jedoch nicht. In einigen Büros oder an Rezeptionen kleinerer Häuser versteht das Gegenüber nur tschechisch.

Unterkünfte

Es gibt Unterkünfte in allen Kategorien und Preisklassen. Engpässe treten selten auf, Einschränkungen gibt es in der Hauptsaison und über Weihnachten/Silvester. Manchmal wird auch ein komplettes Hotel von Kongress- oder Tagungsteilnehmern in Beschlag genommen. Auf die Sternekategorie sollte man sich nicht verlassen, sondern das Zimmer vorab in Augenschein nehmen – das gilt selbst für die renommierten internationalen Ketten, wo man eigentlich weltweit den gleichen Standard erwarten dürfte. Große Qualitätsunterschiede erlebt man beim Frühstück.

Individuell oder organisiert?

Westböhmen ist für Reisen auf eigene Faust ideal; wer nicht gern allein unterwegs ist oder sich den Planungsaufwand sparen möchte, ist bei spezialisierten Reiseveranstaltern gut aufgehoben (→ S. 139).

Herausragende Sehenswürdigkeiten

Naturschutzgebiet Soos ▼

Wie sonst nirgendwo in Mitteleuropa atmet hier die Erde hörbar Kohlendioxyd aus. Auf einem Brettersteg gelangen Besucher sicher und trocken durch die aktiven Relikte spätvulkanischer Tätigkeit und sehen auch blubbernde Wasserlöcher, die man Mofetten nennt (→ S. 47).

Marktplatz Cheb ▼

Respektable Kaufmannshäuser mit prächtigen Fassaden säumen das weitläufige Pflaster - ein wahres Architekturschaufenster des historischen Egerlandes. Das Schmuckstück ist das Egerer Stöckel, ein malerischer Komplex von elf einstigen Krämerhäuschen, durch den ein Gässchen führt (→ S. 54).

Burgkapelle des heiligen Erhard und der heiligen Ursula ►

Die Andachtsstätte ist Teil der Egerer Kaiserpfalz und ein sehr seltener architektonischer Zwitter zwischen unterem romanischen und oberem frühgotischen Betraum. Unten feierte das gemeine Fußvolk, oben die feinere Gesellschaft (→ S. 56).

Egerländer Fachwerk in Doubrava

In vielen Dörfern blieben Egerländer Bauerngehöfte erhalten, aber nirgendwo sind sie so malerisch versammelt wie in diesem Dorfflecken südlich von Cheb. In Doubrava stehen vier große Anwesen, die mit farbig bemaltem Fachwerk sowie Malereien auf Balken und Fensterläden verziert sind (→ S. 64).

Sprudel

Bis zu zwölf Meter schießt das heiße Wasser in der Karlsbader Sprudelhalle aus eigener Kraft in die Höhe. Es gelangt aus einem 2000 Meter tiefen Riss der Erdkruste ans Tageslicht, ein Geschenk des Vulkanismus. In der benachbarten Kolonnade kann man den gesunden Quell auch kostenlos trinken, vier Temperaturen stehen zur Auswahl (→ S. 71).

Grand Hotel Pupp ▲

Eine der berühmtesten Nobelherbergen des Kontinents steht im Karlsbader Kurviertel am Ufer der Tepl. In diesem Luxushotel kann der Reisende noch k.u.k. Atmosphäre schnuppern. Und auch heute steigt hier wie-

der ›Blaues Blut‹ ab, so beim alljährlichen Adelstreffen im April. Ansonsten lassen sich auch gutbetuchte Individualtouristen sowie Reisegruppen aus aller Welt fürstlich verwöhnen (→ S. 72).

Burg Elbogen ▸

Die Feste unweit von Karlsbad setzt dem mittelalterlichen Städtchen Elbogen (Loket) die architektonische Krone auf. Unterhalb von Burg und Stadt hat sich das Flüsschen Eger Jahrtausende redlich gemüht, in der hiesigen Felslandschaft modellierte es seinen allerschönsten Bogen (→ S. 89).

Heiliger Maurusschrein ▴

Auf der Burg Petschau (Bečov nad Teplou) wird heute der zweitwertvollste tschechische Schatz aufbewahrt. Das Reliquiar war sehr in Mitleidenschaft gezogen, als man es Mitte der 1980er Jahre auffand, und wurde aufwändig restauriert. Jetzt strahlt es, effektvoll in Szene gesetzt, wieder mystische Erhabenheit aus (→ S. 99).

Singende Fontäne Marienbad

Vor der Gusseisernen Hauptkolonnade tanzt das Wasser tagsüber zu jeder ungeraden Stunde aus 250 kleinen Düsen im Takt der Musik. Um 21 und 22 Uhr werden die Melodien von farbigen Lichtspielen begleitet (→ S. 105).

Große Synagoge Pilsen ▾

Das Gotteshaus im maurisch-romanischen Stil ist das drittgrößte dieser Art auf der Welt, sein besonderes Kennzeichen sind zwei zinnoberrote Zwiebeltürme. Wie durch ein Wunder blieb die Synagoge während der Nazi-Okkupation unversehrt (→ S. 126).

»Das Badeleben bietet nicht viel Vielfalt für den, der das Geld nicht mit vollen Händen verschwenden kann.«

Božena Němcová, Schriftstellerin
(kurte 1846 in Franzensbad)

Der Pavillon der Ferdinandsquelle in Marienbad

LAND UND LEUTE

Wichtige Landesdaten im Überblick

Offizielle Bezeichnung: Česká republika (Tschechische Republik).
Lage: Binnenstaat in Mitteleuropa.
Politisches System: Parlamentarische Demokratie.
Amtssprache: tschechisch.
Unabhängigkeit: Proklamation am 28. Oktober 1918, 1. Januar 1993 Trennung von der Slowakei.
Nationalfeiertag: 28. Oktober.
Fläche: 78 864 Quadratkilometer.
Einwohnerzahl: 10 526 685 (Oktober 2010).
Bevölkerungsdichte: 134,4 Einwohner pro Quadratmeter.
Hauptstadt: Prag (1,3 Mio Einwohner).
Weitere bedeutende Städte: Brno (Brünn, 370 000 Einwohner), Ostrava (Ostrau, 314 000), Plzeň (Pilsen, 165 000), Olomouc (Olmütz, 103 000), Liberec (Reichenberg, 100 000).

Ordnungshüter in Karlsbad

Die Flagge Tschechiens

Minderheiten: Slowaken, Polen, Roma, Vietnamesen und Deutsche, insgesamt ca. 6%.
Religionszugehörigkeit: 59% konfessionslos, 27% Katholiken, 2,1% Protestanten, verschiedene Minderheiten.
Bruttoinlandsprodukt: 154,4 Milliarden Euro (2014).
Bruttoinlandsprodukt pro Einwohner: 14 600 Euro.
Arbeitslosenquote: Etwa 7%.
Monatseinkommen: 950 Euro (2013).
Währung: Koruna (Krone, Abk. Kč oder CZK).
Wechselkurs: 10 Euro ca. 270 Kronen (Anfang 2015).
KFZ-Kennzeichen: CZ.
Internetkennung: cz.
Landesvorwahl: 00 420.
Zeit: Es gilt die Mitteleuropäische Zeit (MEZ) einschließlich Sommerzeit (MESZ).
Höchster Berg: Sněžka (Schneekoppe, 1602 m).
Längste Flüsse: Vltava (Moldau, 440 km), Labe (Elbe, böhmischer Teil 379 km), Morava (March, 358 km), Ohře (Eger, 256 km).
Größter See: Stausee Lipno, 4870 ha.
Touristenattraktionen: Altstädte, Burgen, Schlösser, Freilichtmuseen, Kurorte, Gebirge mit sehr gutem Wanderwegenetz, Radwege, Skipisten und Loipen, Weinbauzentren, Brauereien.

Landschaft und Geologisches

Nordwestlich des Bäderdreiecks türmt sich das Erzgebirge auf. Das sogenannte Egerland, benannt nach der Stadt Eger (Cheb) nördlich von Franzensbad, liegt an den Ausläufern des Fichtelgebirges. Die Kurorte Karlsbad und Marienbad befinden sich am Rand des gebirgigen Kaiserwaldes, einem sogenannten Rumpfflächenplateau mit Bergkuppen aus Basalt, Gneis, Granit und kristallinem Schiefer. Die höchsten Gipfel Judenhau (Lesný) und Glatze (Lysina), beide in der Nähe von Lázně Kynžvart zu finden, erreichen knapp 1000 Meter über dem Meeresspiegel. Der Nordrand des Kaiserwaldes fällt markant zum Egergraben ab, der so eine natürliche Grenze zum Erzgebirge bildet. Im Südosten von Westböhmen ›grüßen‹ bereits die Höhenzüge des Böhmerwaldes. Bedeutendster Fluss ist die Eger: Sie entspringt im bayerischen Fichtelgebirge am Nordwesthang des Schneeberges und überquert bei Dubina, westlich von Cheb, die Landesgrenze. Man findet mehrere große und kleinere Seen und Talsperren.

Der unermessliche Schatz heilkräftiger Mineralquellen basiert auf heute noch wirksamer nachvulkanischer Aktivität, die im Quartiär vor etwa eineinhalb Millionen Jahren begann. Das Wasser – aus Niederschlägen, Bächen und Flüssen – sickerte im Laufe von tausenden Jahren durch Granitspalten in die Tiefe, reicherte sich dabei mit Mineralien an und erwärmte sich. Durch das aus der Erdkruste ausgehauchte Kohlendioxyd und hydrostatischen Überdruck drängt es wieder ans Tageslicht.

Landschaftsschutzgebiet Kaiserwald (Slavkovský les)

Im nordwestlichen Böhmen, zwischen Mariánské Lázně im Süden, Cheb im Westen und Karlovy Vary im Norden, wurden 640 Quadratkilometer als Landschaftsschutzgebiet Kaiserwald (Slavkovský les) ausgewiesen. Innerhalb dieses Areals gibt es mehrere Naturschutzgebiete.

Nördlich von Mariánské Lázně findet sich das Naturschutzgebiet Stinker (Smrad'och). In diesem Waldmoor blubbern gashaltige Mineralquellen, die Umgebung weist eine außergewöhnliche Flora auf. Im Gebiet Steinl (Křížky), nordöstlich der Ortschaft Prameny (Sangerberg), wachsen auf Serpentingestein, das große Mengen an Magnesium und Kalk enthält, viele seltene Pflanzen.

Das Mierenblättrige Hornkraut hat hier das einzige Refugium auf der Welt, daneben gedeihen auch das Sudeten-Labkraut, das sich ansonsten nur in Karen des Riesengebirges angesiedelt hat, sowie das endemische Nelkengewächs Cerastium alsinifolium. In der Nähe von Prameny befindet sich die Naturreservation Trollblumenwiese (Upolínová louka).

Nördlich von Kynžvart dehnen sich großräumige Torfmoore aus, die als natürliche Wasserspeicher auch die Mineralquellen in Mariánské Lázně mit Nachschub versorgen. Im Glatzener Torfmoor (Kladské rašeliniště) gedeihen auf 133 Hektar Moorkiefern, Moosbeeren und viele andere charakteristische Torfpflanzen.

Etwas außerhalb des Kaiserwaldes, acht Kilometer nördlich von Cheb, sind im Torf- und Mineralmoor Soos (Hájek) noch Andeutungen aktiver vulkanischer Tätigkeit zu studieren. In den Mofetten (›Sumpfvulkane‹) tritt Kohlendioxyd hör-

Am Königsteich im Naturschutzgebiet Kladská

bar zutage, man sieht brodelnde Wasserlöcher. Der Boden ist stellenweise mit Glaubersalzkristallen überzogen, die besonders in niederschlagsarmen Witterungsperioden gut zu sehen sind. Die Kieselgurschicht stammt aus Kieselschalen eines längst verschwundenen Sees. Diese Umstände bilden eine Lebensgrundlage für salzliebende Pflanzen wie Salz-Milchkraut und Salz-Schuppenmiere, Dreizack und Flechtbinse. Auf Torf streckt der fleischfressende Sonnentau seine klebrigen Fangarme aus.

Bevölkerung

In Tschechien leben rund 10,5 Millionen Menschen. Seit den 1970er Jahren kamen viele Vietnamesen nach Westböhmen, insbesondere in die Region Cheb. Während sie von den Tschechen anfangs nur als ›Gastarbeiter‹ angesehen wurden, sind, ähnlich den Türken und Vietnamesen in Deutschland, viele inzwischen heimisch geworden und denken nicht mehr an eine Rückkehr. Eine erste junge Generation wächst heran, für die das Leben in Tschechien eine Selbstverständlichkeit darstellt.

Sinti und Roma, zumeist aus der Slowakei zugezogen, sind eine ungeliebte Minderheit. Obwohl bei einer Meinungsumfrage Ende der 1990er Jahre über 60 Prozent der befragten Tschechen angaben, keine schlechten Erfahrungen mit der Volksgruppe gehabt zu haben, wünschten sich 82 Prozent der Befragten die Roma und Sinti nicht als unmittelbare Nachbarn. Aktuelle Schätzungen gehen von rund 200 000 Vietnamesen und 250 000 bis 300 000 Sinti und Roma in Tschechien aus. Nach der letzten Volkszählung (2001) lebten noch 39 000 Deutsche in Tschechien, aber 60 000 besaßen einen deutschen Reisepass. Die Alteingesessenen blieben Bürger zweiter Klasse, sie erhalten weniger Rente, weil Löhne für Deutsche einst niedriger waren als die ihrer tschechischen Landsleute. Die Zwangsarbeit in tschechoslowakischen Internierungslagern – es gab sie immerhin bis 1955 – wird bislang nicht auf die Rente angerechnet. Auch das nach dem Krieg konfiszierte Eigentum erhielten sie nur wieder, wenn es zurückgekauft wurde.

Geschichte im Überblick

500–100 v. Chr. Der keltische Stamm der Bojer siedelt in Böhmen, der Stammesname wird zum Landesnamen: Bohemia = Böhmen.

8. bis 9. Jahrhundert Mit hoher Wahrscheinlichkeit siedeln in Westböhmen slawische Stämme, das Zentrum befand sich um die Burgstätte Eger (heute Cheb).

935–972 Die Přemyslidendynastie unter Boleslav I. beugt sich dem deutschen Kaiser Otto dem Großen und erkennt die deutsche Lehnshoheit an.

1306 Mit dem Tod von König Wenzel III. stirbt die Přemysliden-Dynastie im Mannesstamm aus. Seine Tochter Eliška heiratet 1310 den Luxemburger Johann, Sohn des Kaisers Heinrich VII.; Johann erhält von seinem Vater Böhmen als Lehen.

1314 Johann von Luxemburg erhält von Ludwig von Bayern das Egerland als ständiges Pfand für seine Fürsprache bei dessen Kandidatur für die Kaiserkrone. Der neue Regent sichert Eger alle bisherigen Rechte und gewährt neue Befugnisse, Grundlage für den autonomen Stadtstaat Eger innerhalb des böhmischen Königreiches bis zum Jahr 1723.

Die Ermordung Wallensteins, nachgestellt auf Burg Seeberg

1346–1378 Der Sohn Eliškas und Johanns besteigt als Kaiser Karl IV. den Thron. Unter seiner Herrschaft erlebt Böhmen seine größte wirtschaftliche und kulturelle Blüte.

12.–14. Jahrhundert Entwicklung des Handwerks, Bergbaus und der Landwirtschaft. Deutsche Kolonisten, Kaufleute und Handwerker werden ins Land gerufen, sie siedeln sich insbesondere in den kargen Randgebieten an. Böhmen gilt zu dieser Zeit als eines der reichsten Länder Europas.

1419 Beginn der Hussitenkriege, die aber nicht auf das Egerland übergreifen. Die katholischen Mächte kämpften 15 Jahre gegen Böhmen, führen sechs Kreuzzüge, können die Hussiten aber lange nicht unterwerfen.

1432 Mit dem ›Richterspruch von Eger‹ gelingt den Hussiten ein Etappensieg – eine Übereinkunft mit den Katholiken über die Basis und Garantien zur Teilnahme am Baseler Konzil.

1434 Niederlage der Hussiten in der Schlacht bei Lipan (Lipany).

1437 Die Stadt Eger wird für ihre Treue zum König Sigmund mit der Goldenen Bulle ausgestattet.

1526 Durch Heirat erlangen die Habsburger einen Erbanspruch auf Böhmen und Mähren. Kaiser Ferdinand I. leitet die 400-jährige Herrschaft der Habsburger ein.

1576–1611 Prag ist wieder Hauptstadt; die Habsburger verletzen die zugesicherte Religionsfreiheit.

23.5.1618 Der zweite ›Prager Fenstersturz‹ weitet sich zum Dreißigjährigen Krieg aus. Böhmen löst sich von Kaiser Ferdinand II. und begibt sich in die Ob-

Ein Tepler Mönch im Stadtmuseum Marienbad

hut von Friedrich von der Pfalz, dem Führer der protestantischen Union.

1620 Die Schlacht am Weißen Berg bei Prag endet mit einer Niederlage der böhmischen Stände.

1627 Böhmen verliert die staatsrechtliche Autonomie, auch der Stadtstaat Eger wird aufgelöst. Unter der Regierung Kaiserin Maria Theresias besitzt Böhmen nur noch Provinzstatus.

1867 Die Verfassung garantiert grundlegende Bürgerrechte. Seit Ende des 19. Jahrhunderts entstehen in Böhmen bedeutende Fabriken und ein modernes Verkehrswesen.

1914 Österreich nimmt am Ersten Weltkrieg auf Seite des Deutschen Reichs teil, die Sympathien der Tschechen liegen aber mehrheitlich auf Seite der Alliierten.

1916 Masaryk und Beneš gründen einen tschechoslowakischen Nationalrat.

28.10.1918 Proklamation der Tschechoslowakischen Republik (ČSR). Die Deutschen, die zweitgrößte Bevölkerungsgruppe, werden nicht als Staatsvolk angesehen, sondern als Minderheit. T. G. Masaryk wird erster Präsident der Republik.

Oktober 1918 Nach dem Zerfall der österreichisch-ungarischen Monarchie demonstrieren die Egerer Bürger für die Selbstständigkeit des Egerlandes und für dessen Anschluss an die Provinz Deutschböhmen.

16.12.1918 Die tschechische Armee besetzt das Egerland.

1920er Jahre Erfolgreiche wirtschaftliche Entwicklung, hauptsächlich in den deutsch besiedelten Gebieten (Chemie-, Glas-, Schwer- und Textilindustrie).

1929 Mit dem Beginn der Weltwirtschaftskrise verschärft sich die Situation zwischen Tschechen und Deutschen erneut.

1935 Gründung der Sudetendeutschen Partei (SdP), die unter starkem Einfluss der NSDAP steht. Ziel der SdP ist zunächst eine sudetendeutsche Autonomie innerhalb der ČSR, dann aber der Anschluss an Deutschland.

1937 Im November unterstellt sich Kon-

Auch Kaiser Franz I. kurte regelmäßig in Böhmen

rad Henlein, Vorsitzender der SdP, in aller Form Nazi-Deutschland.

1938 Die Beneš-Regierung bemüht sich um eine Lösung der Sudetenkrise: Sie bietet einen besonderen Nationalitätenstatus und mehr Einfluss für die Deutschen an. Henlein lehnt ab.

24.4.1938 Henlein verkündet in Karlsbad acht Forderungen. Diese beinhalten eine Selbstverwaltung und Loslösung der von Deutschen bewohnten Grenzgebiete.

20.5.1938 Wegen Truppenaufmärschen auf deutscher Seite verfügt Beneš eine Teilmobilmachung der Armee.

Mai 1938 Erfolg der SdP bei den Kommunalwahlen. Die ČSR-Regierung bietet den Sudetendeutschen eine Regierungsbeteiligung an. Henlein-Anhänger inszenieren bewusst Unruhen, um den Einsatz der Polizei zu provozieren. So soll der (Welt-) Öffentlichkeit die ›grausame Unterdrückung‹ der Deutschen durch die Tschechen vor Augen geführt werden.

7.9.1938 Frankreich und Großbritannien ›empfehlen‹ Beneš darauf die Loslösung derjenigen ČSR-Grenzgebiete, in denen mehr als 50 Prozent Deutsche leben. Darunter fallen Teile des heutigen Westböhmen, so das komplette Egerland und das Bäderdreieck mit Franzensbad, Karlsbad und Marienbad, aber nicht die Großstadt Pilsen.

23.9.1938 Zweite Mobilmachung.

29.9.1938 Das Münchner Abkommen wird unterzeichnet. Es sieht die Eingliederung vorwiegend deutsch besiedelter Territorien in das Deutsche Reich vor. Das Abkommen wird zwischen Italien, Frankreich, England und Deutschland ausgehandelt, die Regierung der ČSR wird nicht in die Gespräche einbezogen. Beneš leistet seine Unterschrift nachträglich und gibt gleichzeitig einen persönlichen Protest zu Protokoll.

1.10.1938 Die Wehrmacht marschiert über die Grenze.

15.3.1939 Staatspräsident Hácha stimmt nach der deutschen Drohung vernichtender Luftangriffe auf Prag der Schaffung eines ›Reichsprotektorats Böhmen und Mähren‹ zu: Deutsche Truppen besetzen noch am selben Tag das restliche Tschechien.

Ab Mitte 1939 Deutsche Firmen eignen sich zahlreiche tschechische Unternehmen an. Die deutsche Kriegsmaschinerie ist auf die Qualitätsarbeit in böhmischen und mährischen Rüstungsfirmen angewiesen und zahlt den tschechischen Facharbeitern hohe Löhne. Der überwiegende Teil der Bevölkerung arbeitet mit den Besatzern zusammen, tschechische Männer müssen dafür nicht in den Krieg ziehen. Dennoch fallen dem Nazi-Terror bis 1945 etwa 30 000 Tschechen und Slowaken sowie rund 200 000 Juden zum Opfer.

1942 Exil-Präsident Beneš befiehlt von London aus das Attentat auf den stellvertretenden ›Reichsprotektor‹ Heydrich. Zwei tschechische Fallschirmjäger werden über Böhmen abgesetzt und ermorden Heydrich in Prag. Als Vergeltungsmaßnahme machen SS-Einheiten das zentralböhmische Dorf Lidice dem Erdboden gleich; alle 199 Männer werden erschossen, 184 Frauen und 88 Kinder in ein KZ deportiert.

April 1945 Über Westböhmen rücken amerikanische Truppen an, die jedoch bei Pilsen an einer Demarkationslinie stehenbleiben.

5.5.1945 Die Prager Bevölkerung greift zu den Waffen.

9.5.1945 Sowjetische Truppen marschieren in Prag ein, am gleichen Tag erklärt das Oberkommando der Wehrmacht die bedingungslose Kapitulation: Der Zweite Weltkrieg in Europa ist beendet.

Mai 1945 Erneute Gründung der Tschechoslowakei. Systematische Enteignung und Vertreibung der Sudetendeutschen. Die rechtliche Grundlage bilden die sogenannten Beneš-Dekrete. Sie regeln ›die nationale Verwaltung der Vermögenswerte der Deutschen, der Magyaren, der Verräter und Kollaborateure‹ sowie ›die Konfiskation und beschleunigte Aufteilung des landwirtschaftlichen Vermögens der Deutschen, Magyaren, wie auch der Verräter und Feinde des tschechischen und slowakischen Volkes.‹ Bis Ende 1946 werden rund 3,6 Millionen Sudetendeutsche ausgewiesen.

Beneš übernimmt anfangs das Amt des Staatspräsidenten. Bei den ersten – noch freien – Nachkriegswahlen geht die Kommunistische Partei (KPČ) als stärkste Partei hervor.

1946 In Karlsbad findet das 1. Internationale Filmfestival statt. Heute ist das Filmfestival alljährlich das Großereignis im westböhmischen Bäderdreieck, Stars und Sternchen reisen aus der ganzen Welt an.

1948 Präsident Beneš tritt zurück, sein Amt übernimmt Klement Gottwald. Aufbau eines sozialistischen Staates durch Verstaatlichung der Großbetriebe und Zwangskollektivierung der Landwirtschaft. Bürgerliche Parteien werden gleichgeschaltet. Die westböhmischen Grenzen zu Bayern und Österreich werden hermetisch abgesichert und zu Todeszonen für Flüchtlinge. Jahrhundertelang gewachsene Verbindungen mit den westlichen Nachbarn werden somit plötzlich abgeschnitten.

5.1.1968 Alexander Dubček wird zum 1. Sekretär des ZK der KPČ gewählt und leitet in den nächsten Monaten Reformen ein. Die Regierungen der anderen Ostblockstaaten zeigen sich besorgt und fürchten den Übergriff des ›tschechischen Bazillus‹ auf ihre Staaten.

21.8.1968 Der als ›Prager Frühling‹ bekannt gewordene Versuch, dem Sozialismus ein ›menschliches Antlitz‹ zu verleihen, wird durch die Besetzung des Landes durch Truppen des Warschauer Paktes gewaltsam beendet. Zahlreiche Tschechen gehen ins Ausland.

1973 ČSSR und BRD nehmen diplomatische Beziehungen auf und unterzeichnen einen Grundlagenvertrag. Zuvor hatte die Bundesrepublik das Münchener Abkommen von 1938 für nichtig erklärt.

1977 Der Schriftsteller Václav Havel und weitere couragierte Bürgerrechtler gründen die ›Charta 77‹. Sie beziehen sich auf die Unterzeichnung die KSZE-Schlussakte von Helsinki (1975) und fordern vor allem die Umsetzung der darin formulierten und für verbindlich erklärten Bürgerrechte in der ČSSR.

1987 Miloš Jakeš wird Generalsekretär der KPČ. Die ›Charta 77‹ sieht sich durch die Reformpolitik Gorbatschows bestätigt und verstärkt ihre Aktivitäten.

Sommer 1989 Zuspitzung der Konfrontation zwischen Regierung und Bürgerrechtlern in der DDR, die Bürgerbewegungen in allen sozialistischen Staaten werden stärker. Hunderte DDR-Bürger besetzen den Garten der westdeutschen Botschaft, um ihre Ausreise in die Bundesrepublik zu erzwingen.

17.11.1989 Beginn der ›samtenen Revolution‹ in Prag.

7.12.1989 Regierung und Parteispitze treten zurück, am 10. Dezember nimmt Staatspräsident Gustav Husák seinen Hut. ›Havel na hrad!‹ (Havel auf die Burg) ist ein unüberhörbarer Ruf und allgegenwärtiger Graffitispruch.

8.12.1989 Tschechoslowakische Soldaten beginnen mit dem Abbau von Grenzsperren nach Österreich und Bayern.

29.12.1989 Václav Havel wird vom Prager Parlament zum neuen Staatspräsidenten der Tschechoslowakei gewählt, Parlamentspräsident wird Alexander Dubček.

5.6.1990 Bei den ersten nachsozialistischen Wahlen wird Präsident Havel in seinem Amt bestätigt.

27.8.1992 Die beiden Premiers Vaclav Klaus (Tschechien) und Vladimír Mečiár (Slowakei) verkünden: ›Die ČSFR wird zum 1. Januar 1993 aufgelöst‹. Ein von der Opposition angestrebtes Referendum zur Frage der Teilung wird nicht verwirklicht. Seit Januar 1993 existieren die Slowakei und Tschechien als unabhängige Staaten.

1992 Gründung der ›Euroregion Egrensis‹, die neben dem historischen Egerland auch Teile Bayerns und Sachsens einschließt. Seither werden Kultur und Tourismus sowie der Ausbau der Infrastruktur in den Grenzregionen gefördert.

26.1.1993 Václav Havel wird erneut zum Präsidenten gewählt.

Ende 1996 Deutsche und tschechische Historiker veröffentlichen die ›Deutsch-tschechische Erklärung‹. Die Tschechen bedauern darin, dass durch die Vertreibung sowie Aussiedlung der Sudetendeutschen unschuldigen Menschen Leid und Unrecht zugefügt wurde. Die Bundesrepublik bedauert ihrerseits das Leid, das Deutsche verursacht hatten.

März 1999 Tschechien wird in die NATO aufgenommen.

Januar 2003 Václav Havel erhält vom US-Magazin ›Newsweek‹ den ehrenvollen Titel ›Philosophenkönig‹ verliehen. Havel selbst sieht es pragmatischer: ›Ich war ein seltsamer revolutionärer Irrtum. Jetzt kommt Normalität‹.

Februar 2003 Václav Havel verlässt nach 13-jähriger Amtszeit die Prager Burg, der ehemalige Regierungschef Václav Klaus wird zum neuen Präsidenten gewählt.

13./14. Juni 2003 Beim Referendum über den Beitritt zur Europäischen Union stimmen 77 Prozent der Wähler mit Ja. Damit wird Tschechien zum 1. Mai 2004 Mitglied der EU.

Mai 2009 Nach jahrelangem Tauziehen passiert der EU-Reformvertrag das tschechische Parlament. Knapp drei Monate nach dem Abgeordnetenhaus stimmt auch der Senat dem lange umstrittenen Vertragswerk zu. Lange verweigert Präsident Václav Klaus seine Unterschrift, weil er nach Inkrafttreten eine Klagewelle von Sudetendeutschen auf Rückgabe von Immobilien befürchtet, die durch die Beneš-Dekrete enteignet wurden.

Juni 2010 Nach den Parlamentswahlen wird der Vorsitzende der konservativen Demokratischen Bürgerpartei (ODS), Petr Nečas, zum neuen Premierminister ernannt.

Januar 2013 Erstmals wird der Präsident des Landes direkt gewählt. Im zweiten Wahlgang setzt sich Miloš Zeman gegen den früheren Außenminister Karel Schwarzenberg durch.

Oktober 2013 Bei den wegen eines Korruptionsskandals vorgezogenen Parlamentsneuwahlen werden die seit sieben Jahren regierenden bürgerlichen Parteien ODS und TOP 09 abgestraft. Nach der massiven Protestabstimmung gelangen zwei neue politische Gruppierungen, ANO und Usviti (Aufgang), in das Prager Abgeordnetenhaus. Die Sozialdemokraten (CSSD) sind mit über 20 Prozent der Stimmen nomineller Sieger der Wahl. Eine Überraschung ist der Erfolg des Milliardärs Andrej Babis (ANO). Er erringt 19 Prozent der Stimmen, schließt jedoch eine Regierungsbeteiligung rigoros aus. Die Wahlbeteiligung ist extrem niedrig. 90 Prozent der Tschechen sind überzeugt, dass die gesamte Politikergarde korrupt ist. Für die meisten Wähler ist nur wichtig: Die Neuen müssten ›ehrlich und moralisch sauber‹ sein.

Januar 2014 Der Sozialdemokrat Bohuslav Sobotka wird zum neuen Ministerpräsidenten ernannt. Er ist damit der elfte Regierungschef Tschechiens.

Wirtschaft

Um das Böhmische Bäderdreieck hat die Großindustrie seit jeher einen Bogen gemacht. Traditionell sind hier neben dem florierenden Kurbetrieb einige Glasmanufakturen und Porzellanfabriken ansässig.

Die Waldsteiner Maschinenfabrik, im Jahr 1859 in Pilsen gegründet, wurde vom einstigen Mitarbeiter Dr. J. Škoda erworben. Ein Onkel vererbte ihm ein Vermögen. Er steckte das Geld in die Modernisierung der Fabrik und spezialisierte sich auf Dampfkraftwerksanlagenbau sowie Ausrüstungen für Grubenbetriebe, Mühlen, Ziegeleien und Zuckerfabriken. Das Pilsner Škodawerk war das bedeutendste Maschinenbauzentrum Österreich-Ungarns und später der Tschechoslowakei. In den 1920er Jahren sorgte das Škodawerk mit der ersten komplex verschweißten Stahlbrücke auf dem Kontinent, Dampfexpresslokomotiven sowie -turbinen für Furore. 1939 bis 1945 war das Werk in die Rüstungsproduktion Deutschlands eingebunden. Noch heute genießen die Škodawerke einen exzellenten internationalen Ruf, sind aber jetzt in koreanischen und russischen Händen.

Gern erinnert man sich der industriellen Blüte während der ersten Jahre der jungen Republik nach dem Ersten Weltkrieg. Damals gehörte die ČSR vor allem dank der 3,5 Millionen deutschen Einwohner zu den zehn stärksten Industrienationen der Welt. In der Periode der sozialistischen Planwirtschaft nach dem Zweiten Weltkrieg wurde insbesondere die Schwerindustrie stark ausgebaut.

Lange litt das Land an den Folgen einer verfehlten Energiepolitik. Eine Katastrophe für Bevölkerung und Umwelt waren insbesondere die ineffizienten und ohne Rauchgasreinigung arbeitenden Braunkohlekraftwerke, nur einen Steinwurf vom westböhmischen Bäderdreieck entfernt, am nördlichen Fuße des Erzgebirges. Hier wurde in den letzten Jahren aber vieles zum Positiven verändert.

Westböhmen ist heute keine Niedriglohnregion mehr. Deutsche Investoren schätzen vor allem die geografische Nähe sowie die sehr gut ausgebildeten Facharbeiter und Ingenieure. Die erhalten etwa ein Drittel des Gehalts ihrer Kollegen in Deutschland. Monatlich kommen im Durchschnitt jetzt 1000 Euro auf das Konto. Derzeit sind etwa 4000 deutsche Firmen hierzulande aktiv, so Bosch, Osram, Rodenstock und Siemens, aber auch Playmobil.

Zu den wichtigen regionalen Infrastrukturmaßnahmen zählt der Ausbau des Karlsbader Flughafens. Im Jahr 2013 zählte man dort bereits fast 105 000 Fluggäste.

Architektur

Schon seit dem Mittelalter wirkten in Böhmen namhafte Architekten, in den westböhmischen Randgebieten kamen die Baumeister allerdings weniger zum Zuge. Romanische Elemente finden sich in Eger (Cheb) an der Kaiserpfalz und der Kirche St. Nikolaus sowie der Burg Seeberg (hrad Ostroh). Die Gotik hinterließ ihre Spuren an der Egerer Burg sowie an mehreren Bürgerhäusern am Marktplatz, an Kirchen, Klöstern und der Stadtbefestigung. Barock geprägt sind in Eger die Kirche der heiligen Klara, Dominikanerkloster und Neues Rathaus sowie die Stiftskirche und das Klosters Tepl (Teplá). Ausgeprägte Beispiele für

Eine Besonderheit in Westböhmen ist der Tiroler Stil in Kladská

den Empire-Stil im Bäderdreieck sind das Kurviertel von Franzensbad, einige Gebäude in Marienbad sowie Schloss Königswart (Lázně Kynžvart). Die gusseiserne Hauptkolonnade in Marienbad ist eines der Paradebeispiele der europäischen Bäderarchitektur. Hervorzuheben sind dabei die filigranen Schmuckelemente im Neobarockstil sowie die üppigen Deckengemälde. Eine ähnlich prächtige Kolonnade gab es einst auch über dem Karlsbader Sprudel; sie verschwand jedoch während der deutschen Okkupation. Historismus und Romantizismus finden sich an zahlreichen Gebäuden im Marienbader Kurviertel, darunter das Stadttheater und mehrere Kirchen.

Prägend für Karlsbad mit seinen Bauten im Stil des Neobarock und der Neorenaissance war das Wirken der beiden Wiener Architekten Ferdinand Fellner und Hermann Helmer, die hier über zwei Jahrzehnte an vielen Projekten arbeiteten: Grandhotel Pupp, Kaiserbad, Stadttheater, Parkkolonnade und Aussichtsturm Goetheblick.

Volksarchitektur in Form des Egerländer Stils mit herrlichen Fachwerkgiebeln können in den Dörfern Milhostov (Mühlessen), Nový Drahov (Rohr) und Třebeň (Trebendorf) nordöstlich von Franzensbad sowie in Doubrava (Taubrath) und Salajna (Konradsgrün) südlich des Gaßnitzer Stausees (Vodní nádrž Jesenice) bewundert werden.

Eine Rarität in Westböhmen ist der alpenländische Stil, der in Kladská (Glatzen), auf etwa 800 Meter Meereshöhe im Kaiserwald, realisiert wurde. Hier stehen ein Jagdschlösschen sowie fünf Blockhäuser in Tiroler Bauweise.

Kunst und Kultur

Es wird behauptet, dass die Melodie, die der Karlsbader Briefträger einst auf seinem Posthorn spielte, Ludwig van Beethoven im Jahr 1812 zum Hauptmotiv seiner Ouvertüre in C-Dur inspiriert haben soll. Die lebendige und fröhliche Atmosphäre einer Bademetropole fand auch Eingang in die 8. Sinfonie, an der Beethoven während seines Aufenthalts in Karlsbad arbeitete.

Moderne Kunst in Pilsen

Von jahrelangem Liebeskummer geplagt, komponierte Frédéric Chopin zwischen 1831 und 1835 die ›1. Ballade op. 23‹ in g-Moll. Sein Wunsch, eine junge polnische Adlige zu heiraten, die er in Marienbad kennengelernt hatte, erfüllte sich nicht. Im Jahr 1845 beschäftigte sich Richard Wagner in Marienbad mit den Szenenplänen für seine beiden Opernerfolge ›Lohengrin‹ und ›Die Meistersinger von Nürnberg‹. Selbst schrieb er: »... mit einem Buch unter dem Arm tauchte ich in die nahen Wälder ein, um mich hier am Bach liegend mit der Lektüre zu unterhalten«. Auch Friedrich Nietzsche verbrachte viele Stunden in den Marienbader Wäldern, er suchte hier Ruhe, um neue Kraft zu schöpfen – was wiederum sicherlich seinem Gesamtwerk zugute kam.

Johann Wolfgang von Goethe war zwar oft und gern im Bäderdreieck zu Besuch, dichterisch befasste er sich aber erst zum endgültigen Abschied von Böhmen mit seiner ›Marienbader Elegie‹. Mit einer Ausnahme: Im ›Faust‹ hat der Vulkan Kammerbühl bei Franzensbad einen kleinen Auftritt, als der antike Philosoph Anaxagoras zu seinem Gegenüber Thales sagt: »Aus Feuer und Rauch entstand dieser Fels« (→ Extra S. 92).

Mit Aphorismen und Erzählungen erwarb sich Marie von Ebner-Eschenbach einen klangvollen Namen als eine der besten österreichischen Schriftstellerinnen. Ihr heute kaum bekanntes Erstlingswerk ›Aus Franzensbad‹ betrachtete sie selbst als eine Jugendsünde, an die sie nur ungern erinnert wurde: Das Büchlein veröffentlichte sie 1858 anonym – ein Nachdruck im Jahr 1913 erschien gegen ihren Einspruch. Heute offenbart ihre Satire ein realistisches zeitgenössisches Sittengemälde der Badegesellschaft zur Mitte des 19. Jahrhunderts: »Die Frauen selbst spielen aber nicht die Hauptrolle, diese übernimmt ihre Garderobe. Das eleganteste Negligé zieht des Morgens am Brunnen die meisten Blicke auf sich, das geschmackvollste Kleid trägt nachmittags den Sieg davon, was darin steckt – ob ein wattiertes Gerippe oder ein formloser Koloss – ist ziemlich gleichgültig«. Die aufmüpfige jugendliche Autorin nimmt kein Blatt vor den Mund. Sie lässt uns teilhaben an den Ausschweifungen der Reichen und Schönen, nimmt aber auch den Hochmut von Literaturkritikern und Feuilletonisten aufs Korn. Ihre amüsante und zuweilen bissige Kritik verpackt Ebner-Eschenbach in Form einer Korrespondenz. Sie schlüpft dafür in die Rolle einer adligen Dame, die ihrem Leibarzt aus Franzensbad unterhaltsame Briefe schreibt. Das vergnügliche Büchlein erschien 1985 als Reprint mit einem bemerkenswerten Nachwort von Karlheinz Rossbacher, der das frühe Werk der Autorin ins rechte Licht zu rücken vermag (Marie von Ebner-Eschenbach: ›Aus Franzensbad. Sechs Episteln von keinem Propheten‹. Wien, Leipzig, 1995).

Die tschechische Schriftstellerin Božena Nemcová ist im deutschsprachigen Raum heute vor allem durch die literarische Vorlage zum Märchenfilm-Klassiker ›Drei Haselnüsse für Aschenbrödel‹ bekannt. Leser, die sich für die böhmische Literatur interessieren, kennen sicher auch ihren Roman ›Die Großmutter‹ (›Babička‹): Ein sympathisches Spiegelbild des volkstümlichen böhmischen Landlebens. Wer tschechische Geldscheine aufmerksam betrachtet, findet ihr Abbild auf der 500-Kronen-Note. Als die Autorin im Jahr 1846 nach Franzensbad zu Kur reiste, war sie gerade einmal 26 Jahre alt, hatte aber bereits ihre Lebensmitte überschritten, war von Krankheiten und allerlei persönlichen Schicksalsschlägen gezeichnet. In Tschechien genießt sie hohe Wertschätzung, weil sie vorwiegend in tschechischer Sprache schrieb und sich damit um die nationale Wiedergeburt verdient machte. Božena Němcová begründete mit ihrem Lebenswerk die moderne tschechische Prosa. Wie die von ihr hoch geschätzte britische Autorin George Sand verabscheute Nemcová das beschränkte gesellschaftliche Rollenbild der Frau und trat für deren Selbstverwirklichung ein. In ihren Essays ›Briefe aus Franzensbad‹ beschreibt sie den Kuraufenthalt und ihre Eindrücke vornehmlich als kritische Beobachterin. Zur Trinkkur nach Franzensbad gekommen, fand sich Božena Nemcová täglich an der Salzquelle (Solný pramen) unter dem Dach der Winterkolonnade ein.

Die deutsche Regisseurin Dagmar Knöpfel setzte Božena Nemcová mit ihrem Streifen ›Durch diese Nacht sehe ich keinen einzigen Stern‹ im Jahr 1995 ein filmisches Denkmal – in der Hauptrolle ist die renommierte Schauspielerin Corinna Harfouch zu erleben. Heute trägt das kleine Franzensbader Stadttheater ihren Namen: Divadlo B. Nemcové. Am Südrand des Kurstädtchens, am Areál Milano, erinnert eine Bronzeplatte an ihren Kuraufenthalt.

Aus der Feder von Milan Kundera (›Die unerträgliche Leichtigkeit des Seins‹) stammt auch der Roman ›Abschiedswalzer‹ mit dem Handlungsort Franzensbad. Den Walzer tanzen insgesamt acht Charaktere. Der Protagonistin Rosa, einer Krankenschwester, ist passiert, was sich all die weiblichen Kurgäste hier am sehnlichsten wünschen – sie ist schwanger, und zwar vom schüchternen Franta, der sie heiß und innig liebt. Rosa aber unterstellt die Vaterschaft dem verheirateten Trompeter Klima, um ihn zur Trennung von seiner krankhaft eifersüchtigen Frau Kamila zu bewegen und ihn zu ehelichen. Eine schwarze Komödie der Extraklasse – wahrscheinlich Kunderas bösestes und zugleich unterhaltsamstes Buch, angereichert mit viel westböhmischem Lokalkolorit.

Außer Pinocchio aus Italien haben es nur noch zwei weitere Marionetten zu Weltruhm geschafft: Spejbl und Hurvínek. Seit ihrem ersten Auftritt 1930 im westböhmischen Pilsen sind sie nicht gealtert, ihr Witz bleibt zeitlos. In Tschechien sind sie die absoluten Stars und ihre Vorstellungen in der Prager Puppenbühne (seit 1945 hier ansässig) oft ausverkauft. Meist nervt der quirlige Hurvínek seinen Vater mit unbequemen Fragen. Auf amüsante Art vermittelt ›Vatilein‹ sein Wissen. Wird seine Geduld doch zu arg strapaziert, dann rollt er unnachahmlich mit den Augen oder stampft mit dem Fuß auf die Bühne. Eine Frage Hurvíneks wurde längst zum Kult: ›Papiii, was ist Liebe?‹

Hochkonjunktur verzeichnen kleine Betriebe mit volkshandwerklicher Produktion, insbesondere Keramik-, Glas-, Schmiedekunst- und Textilerzeugnisse finden als geschmackvolles Mitbringsel ihre Käufer.

Essen und Trinken

Die böhmische Küche ist über die Landesgrenzen hinweg bekannt. Bei der Zubereitung dominieren Fleisch und Teigwaren, Gemüse ist weniger wichtig. Sehr schmackhaft sind die Knödel, die in vielerlei Varianten auf den Tisch kommen. Die echte böhmische Küche ist sehr kalorienreich und sättigt durch den hohen Anteil von Mehlspeisen. Typische böhmische Gerichte sind Rinder-, Schweine-, Gänse- oder Entenbraten mit Semmelknödeln und Kraut. Eine Spezialität sind mit Pflaumen, Kirschen oder Blaubeeren gefüllte süße Knödel und Palatschinken (gefüllte Pfannkuchen). Zu empfehlen sind die verschiedenen Suppen (polévky).

Beliebtestes Getränk der Tschechen ist das Bier (pivo). Bekannte Sorten sind Pilsner Urquell, Budweiser, Gambrinus, Staropramen und Radegast. Die bei uns völlig unbekannten nordböhmischen und mährischen Weiß- und Rotweine sollte man unbedingt probieren. Sie müssen keinen Vergleich mit anderen europäischen Qualitätsweinen scheuen und besitzen oft eine eigene charakteristische Note, so meist wenig Säure.

Der Magenbitter ›Karlsbader Becher‹ (Becherovka) und der Pflaumenschnaps ›Sliwowitz‹ (Slivovice) sind bekannte Spirituosenerzeugnisse. Hinter dem Begriff ›hostinec‹ verbirgt sich oft eine Dorfkneipe, nicht selten ist sie stark verräuchert. Hier sitzen die Einheimischen zusammen und man kann den tschechischen Alltag gut beobachten, so auch in der Bierstube (pivnice), der Weinstube (vinárna) und dem Café (kavárna).

Die Speisekarte (jídelní lístek) wird fast überall zweisprachig angeboten, wenn nicht, sind Kellner oder Kellnerin zumeist bereit, die Speisen auf deutsch anzusagen. Aber es bereitet auch Spaß, selbst in der Landessprache zu bestellen: Ihr tschechisches Gegenüber wird es mit Wohlwollen honorieren.

Die wohl bekannteste Spirituose Tschechiens

Rezepte

Egerländer Kartoffelsalat

Zutaten (für 3 Personen): 600 g Kartoffeln, 2 Möhren (Gelbe Rüben), 2 Gewürzgurken, 3 Eier, 2 EL Essig, 3 EL Rapsöl, 200 ml Gemüsebrühe, etwas Schnittlauch, Salz, Pfeffer.

Zubereitung: Die Eier hart kochen, kalt abschrecken und abkühlen lassen. Möhren schälen und in Salzwasser bissfest garen. Die Kartoffeln mit Schale garen, abgießen und ausdampfen lassen. Schälen und in fingerdicke Streifen schneiden. Eier pellen, Essiggurken und Möhren vierteln und in kleine Würfel schneiden. Zu den Kartoffeln geben. Mit Salz und Pfeffer würzen, Essig, Brühe und Öl dazu geben. Alles vorsichtig vermengen. Den Salat ca. 60 Min. ziehen lassen, mit einer Ei-Scheibe und etwas klein gehacktem Schnittlauch garnieren.

Dazu schmeckt ein warmer Fleischkäse oder auch gebackener Fisch.

Pilsner Brauereigulasch

Zutaten (für 3 Personen): 500 g Schweinefleisch, 500 g gewürfelte Zwiebeln, 2 große Knoblauchzehen, 3 EL Rapsöl, 1 ½ EL Paprika (edelsüß), 1 EL Paprika (scharf), 2 TL Kümmel, 1 TL Majoran, Salz, schwarzer Pfeffer aus der Mühle, 0,2 l helles Bier, 1 EL Tomatenmark, 1 Prise Zucker.

Zubereitung: Das Fleisch in kleinere Würfel schneiden. Zwiebel würfeln, Knoblauch fein hacken. Rapsöl in einem Topf erhitzen, die Zwiebeln darin anrösten, bis sie anfangen Farbe anzunehmen. Knoblauch und Fleisch dazugeben und anbraten. Dann mit Paprika und Kümmel bestreuen, Tomatenmark dazugeben. Alles kurz mit anschwitzen. Vorsicht, dass das Paprikapulver nicht anbrennt, es wäre sonst bitter. Alles mit etwas Wasser ablöschen, salzen, pfeffern und Zucker sowie Majoran hinzufügen. Bei leicht geöffnetem Deckel schmoren lassen, bis das Fleisch weich ist und die Zwiebeln gut zerfallen sind. Immer wieder zwischendurch umrühren und Wasser nachgießen.

Mehl in etwas Wasser verquirlen, bis es sich vollständig gelöst hat und keine Klümpchen mehr bildet. Zum Gulasch geben, gut durchrühren und nochmals ca. 10 Minuten köcheln lassen, bis der Mehlgeschmack verschwunden ist. Dabei immer wieder umrühren, denn das Mehl brennt sonst am Topfboden an. Zum Schluss noch das Bier zugeben, nur noch ganz kurz aufkochen und servieren.

Dazu passen Böhmische Knödel.

Karlsbader Oblatentorte

Zutaten (für 5 Personen): 70 g Butter, 70 g Zucker, 80 g gemahlene geröstete Haselnüsse, 70 g Schokolade, süße Sahne, 70 g Schokolade für den Guss.

Zubereitung: Für die Füllung die Butter schaumig rühren und den Zucker, die Nüsse und die geschmolzene Schokolade untermengen. Vier Oblaten damit bestreichen, aufeinandersetzen und mit der fünften Oblate abdecken.

Für den Guss die Schokolade schmelzen lassen und die oberste Oblate damit überziehen. 10 Minuten im warmen Ofen, dann noch an der Luft trocknen lassen und mit süßer Sahne servieren.

Das Bäderdreieck wird im Norden markant durch das Erzgebirge begrenzt. In der lieblichen Landschaft finden sich die traditionsreichen Kur- und Badeorte Franzensbad, Marienbad und Karlsbad sowie eine Reihe weiterer Kleinode.

REISEZIELE

Das Gesellschaftshaus in Franzensbad

Františkovy Lázně

Františkovy Lázně (Franzensbad) mit etwa 5700 Einwohnern liegt auf etwa 450 Meter Höhe im äußersten Zipfel Westböhmens, im Windschatten des nahen Elstergebirges und im Grenzwinkel zu Bayern und Sachsen. Franzensbad ist noch immer das Ideal eines Kurbades, eine wahrhaftige Insel der Ruhe: Beschaulich klein und etwas verträumt - ganz im Gegensatz zum benachbarten geschäftigen Marienbad oder dem mondänen Karlsbad. Noch immer kann man in Franzensbad den früher populären Werbeslogan ›Kommt in den Kurort mit dem Duft von Heu und Schwalbennestern‹ nachempfinden.

In mehreren Kurhotels und einigen Lokalen finden täglich Tanzabende statt - das gibt es in Karlsbad und Marienbad kaum noch.

Geschichte

Bereits im 12. Jahrhundert sprachen sich die heilkräftigen Wirkungen des Wassers herum, bis zur ersten Franzensbader Kursaison sollte es aber noch etwa 600 Jahre dauern. Auch als die legendären Ärzte Paracelsus und Agricola das Wasser im 16. Jahrhundert untersuchten und lobten, tat sich wenig.

Dem Aufschwung zum Badeort ging ein handfester Streit voraus: In der benachbarten Stadt Eger kannte man die Heilwirkungen des hiesigen Wassers seit jeher; es wurde in Tongefäßen zu den Kranken gebracht. Und diesen besonderen Status als florierender Kurort ohne Quelle verteidigten die Egerer. Es gab sogar Pläne, das Wasser über Rohre in die Stadt zu leiten; sie wurden aber nicht umgesetzt. 1790 bemühte

Das Hotel ›Imperial‹ ist ein Zeugnis der glanzvollsten Zeit Franzensbads

▲ Karte S. 35

sich der Egerer Stadtarzt und -physikus Bernhard Vinzenz Adler, die hygienischen Zustände vor Ort zu verbessern. So regte er an, das Betreten Unbefugter zu verhindern. Danach wurde die Franzensquelle mit einem ersten Pavillon, weitere Quellen mit Gittern gesichert. Doch die berufstätigen Wasserträgerinnen fürchteten um ihre Existenz, und 1791 rissen aufgebrachte Frauen alle Absperrungen nieder. Der Sauerbrunnen-Inspektor Christoph Kriegelstein schrieb daraufhin an das königliche Kreisamt Elbogen: »... so dann von einigen Hundert darauf anrückenden Weibern, die, mit Stangen, Sägen, Hacken und sogar mit langen Messern versehen waren, unter voller Wut, ... das Dach, welches der guten Quelle aufgesetzt war, zerhaut, zertrümmert und dem Boden gleichge-

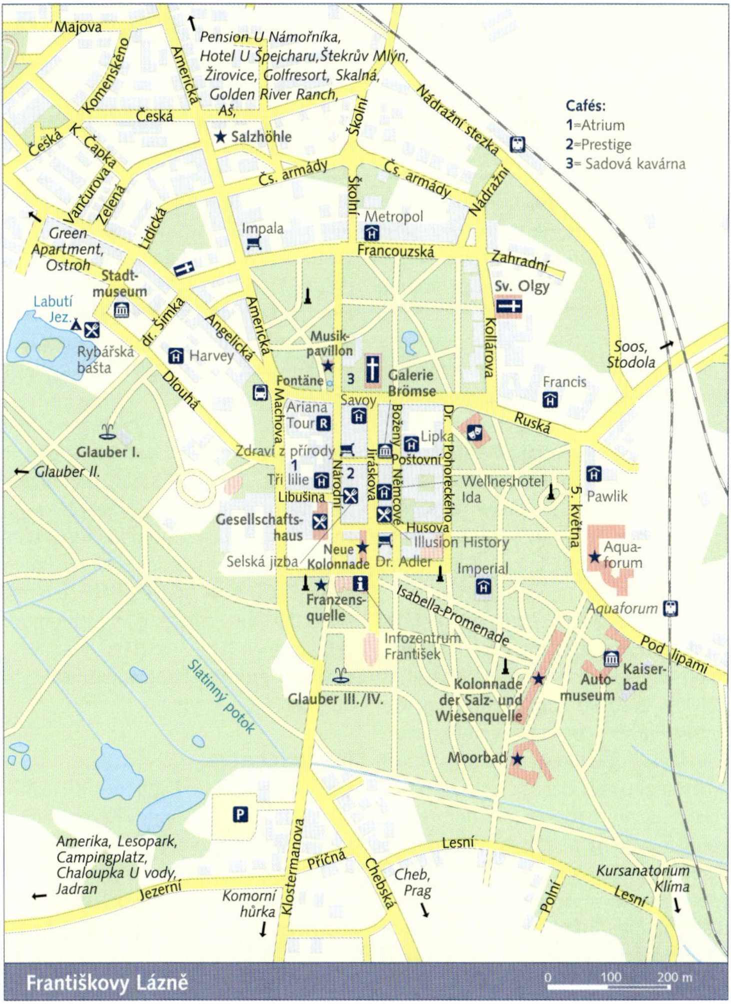

Františkovy Lázně

macht. Die vier zur Ableitung des Brunnens angebaute Röhren herausgerissen und das meiste, was bisher auf Befehl der hohen Landesstelle an der Arbeit unternommen war, vernichtet worden sei«. Eine Szene dieses Tumults ist auf einem historischen Wandbild im Speisesaal des Hotels ›Pawlik‹ zu sehen.

Der Streit kam Kaiser Leopold II. zu Ohren, der eine Erklärung verlangte. Daraufhin beschloss der Egerer Stadtrat, ein ›ordentliches‹ Kurhaus zu errichten. Am 27. April 1793 erhielt der Ort den Namen Kaiser-Franzensdorf, und Bernhard Vinzenz Adler, ein Absolvent der medizinischen Fakultät in Wien, wurde zum ersten landesherrlichen Brunnenarzt ernannt – als solcher verfasste er zwei medizinische Abhandlungen über die Heilwirkungen der Wässerchen. Seit 1807 heißt der Kurort offiziell Franzensbad – nach Kaiser Franz I. von Österreich (1768–1835).

Erst 1852 amtierte ein Franzensbader Bürgermeister, zuvor wurde der aufstrebende Kurort von Eger bevormundet. 1865 erhielt Franzensbad die Stadtrechte zuerkannt. Im Franzensbader Stadtwappen erweist man Dr. Adler nach wie vor die Ehre: Er ist als schwarzer Adler dargestellt, der mit seinen Krallen eine Äskulapschlange umklammert.

Als das Mineralwasser knapp zu werden drohte, suchte Stadtarzt Adler nach weiteren Quellen und fand die erste Gasquelle – die bald nach der Tochter von Kaiser Franz I. benannt wurde, Marie Luise. Die Luisenquelle nutzte man fortan zusätzlich als Gasbad.

Nach Franzensbad zog es in der Vergangenheit viele namhafte Prominente: Johann Wolfgang von Goethe fühlte sich wie vielerorts in Böhmen auch hier pudelwohl. Die Prager Dichter Franz Kafka und Jan Neruda sowie Johann Gottfried Herder taten es ihm Jahre später gleich. Ludwig van Beethoven fand im Kurstädtchen sogar Muße und Inspiration zum Komponieren, sein Kollege Joseph Strauß beließ es beim Kuren; die Philosophen Friedrich Nietzsche und Arthur Schopenhauer sowie der Maler Carl Spitzweg hielten sich ebenfalls hier auf. Auch Regenten und Politiker suchten in Franzensbad Genesung, so der österreich-ungarische Kaiser Franz I., Fürst von Metternich und Erzherzog Stephan. Am 3. Oktober 1938, gleich nach der Besetzung des Sudetenlandes, eilte Adolf Hitler nach Franzensbad. Er ließ sich ein Frühstück auf der Antonshöhe (Antonínova výšina) schmecken und trank anschließend vom Franzensbader Sauerbrunnen – dieses Fotomotiv war bis 1945 ein beliebtes Souvenir der Kurgäste. Nach der Niederschlagung des Prager Frühlings galt Franzensbad in den 1970er Jahren als eine geduldete Rückzugsinsel für in Prag verfemte Autoren, Künstler, Schriftsteller, Schauspieler und Regisseure.

Nach der ›Samtenen Revolution‹ wurde die Bad Franzensbader Aktiengesellschaft gegründet, seit 1992 steht das Kurzentrum komplett unter Denkmalschutz. Im Laufe der 1990er Jahre sind die Kurhäuser modernisiert worden. Heute stehen etwa 3500 Kur- und Hotelbetten zur Auswahl. Die wichtigste Investition der vergangenen Jahre war das Aquaforum, eine der größten Badelandschaften in Böhmen.

Naturschätze

Der Franzensbader Direktor für Heilfürsorge, Josef Zoul, sagt: »Rezept einlösen, Pillen schlucken, gesund werden, so funktioniert eine Kur nicht ... Wer zu Kur fährt, dessen Körper muss sich schrittweise an Belastungen gewöhnen. ... nicht jedes Kohlendioxydbad, nicht jede Moorpackung, nicht jede Gas-

▶ Karte S. 35

Die Glauberquelle

injektion wird als angenehm empfunden ... Wellness ist reiner Urlaub. Wir dagegen heilen.«

Franzensbad hat sich in der Frauenheilkunde einen hervorragenden Ruf erworben, insbesondere auf dem Spezialgebiet der Sterilitätsbehandlung. Von den 30 Mineralquellen werden 21 medizinisch genutzt. Alle weisen einen hohen Kohlendioxydgehalt auf. Die meisten sind auch reich an Glaubersalz, einem chemisch wasserhaltigen Natriumsulfat. Seinen Namen erhielt das Salz nach dem Apotheker und Chemiker Johann Rudolf Glauber (1604–1670).

Als äußerst wirksam hat sich auch die heilkräftige Wirkung des mineralhaltigen Moorschlammes erwiesen. Neben Frauenleiden werden hier seit Anfang des 20. Jahrhunderts auch Gefäß-, Gelenk- und Rückgraterkrankungen behandelt. Das starke Geschlecht kommt meist nach Franzensbad, um ein krankes Herz wieder zu ertüchtigen.

Die Wässer der Neuen Kirchquelle (Kostelní pramen) sowie der Glauberquellen (Glauberův pramen) I bis IV schmecken außergewöhnlich fade, sind dafür aber ein wirksames Abführmittel. Die Quelle Nummer IV ist die stärkste weltweit. Neue Quelle (Nový pramen) und Eisenquelle (Železnarný pramen) zählen zu den alkalisch-eisenhaltigen-mineralisch-salinen Kohlensäurequellen.

Die Heilwasserquellen besitzen eine durchschnittliche Temperatur von 9 bis 11 Grad Celsius, worin pro Liter etwa 1,5 bis 2,5 Gramm Kohlendioxyd sowie etwa 5 Gramm Mineralstoffe gelöst sind – was einer mittleren bis starken Mineralisierung entspricht. Dieses Wasser wird für Bäder, Trinkkuren, Inhalation und Irrigation (Darmspülung) verwendet. Das schwefel- und eisenhaltige Naturmoor weist darüber hinaus einen hohen Anteil an gelösten Mineralstoffen sowie Huminsäure auf. Es wird für Moorbäder, -packungen und -tampons benutzt. Naturheilgas, aus dem hiesigen Mineralwasser sowie aus Trockengasquellen gewonnen, findet seine Anwendung bei Trockensitzbädern, Gasinjektionen und gynäkologischen Gasbädern – es dehnt die Venen. Darüber hinaus erfreuen sich die Besucher und Kurgäste einer mikroklimatisch gesunden Luft.

Die meisten Quellen sind nur in der Kursaison zugänglich (tgl. 7–18 Uhr), Eisen-, Luisen-, Kaiser-, Natalienquelle, Glauber III und Neue Kirchquelle sowie Stephanie- und Sonnenquelle sind das ganze Jahr über frei zugänglich.

Sehenswürdigkeiten

Obwohl von der ursprünglichen Architektur des Kurviertels nur wenig erhalten blieb und heute ein buntes Stilgemisch vorherrscht, wirkt es als harmonisches Gesamtkunstwerk, einzigartig auf der Welt. Das Kurviertel ist annähernd quadratisch, dabei relativ klein – etwa 300 mal 300 Meter – und wird nur von

Der Musikpavillon im Kurpark

fünf Straßen durchzogen. Diese sind in Nord-Süd-Richtung ausgeführt, weil die kalten Winde hier meist aus Ost oder West wehen.

In der Kollárstraße (Kollárova ulice), zwischen Bahnhof und Kurviertel, steht die russisch-orthodoxe **Kirche der heiligen Olga** (Pravoslavný kostel sv. Olgy).

Nahe der von 1812 bis 1820 erbauten Kreuz-Erhebungskirche am oberen Ende der Nationalstraße (Národní třída) – früher Kaiserstraße – blieb ein historischer **Musikpavillon** von 1882 erhalten, noch immer erklingen hier Kurkonzerte. An der Frontseite des Pavillons stehen die Büsten von Beethoven und Mozart.

In der Nachbarschaft ist auch ein filigranes **Reiterstandbild von Kaiser Franz I.** zu sehen, eine Kopie nach dem größeren Prager Original, das bis 1918 am Smetana-Ufer stand. Abends werden viele Denkmäler sowie die Fontänen im benachbarten Nordparkteich angestrahlt. Aus erhöhter Perspektive zeigt sich von der Fontäne neben dem Café ›Sadová‹ eine hübsche Ansicht auf die palmenbestandene Národní třída. Das kleine Kurviertel wuchs um die Wende vom 18. zum 19 Jahrhundert im einheitlichen Baustil des Empire, weitgehend nach Plänen der Architekten Karl und Gustav Wiedermann; Abbé Tobias Gruber plante die Parks. Aus der Gründerzeit blieben bis heute drei Häuser im Original erhalten: im oberen Teil der Národní das Hotel Beethoven (1808) mit großer Toreinfahrt – heute geht es hier zur Weinstube ›Royal‹ –, weiter unterhalb, gegenüber dem Hotel ›Drei Linden‹, das Kurhaus Luna (Nr. 14) sowie das Gesellschaftshaus. Anfangs waren alle Fassaden in Pastelltönen gehalten. Erst später setzten sich entsprechend dem Zeitgeschmack die Sonnenfarbtöne gelb und weiß durch, als Akzent sind Balkone und Fensterläden grün gestrichen.

Die **Nationalstraße** (Národní třída) war immer die bevorzugte Flaniermeile illustrer Gäste: im Jahr 1812 komponierte Ludwig van Beethoven im Kurhaus Sevastopol die 7. Sinfonie in F-Dur. Das Haus wurde später in ›Kurhotel Beethoven‹ umbenannt und steht heute leer. Johann Wolfgang von Goethe mochte das Hotel ›Zu den drei Lilien‹ (→ Extra S. 92), auch Fürst Metternich logierte hier. In der Präsidentensuite ließen es sich später Ex-Bundeskanzler Schröder und während seiner Amtszeit auch alljährlich Václav Havel mit Ehefrau gut gehen. Seit 2013 wird das Haus renoviert, eine Wiedereröffnung ist derzeit nicht abzusehen. Das Café im Erdgeschoss ist jedoch geöffnet, so kann man auch den schönen Fachwerkinnenhof besichtigen. Das Hotel ›Kijev‹ schräg gegenüber ist Anfang des 20. Jahrhunderts als einziges in Franzensbad im Zuckerbäckerstil mit Anleihen aus dem Jugendstil errichtet worden.

Die größte und schönste architektonische Sehenswürdigkeit an dieser Promenadenstraße ist das **Gesellschaftshaus** (Společenský dům) von 1795. Die Atmosphäre des altehrwürdigen Hauses lässt sich am besten bei einem Besuch

▲ Karte S. 35

des Goethe-Restaurants genießen. Der Namensgeber hielt sich hier mehrmals bei seinen Aufenthalten in den Jahren 1808 bis 1811 auf. Sieben golden glitzernde Kronleuchter, eine Stuckdecke, Säulen, rote Samtvorhänge sowie ein großes Wandporträt von Kaiser Franz I., der dem Kurort seinen Namen gab, schmücken den großen Saal. Eine Attraktion ist das große Bodenaquarium: Etwa 50 große und kleine Koi-Karpfen schwimmen unter den Füßen der Gäste. Darunter sind auch sehr seltene und wertvolle Exemplare. Die weißen Karpfen mit einem roten Punkt auf der Stirn (Tanco) symbolisieren die aufgehende Sonne, das Staatswappen Japans, und kosten bis zu 2500 Euro. Über fünf Zentimeter starkes Panzerglas, in einer Silikon-Wulst gelagert, sorgt dafür, dass die Fische auch während der gelegentlichen Tanzabende unbekümmert und ohne jegliche schreckhafte Reaktion majestätisch durchs Wasser gleiten. Vergessen Sie nicht, auch einen Blick in den Festsaal des Casinos (vom Haupteingang geradeaus) zu werfen. Hier beeindrucken vor allem der phänomenale Kronleuchter sowie der vergoldete Stuck. Seit den 1990er Jahren ist der gesamte Gebäudekomplex für 50 Jahre an eine Ingolstädter Casinogesellschaft verpachtet – als Gegenleistung haben die deutschen Investoren nach denkmalpflegerischen Gesichtspunkten alles wieder auf Hochglanz poliert.

Der Franzl

Das Gesellschaftshaus

Die Nationalstraße führt zum **Pavillon** der Franzensquelle (Františkův pramen), der mineralhaltigsten von den insgesamt 21 genutzten Heilquellen.

In einer kleinen Grünanlage vor dem Gesellschaftshaus steht die unscheinbare **Statue des Franzl** (František), Symbol des Kurortes und der Fruchtbarkeit. Der Knabe hält einen Fisch in den Händen. Man behauptet, dass eine Frau, die Franzl an der großen Zehe berührt, nach neun Monaten einen Jungen gebärt. Manche Damen versuchen es anscheinend auch an Franzls bestem Stück, das sich ganz blank präsentiert. Dass hier nicht nur geflunkert wird, beweisen die vielen Blumensträuße. Die Plastik ist allerdings die Nachahmung eines tschechischen Bildhauers. Das Original, 1923

Reiseziele

von Adolf Mayerl gefertigt, zierte einst den Garten des Kurhauses Esplanade. Seit sich Vandalen daran vergingen, wird der beschädigte Franzl im Stadtmuseum ausgestellt. Auch eine zweite Franzlfigur - diesmal aus Porzellan - wurde zerstört. Ganz in der Nähe steht der klassizistische **Pavillon der Franzensquelle**. Gegenüber sitzt es sich angenehm im Café der Neuen Kolonnade, bei schönem Wetter auch auf der Freiluftterrasse. In der Nachbarschaft, am Südende der ul. Jiráskova, entzückt das große Jugendstilgebäude, ehemals Hotel ›Berliner Hof‹. Leider steht es bis auf das Café und das Restaurant ›Illusion History‹ im nördlichen Erdgeschoss leer. Unterhalb der südöstlichen Turmhaube sind die Bildnisse von Goethe und Schiller zu sehen. Parks rahmen das historische Zentrum. Der Gartenarchitekt Martin Soukup, der seine Meisterschaft bereits in Wien-Schönbrunn unter Beweis gestellt hatte, legte sie ab 1828 an. Sohn Antonín vollendete das väterliche Werk.

In der Verlängerung der ul. Jiráskova, links neben dem Infozentrum František, steht ein **Denkmal für Kaiser Franz Joseph II.** Es befand sich ursprünglich auf dem Egerer Markt. Nach dem Ersten Weltkrieg wurde es zweimal umgestürzt, seitdem fehlt der rechte Arm. In der Hand hielt der Monarch das Toleranzpatent, das den vielen unterschiedlichen Nationalitäten in der Monarchie bestimmte Rechte garantierte. Man hätte den Arm längst ersetzen können, aber der tschechische Künstler Olbram Zoubek gab zu bedenken: Toleranz findet nicht auf Papier, sondern in unseren Köpfen statt - daher beließ man es dabei.

Der Weg führt von der Statue geradewegs zur **Halle der Glauber- und Neuen Kirchquelle**. Das große Gebäude wurde zwar erst 1930 im funktionalistischen Stil vom einheimischen Baumeister Ernst Engelhardt errichtet, fügt sich aber harmonisch in die Umgebung ein. Die Quelle Glauber IV wurde 1919 angezapft, das Wasser kommt aus 93 Metern Tiefe. Vier große Sgraffiti mit Darstellungen der Franzensbader Geschichte von den Anfängen bis ins 20. Jahrhundert schmücken die Ecken der Halle. Außerhalb der Öffnungszeit hat man von der Hallensüdseite her Zugang zu zwei Wasserhähnen. Von der Neuen Kolonnade schlendern viele Gäste auf der Isabellenpromenade (Izabelina promenadá), die beidseitig von antiken Statuen und Vasen geschmückt wird. Auf der Höhe des Weges zwischen den Hotels Belvedere und Imperial steht ein großes **Denkmal für Kaiser Franz I.** mit der Gründungsurkunde von Franzensbad in der Hand. Das Denkmal verbannte man nach 1945 ins Lapidarium an der Egerer Franziskanerkirche, dafür stand später ein Denkmal für den Kommunisten, Schriftsteller und Politiker Julius Fučík an der Promenade. Ironie der Geschichte: Heute fristet das Fučík-Denkmal im Lapidarium ein ungewisses Schicksal.

Das Goethedenkmal beim Hotel ›Imperial‹

▲ Karte S. 35

Historische Badewannen im Stadtmuseum

Im Hotel ›Imperial‹ lernten sich die Prinzessin Zita von Bourbon-Parma und der spätere Habsburger Kaiser Karl I. kennen und lieben. Ihre Vermählung 1916 war die letzte Kaiserhochzeit in Europa.
Die Isabellenpromenade führt zur **Kolonnade der Salz- und Wiesenquelle**, heute auch Ausstellungssaal für Oldtimer und einige Motorräder. Davor sieht man eine Büste des Kurortbegründers Dr. Adler.
Im Park, östlich des Hotels ›Imperial‹, versteckt sich ein sehr schönes **Goethe-Denkmal**, das Karl Wilfert Jr. 1906 im Jugendstil schuf. Es huldigt Goethe als Dichterfürst. Unter seiner Büste stehen zwei allegorische Marmorfiguren, die Klugheit (links) und Schönheit (rechts) verkörpern, die beiden Reliefs stellen Lyrik und Drama dar.
Das im Jahr 2005 eingeweihte **Aquaforum** erscheint wie ein römischer Tempelbau und fügt sich mit seinen Säulen und Pavillons hübsch in die benachbarte Architektur ein. Schräg gegenüber, im **Kaiserbad**, dem mit 120 Badekabinen größten Franzensbader Kurhaus, finden in der Eingangshalle auch öfters Konzerte statt. Das pompöse Neorenaissancegebäude entstand zwischen 1878 und 1880 nach einem Projekt der Architekten Gustav Wiedermann und Karl Haberzettl. Vor dem Kaiserbad steht ein **Denkmal für Kaiser Franz Josef I.**, das sein Enkel Otto von Habsburg im Jahr 2004 enthüllte.
Von der Luisenquelle läuft man auf der Neuen Promenade am Rande des Westend-Parks bequem zum **Stadtmuseum**. Das ist in einer wunderschönen Jugendstilvilla beheimatet, die einst als Kurhaus für die Mitglieder des Deutschen Landesfeuerwehrvereins erbaut wurde. Die kleine Ausstellung informiert über die Kurortgeschichte, zeigt historische Badewannen, 600 alte Fotografien und die originale Franzlstatue. Außerdem sind hier Wechselausstellungen zu sehen.
Nordwestlich des Kurviertels, entlang der Straßen Anglická und Americká, ist das neue **Franzensbad** mit kleinen Geschäften, Kneipen und Restaurants zu finden.

Die Umgebung

Der Franzensbader Verschönerungsverein legte während des Ersten Weltkrieges den östlich gelegenen Waldpark Stilleben (Zátiší) an. Hier entstand auch ein Parkwächterhäuschen mit einem romantischen Aussichtsturm, heute das Ausflugsziel **Schlösschen** mit dem Café ›Nostalgie‹.
Am Südwestrand der Stadt wartet ›Amerika‹, der **Große Egerer Stadtteich**, ebenfalls ein beliebtes Ziel der Kurgäste. Ab dem Frühjahr herrscht auf der Insel im Fischteich ein lautes Geschrei, denn hier nisten tausende Lachmöwen. Besucher kehren im idyllischen Restaurant ›Chaloupka U vody‹ (Hütte am Wasser) ein. Der Spaziergang vom Kurzentrum bis hierher dauert je nach Route zwischen

Die Stöckermühle

30 und 60 Minuten. Nahe der Einkehrmöglichkeit befindet sich der **Lesopark** (Waldpark) mit Minizoo und einem Lehrpfad. Vom Restaurant ›Areál Milano‹ gegenüber dem Pavillon der Franzensquelle verkehrt der Motorzug ›Franzensbahn‹ nach ›Amerika‹ (nur bei schönem Wetter, Mo–Fr 13–17, Sa/So 11–17 Uhr, jeweils zur halben und vollen Stunde).

Der **Kammerbühl** (Komorní hůrka) befindet sich 2,5 Kilometer südwestlich der Stadt. Er ist mit 50 Metern Höhe nur ein Hügel, aber dennoch von Bedeutung, weil er der jüngste Vulkan Mitteleuropas ist. Hier öffnete sich im Quartiär vor etwa 1,5 Millionen Jahren die Erdkruste. Glühende Gase katapultierten das kristalline Schiefer-Deckgebirge in die Höhe. Die Höllenglut verflüssigte das Material und verwandelte es anschließend in Asche und Schlacken, die sich größtenteils auf der Ostseite des Kraters ablagerten. Dem Gasaustritt folgte Basaltlava, die den kurz zuvor entstandenen Vulkanschlund ausfüllte und über dessen Ränder abfloss. Basalt, ein sehr festes Gestein, ist als Baumaterial begehrt, vor allem als Pflasterstein. Durch den hiesigen Steinbruch entstand eine etwa 15 Meter tiefe Mulde. Der Abbau wurde erst 1951 eingestellt und das Terrain zum Naturschutzgebiet erklärt. So blieben der Hauptkrater, zu erkennen an stattlichen Basaltblöcken, und einige kleinere Nebenkrater glücklicherweise der Nachwelt erhalten.

Anfang des 19. Jahrhunderts stritt die Fachwelt heftig über die Entstehungsgeschichte des Kammerbühl (→ Extra Goethe S. 92).

Am nordwestlichen Stadtrand, an der Straße nach Aš, erhebt sich die **Antonshöhe** (Antonína výšina). Aus luftiger Höhe offenbart sich von hier ein schöner Blick aufs Egerland. Unterhalb, im Bachtal des Stodolský potok, ist die **Stöckermühle** (Štekrův mlýn) ein beliebtes Ausflugsziel. Vom Musikpavillon am oberen Ende der Národní führt ein grün markierter Wanderweg über vier Kilometer hierher.

Fahrradtouren von Franzensbad

► **Rundtour zur Burg Seeberg und zurück**

Von Franzensbad fährt man durch eine liebliche Landschaft zur vier Kilometer westlich gelegenen Burg Seeberg (hrad Ostroh) im gleichnamigen Dorf (Ostroh). Vom Musikpavillon fahren wir die Straße Anglická hinauf, mehrmals weisen Schilder an der kaum befahrenen Straße nach Ostroh. Über den Siedlungsflecken Dvoreček geht es meist leicht bergan, oft mit schöner Aussicht in die Umgebung. An der Straßengabelung – rechts führt der Weg nach Aš – biegen wir nach links und stehen etwa 500 Meter weiter am Zugang zur **Burg Seeberg** (→ S. 48).

Von der Burgsüdseite verläuft ein schmaler Pfad, dann eine Brücke über den Schladabach. Er führt auf die andere Dorfseite mit der **Kirche des heiligen Wolfgang**. Hier gelangen wir wieder auf eine Straße, halten uns vor dem Gotteshaus rechts, am

▶ Karte: vordere Umschlagklappe

Dorfteich links und am Waldrand an der nächsten Straßengabelung wieder links Richtung Skalka. Im Dorf **Lužná**, an der Bushaltestelle, biegen wir nochmals nach links ab (Richtung Campingplatz Jadran) und folgen der grünen Markierung bis zum Teich Amerika mit dem Gasthaus ›Chaloupka U vody‹. Noch etwa 200 Meter geht es am Seeufer entlang, dann müssen wir vor dem Zoo dem Hinweisschild ›Centrum‹ folgen. Am Schwanensee erreichen wir das südliche Kurareal von Franzensbad.
Länge: 14 km, Fahrtzeit mit Burgbesichtigung und Einkehr ca. 3-4 Std.

► **Rundtour von Franzensbad zur Burg Wildstein (hrad Vildštejn) und zurück**
Start ist am Bahnhof Franzensbad (Radroute Nr. 2134). Wir erreichen alsbald das Dorf Žirovice, wo wir bergab nach links abbiegen. Über einen Feldweg kommen wir nach **Starý Rybník** (Altenteich). Am Dorfteich zeigt sich eine romantische **Burgruine**, die Überreste einer gotischen Feste, die 1792 abbrannte. Wir überqueren die Hauptstraße und folgen dieser nach rechts, fahren bis zum Abzweig nach links und folgen den Hinweisschildern zur **Burg Wildstein** (von Franzensbad bis hierher ca. 6 km). Hier kann man ein Feuerwehrmuseum besuchen, außerdem das Schlafzimmer des Ritters Hemfeld, den Königssaal und die romanische Kapelle besichtigen. In der mittelalterlichen Schänke werden unter anderem exotische Fleischsorten aufgetischt (→ S. 46).
Für den Rückweg nutzen wir die Radroute Nr. 2133 Richtung Soos, die uns anfangs über einen Feldweg, dann über Waldwege bis zum offiziellen Eingang des **Naturschutzgebietes Soos** führt. Im benachbarten Dorf **Nový Drahov** empfiehlt sich das Gasthaus ›Selský dvůr‹ zur Einkehr. Von Nový Drahov können wir entweder über Třebeň und Horní Ves oder wieder über Žirovice nach Franzensbad zurückkehren
Länge: ca. 20 km, Fahrtzeit 4 Std.

Burg Seeberg

Františkovy Lázně und Umgebung

Monatlich erscheinen die ›Franzensbader Blätter‹ auf Deutsch, auch als pdf-Datei im Internet: www.franzensbad.cz/de/franzensbader-blatter. Darin finden sich Geschichtliches, Neuigkeiten, Ausflugstipps und ein Veranstaltungskalender.

Infocentrum František, Národní třída 16/19 (an der Franzensquelle), Tel. 354201170, www.franzensbad.cz/de. Tgl. 9–18 Uhr.

Bad Franzensbad AG-Kurverwaltung, Jiráskova 3, Tel. 359604504 (tgl. 8–20 Uhr).

Stadtführung, Do 15 Uhr, Treffpunkt am Infocentrum František.

Kurhotelbesichtigungen (Imperial, Pawlik und Savoy), Treffpunkte: Mo 14 Uhr an der Rezeption des Aquaforums; Fr 14.30 Uhr an der Rezeption des Hotels ›Metropol‹.

Adriana Tour, Národní 4, Tel. 776262026, info@adrianatour.cz. Ausflugsfahrten nach Mariánské Lázně (Singende Fontäne mit Lichterspiel), Karlovy Vary (Glasmuseum Moser und Becherplatz), Egerland- und Kaiserwald-Rundfahrt, Königswart, Kloster Tepl, Burg Seeberg.

Bequeme Direktverbindung aus dem sächsischen Zwickau über Plauen und Bad Brambach (2-Stunden-Takt) sowie aus Bayern über Marktredwitz mit der Vogtlandbahn. Häufige Verbindungen nach Cheb, seltener nach Mariánské Lázně.

Einen Busbahnhof gibt es nicht. Die Busse halten in der Straße Americká. Häufige Verbindungen nach Cheb (halbstündlich) sowie mehrmals nach Mariánské Lázně, Karlovy Vary und Prag. Eine tägliche Fahrt nach Plzeň.

Microvláček (Motorzug): Zum Teich Amerika Abfahrt an der Pizzeria ›Milano‹, Mo–Fr 13–17, Sa/So 11–17 Uhr. Abfahrt jede volle und halbe Stunde, aber nur bei schönem Wetter. Auch Stadtrundfahrten, Abfahrt Infocentrum František.

▶ Karte S. 35

Taxi Royal, Tel. 544444.

Lázeňské Taxi, Tel. 606455999, www.lazensketaxi.cz.

Großparkplatz am Bahnhof (10 Min. Fußweg ins Kurviertel) sowie im Süden neben dem Hotel ›Bohemia‹ (5 Min. Fußweg ins Kurviertel). Ca. 1 Euro pro Tag.

Kursanatorium Klíma (€€€), Lesní 1, Tel. 354542890, www.sanatoriumklima.cz. Vier-Sterne-Haus im Pseudo-Fachwerkstil am Rande des südlichen Waldparks, 10 Minuten Fußweg durch den Park ins Kurviertel. Kleines Hallenbad. Nahe dem Hotel befindet sich die wohlschmeckende Stephaniequelle (Štěpánka). Café mit lauschiger Terrasse, tgl. 14–17 Uhr.

Spa & Kur Hotel Harvey (€€€), Dlouhá 222, Tel. 357071900, www.spakurhotelharvey.com. Großes Vier-Sterne-Haus am Rande des Westend-Parks, fünf Minuten Fußweg ins Kurviertel. Bestehen Sie auf einem Zimmer im Haupthaus mit Parkblick – der moderne Anbau befindet sich über offener Tiefgarage. Viele Gäste bemängeln ein dürftiges Frühstück. Schwimmbad, Sauna und Dampfbad stehen auch der Öffentlichkeit zur Verfügung, tgl. 9–21 Uhr (2 Std. für ca. 6 Euro).

Kurhotel Imperial (€€€), Dr. Pohoreckého 3, Tel. 354206600, www.franzensbad.cz. Luxuriöses und behindertengerechtes Haus mit Atmosphäre, mitten im Kurpark; hier waren schon einige Regenten zu Gast, auch die heutigen Gäste loben das Hotel. Stilvolle und komfortable Zimmer mit und ohne Balkon, Bäder mit Fußbodenheizung, Dusche und Bidet. Viele Kuranwendungen im Haus. Pool, Sauna und Eintritt ins Aquaforum im Preis inbegriffen. Prächtiger Lichthof im Treppenaufgang. Das Frühstücksbuffet ist dürftig, das kann auch der herrliche Parkblick aus dem historischen Wintergarten kaum wettmachen. Bei der Zimmerreinigung wird ein

Putzmittel verwendet, das empfindlichen Gästen über Nacht Augenschwellungen verursachen kann.
Wellnesshotel Ida (€€), Boženy Němcové 10 (Eingang ul. Jiráskova), Tel. 359604414, www.wellnesshotelida.cz. Kleines sympathisches Haus im historischen Kurviertel und nahe dem Kurpark. Restaurant mit gelobter Küche. Viele Anwendungen im Haus. ›Hotel des Jahres 2012‹ im Karlsbader Kreis.
Kurhotel Savoy (€€), Ruská 4, Tel. 354203000, www.franzensbad.cz. Angenehmes historisches Haus nahe dem Nordpark. Empfehlenswert sind die Zimmer in der 3. Etage mit Park- und Kirchblick – tagsüber bis 22 Uhr plätschert die Fontäne. Freundliches Personal, im Preis inbegriffen sind Sauna, Pool und Eintritt ins Aquaforum (Mo–Fr).
Green Apartment (€), Duhova 519/27, Tel. 777651564, www.green-apartment.eu. Zwei Apartments (Nr. 2 ist das größere) im westlichen Umland in einem Familienhaus. Ruhige Lage, 20 Minuten Fußweg ins Kurviertel.
Pension Lipka (€), Boženy Němcové 483, Tel. 603482586, www.lipkavaspenzion.cz. Spartanische, aber saubere Zimmer im Kurviertel. Frühstück und Anwendungen im Hotel gegenüber möglich. Gestaffelte Preisnachlässe je nach Aufenthalt.
U Námořníka – Zum Matrosen (€), Družstevní 202/7 und 203/5, Tel. 724590769 und 608555400, www.penzionunamornika.cz. Neubau-Pension im maritimen Stil: Blau-weiße Streifen dominieren die Außen- und Innengestaltung, einfache geschmackvolle Zimmer. Kinderspielplatz mit Piratenschiff und Leuchtturm, 2 km nördlich vom Kurzentrum und nördlich der E 49 (die Bushaltestelle Žírovice ist 5 Gehminuten entfernt).
Štekrův Mlýn – Stöckermühle (€), Horní Lomany 40, Tel. 354542204, www.stekruv-mlyn.eu. Ruhige Lage, 4 km nördlich von Franzensbad (unweit der Straße/Bahnstrecke nach Vojtanov). Kleine Neubau-Pension an einem historischen Gehöft im Egerländer Stil. Einfache geräumige Zimmer mit Kiefernmöbeln. Mit Gestüt (Reitunterricht und -ausflüge). Gasthaus tgl. 11–20.30 Uhr.
Golden River Ranch Mlýnek (€), Mlýnek u Nového Kostela, Tel. 607261448, www.goldenriverranch.cz. Etwa 8 km nordöstlich von Franzensbad. Unterkunft im separaten Blockhaus (Mindestaufenthalt zwei Tage) oder in kleiner Westernstadt. Individuelle Reitstunden, Pferdeausritte und -kutschfahren.
Hotel U Špejcharu (€€), Kopanina 13 (15 km nordöstlich von Franzensbad), Tel. 354509310, www.hoteluspejcharu.cz. Kleines Wellnesshotel mit Zimmern im Landhausstil in einem Vierseithof, 2 km von Golden River Ranch Mlýnek entfernt. Restaurant mit regionaler Bioküche.

Jadran (€), Jezerní 84/12, Tel. 354542412, www.atcjadran.cz. Kleiner Platz mit max. 30 Stellplätzen nahe mehrerer Fischteiche auf halbem Wege zwischen Kurzentrum und dem Teich Amerika, auch Hüttenvermietung, geöffnet März–Nov.
Amerika (€), Jezerni 151/8a, Tel. 354599093, www.camping-amerika.cz. Waldumgrenzter sonniger Platz am Teich Amerika mit eigener Badestelle, Restaurant mit Terrasse. Auch Hüttenvermietung.
Rybářská bašta (€), Tel. 354431951, www.rb-camping.cz. Auch Ferienhäuser und Unterkunft im Hauptgebäude am Gaßnitzer Stausee (Vodní nádrž Jesenice), ganzjähriger Betrieb.

Goethe-Restaurant im Gesellschaftshaus, Národní třída, Tel. 354500146. K.u.k.-Atmosphäre, jeweils ein Monats-Spezialgericht zum Preis von 10 Euro. Große Terrasse auf der Südseite mit Blick auf den Pavillon der Franzensquelle; Mo–Do 11.30–22, Fr–So 11.30–23 Uhr. Fr/Sa abends Live-Klaviermusik.
Rybárská bašta, Dlouhá 1, Tel. 354542964, www.restaurant-franzensbad.

de. Fischrestaurant in einem Schlösschen am Schwanensee (Labutí jezírko). Kleine Terrasse am Teich – nett für ein Glas Wein zum Sonnenuntergang; tgl. 11–22 Uhr.
Selská jizba, Jiráskova 7/21, Tel. 354204250, www.selskajizba.eu. Traditionelle tschechische Küche, mährischer Wein, Fassbier Bakalář, Spezialität sind halušky (slowakisches Nationalgericht – Spätzle mit Sauerkraut). Im Bauernstubenstil, auch beheizbare Terrasse. Jeden Do ab 19 Uhr Akkordeonabend; tgl. 11–23 Uhr.
Illusion History, Jiráskova 17, Tel. 354201603. Im nostalgischen Stil vom Anfang des 20. Jahrhunderts. Kleine Außenterrasse im Hinterhof des ehemaligen Hotels Berliner Hof; Mo–Sa 10–22, So 10–18 Uhr.
Spa Hotel Francis, Ruská 357/18, Tel. 354541049. www.hotelfrancis.cz. Auf Bestellung vegane, vegetarische und glutenfreie Küche.
Chaloupka U vody, am Teich Amerika, Tel. 354673135. Ausflugsrestaurant mit einem Pavillon und zwei Terrassen über dem Wasser. Hausgebackene Kuchen, aber auch tschechische Küche. Wenn man aus dem Fenster auf die Wellen schaut, hat man den Eindruck, auf einem Schiff zu sitzen. Vom Kurzentrum am schnellsten über den Weg zur Glauberquelle II zu erreichen, auch der mit einem roten Herzen markierte Weg führt hierher; Di–So 11–18 Uhr.
Štekrův Mlýn (s. Unterkunft). Durchschnittliche böhmische Küche, im Sommer auch Plätze unter alten Linden und Sonnenschirmen; tgl. 11–21 Uhr.
Vildštejn, Tel. 354594930, www.vildstejn.cz. Ausflugslokal in der Burg Wildstein im Dorf Skalná, sechs Kilometer nördlich von Franzensbad im Stil einer mittelalterlichen Schänke. Man sitzt auf Holzbänken mit Fellen unter bunt bemalten Gewölben. Auf Bestellung gibt es ab 30 Personen ein ritterliches Festessen (Fasan, Ferkel, Wachteln). Hier kann man auch exotisches Fleisch probieren: Python, Zebra, Kamel, Krokodilschwanzfilet oder Lama. Auch mit dem Bus von Františkovy Lázně in Richtung Cheb gut erreichbar; tgl. 11–22 Uhr.

▲ Karte S. 35

Café Atrium, Národní 3 (im Erdgeschoss des derzeit geschlossenen Hotels Drei Lilien). Schöne Terrasse im Hinterhof mit Blick auf einen prächtigen historischen Fachwerkgiebel; tgl. 10–18 Uhr.
Wiener Café im Gesellschaftshaus gegenüber Goethe-Restaurant; mit viel Gold und Stuck; tgl. 9–19 Uhr.
Café Prestige, Národní 13. Moderner Stil in Kombination mit Stuckdecke im einstigen Kino, große TV-Bildschirme an den Wänden, in der hintersten Ecke (hinter der Bar) befindet sich ein Wandwebteppich mit den Abbildern von Lenin, Marx und Engels, Terrasse auf der Národní; Mo–Do und So 10.30–22, Fr/Sa 10.30–24 Uhr, Fr/Sa ab 19 Uhr Live-Musik.
Café Kolonáda, Freiluftcafé unter dem nördlichen Säulengang der Neuen Kolonnade, immer gut besucht, nebenan auch Oblatenverkauf; tgl. 10–18 Uhr.
Sadová kavárna, Ruská 60/1, Kurcafé zwischen Musikpavillon und Fontäne. Empfehlenswert sind nur die Terrassenplätze unter alten Eichen – leider Plastikstühle, Tische ohne Tischdecke; tgl. 11–18 Uhr, Sa ab 18 Uhr Tanz.
Weitere Cafés in den Kurhotels ›Belvedere‹, ›Dr. Adler‹, ›Imperial‹, ›Metropol‹, ›Pawlik‹, ›Savoy‹ und im Kursanatorium ›Klíma‹.

Stadtmuseum, Dlouha 194/4. Kurortgeschichte, 600 historische Fotografien, die originale Franzlstatue sowie Wechselausstellungen; Di–So 10–17 Uhr.
Automuseum, in der Kolonnade der Salz- und Wiesenquelle, www.auto-motomuzeum.cz. 60 Exponate, darunter Oldtimer der Marken Mercedes, Škoda und Tatra sowie einige Motorräder; März–Okt. tgl. 10–12 und 14–20 Uhr.
Galerie Brömse, Poštovní 10. Verkaufs-

galerie und Kurortgeschichte sowie kleine Bibliothek (auch deutsche Literatur); Di–So 10–12 und 13–17 Uhr. Eintritt frei.
Feuerwehrmuseum in der Burg Wildstein (Skalná). Hier sind auch das Schlafzimmer des Ritters Hemfeld, der Königssaal sowie die romanische Kapelle zu besichtigen; April–Okt. tgl. 11–18 Uhr.

Božena Němcova Stadttheater, Ruská 102, Tel. 354542641, www.divadlofl.org. Abendkasse öffnet eine Stunde vor Veranstaltungsbeginn, Theatercafé im ersten Stock. Kartenvorverkauf Mo–Fr 13–15 Uhr.

Bike Station, 5. května 9 (im Hotel Pawlik), Tel. 354206000. E-Bikes, Trekkingräder sowie Tretroller für Groß und Klein. Kaution: E-Bike 100 Euro, Fahrrad 40 Euro, Tretroller 20 Euro. Miete: E-Bike 25 Euro, Fahrrad 12 Euro, Tretroller/ Kinderfahrrad 6 Euro; tgl. 7–19 Uhr.

Aquaforum, ul. 5. Května 9 (neben dem Hotel Pawlik), http://www.frantiskovylazne.cz/de/aquaforum. Bade- und Wellnesszentrum mit Saunalandschaft: 1500 Quadratmeter Wasserfläche, 3 Innen- und 3 Außenbecken mit Düsen, Sauna (extra Eintritt), Wasserrutschen sowie Fitness- und Wellnesszentrum; tgl. 9–21 Uhr.
Salzhöhle (Solná jeskyně), Americká 20. Vorbestellung wird empfohlen, Tel. 774688644; tgl. 10–18 Uhr.

Golfresort Franzensbad-Hazlov, Hazlov-Ovčín 489, Tel. 354595402, www.gr-fl.cz. 18-Loch-Championship-Platz sowie 5-Loch-Platz für die Öffentlichkeit.

Franzensbader Kurshop Dr. Adler, Jiraskova 13, www.dr-adler.cz. Oblaten, Röllchen, Schokolade, Honig, Dr.-Adler-Kaffee; tgl. 9–12 und 12.30–17 Uhr.
Zdraví z přírody (Gesundheit aus der Natur), Ecke Národní/Poštovní, Naturkosmetik, Moorprodukte; tgl. 9–17 Uhr.
Koruna pralines, Poštovní 54, echte belgische Schokolade und Pralinen, Spezialität: Becherovka-Trüffel; tgl. 9–17 Uhr.
Impala, Francouzská 5 (neben dem Hotel Bajkal), www.impala-gallery.com. Holzspielzeug, Holzschnitzereien, echte Perlen; Mo–Fr 10–12 und 14–18 Uhr.

Soos

Sechs Kilometer nordöstlich von Franzensbad, nahe der Bahnstation Nový Drahov (Rohr), liegt das Naturschutzgebiet **Soos**. Es ist der bedeutendste Bestandteil des bayerisch-böhmischen Geoparks. Zu Fuß, besser noch mit dem Rad, gelangt man über Žirovice-Stodola und Nový Drahov dorthin.
Der Name Soos klingt seltsam, ist nicht in Verbindung mit Soße oder dem internationalen Notruf zu setzen, sondern abgeleitet von Moos. Ein Teil des über 200 Hektar großen Naturschutzgebietes ist auf einem Brettersteg zugänglich. Bis Mitte des 20. Jahrhunderts wurde in Soos auch Torfmoor als Heizmaterial, Mineralmoor für den Karlsbader Kurbetrieb sowie Kieselgur für die Herstellung hitzebeständiger Ziegelsteine abgebaut. Davon künden noch die erhaltenen Gleise einer Schmalspurbahn. Am heutigen Parkplatz stand ehemals eine Siederei, in der aus dem Mineralwasser das begehrte Badesalz gewonnen wurde. Die Mineralquellen ergießen sich durch eine mehrere Meter starke Moordecke. Die **Kaiserquelle** (Císařský pramen), die bald hinter dem Zugang erreicht wird, ist ein kalter Eisen-Sulfat-Kohlenhydrat-Chlorid und sodahaltiger Sauerbrunnen. Sie besitzt eine ansehnliche Quellfassung, denn es handelt sich bei ihr, dank vieler enthaltener Mineralstoffe und Ga-

se, um eines der wohlschmeckendsten Wässerchen im Bäderdreieck. Mit einer Temperatur zwischen 14 und 18 Grad ist die Kaiserquelle auch die wärmste Naturquelle im Egerbecken.

Das Torf- und Mineralmoor wird mitunter als ›Puls der Erde im Herzen Europas‹ bezeichnet, denn noch immer treten Spuren aktiver vulkanischer Tätigkeit hervor, so intensiv wie sonst nirgendwo in Mitteleuropa. In den sogenannten Mofetten zischt hörbar Kohlendioxyd und brodelt durch Schlamm braungefärbtes, aber kaltes Mineralwasser an die Oberfläche. Die trichterförmigen Vertiefungen sind 10 bis 80 Zentimeter breit. Der unangenehme Geruch rührt vom Schwefelwasserstoff her – das Faulgas entsteht durch Verwesungsprozesse im Torfuntergrund. Daneben entweicht in geringeren Anteilen auch das Edelgas Helium. Manchmal trocknen die Mofetten komplett aus und zischen dann laut.

Der vegetationslose Boden ist teilweise mit Glaubersalzkristallen bedeckt, was in regenarmen Zeiten besonders gut zu sehen ist. Im Sommer erscheint der wundersame weiße Belag wie Schnee.

Weiße Kieselgurschicht im Naturschutzgebiet Soos

▲ Karte: vordere Umschlagklappe

Von Soos führt die Straße Richtung Franzensbad nach 1,5 Kilometer in das Dorf **Nový Drahov** mit einigen erhaltenen Egerländer Fachwerkgiebeln. Eine gute Küche verspricht hier das Gasthaus ›Selský dvůr‹ am Ortsausgang Richtung Soos. Im Nachbardorf **Žirovice-Stodola** lohnt ein Zwischenstopp im **Schmetterlingshaus** (Motýlí dům). Die Falter sind sowohl präpariert und als auch lebend zu bestaunen.

Soos

Gasthaus Selský dvůr (€), Nový Drahov 5, Tel. 354542449, www.farmaselskydvur.cz. In einem Vierseitgehöft an der Straße nach Soos, 5 km nordöstlich von Franzensbad. Schmackhafte bodenständige Küche unter Verwendung von Biofleisch, große Portionen zum günstigen Preis. Auch Verkauf von Imkerhonig, hausgemachter Marmelade und eingelegten Gurken. Pension im Gehöft gegenüber; tgl. 11–22 Uhr.

Naturschutzgebiet Soos, Lehrpfad und Dauerausstellung sind eintrittspflichtig; 2. Märzhälfte und Nov. 10–16.30 Uhr, April und Okt. 9–16.30 Uhr, Mai/Juni und Sept. 9–17.30 Uhr, Juli/Aug. bis 18.30 Uhr.

Schmetterlingshaus, in Žirovice-Stodola (2,5 Kilometer nordöstlich des Stadtzentrums). Lebende exotische Arten sowie eine große Sammlung exotischer und europäischer Exemplare; April/Mai und Sept. Di–Fr 13–17, Sa/So 10–17 Uhr, Juni–Aug. Di–So 10–17 Uhr.

Ostroh

Der frühere deutsche Ortsname Seeberg weckt falsche Erwartungen, denn das Gewässer ist längst verschwunden. Die tschechische Bezeichnung – ostroh heißt Landspitze – charakterisiert den Ort treffender: Es ist eine felsige Landzunge, die der Schladabach (Slatinný potok) auf drei Seiten umspült. In Zeiten, in denen das Egerland unter böhmischem Einfluss stand, war die **Feste Seeberg** stets ein bedeutender Posten im Verteidigungssystem. Im 15. Jahrhundert gelangten die wehrhaften Mauern durch Kauf in den Besitz von Kaspar Juncker. Der war nicht nur ein wohlhabender Egerer Bürger, sondern auch Berater und Diplomat von König Georg von Podiebrad. Über dem Burgportal blieb das Junckersche Wappen bis heute erhalten. Nach dem Dreißigjährigen Krieg wurde die Burg vernachlässigt, und erst Anfang des 20. Jahrhunderts restaurierte man sie. Nach 1945 wiederholte sich der Verfall. Erst seit dem Ende der 1990er Jahre zeigt sich die Feste wieder in alter Schönheit.

Die Ausstellung ist dreigeteilt: In der Vorburg sieht man eine Exposition zu Wallensteins Tod mit der nachgestellten Szene seiner Ermordung sowie eine originale Schanzenbüchse, wie sie im Dreißigjährigen Krieg zur Burgverteidigung Verwendung fand. Im Burgspeicher ist eine ethnografische Schau zur Egerländer Kultur zu besichtigen, mit bunt bemalten Truhen, Wiegen sowie vielen schönen Bauernschränken. Im Erdgeschoss der Burg findet man eine Porzellanausstellung der Firma Concordia und verschiedener Thun'scher Produktionsstätten, darunter auch Geschirr im Stil des Kubismus sowie eine nachgestaltete Pistole aus Porzellan. Gegenüber den Vitrinen stehen große Schränke mit reichen Intarsien.

Im Untergeschoss erfährt der Besucher Details aus dem Leben des Egerer Scharfrichters Karl Huß. Tiefer im Keller finden sich in der Art eines Wachsfigurenkabinetts die Folterkammer und das Hochgericht mit Henker und einem Verurteilten. Im ersten Stock ist eine Schwarze Küche sowie jeweils ein Zimmer im Stil

Detail einer Egerländer Truhe im Speicher der Burg Seeberg

des Empire, Biedermeier, Neurokoko und der Neugotik zu besichtigen. An den Wänden informieren Tafeln über Goethe, insbesondere werden seine Italienreise und die Beziehungen zu Frauen thematisiert.

Im zweiten Stock wird die Möbelschau noch durch einen Neurenaissance- und einen Chippendale-Raum ergänzt. Erhalten blieb hier auch das Wohnzimmer der ehemaligen Burgverwaltung. Wenn es auf der Burg Nachwuchs gab, dann wurden die Kinder hier geboren.

Ostroh

Hotel Seeberg (€), Poustka Ostroh 2, Tel. 354595081, www.seeberg.cz. Familienhotel und benachbarte Pension (›Pension des Jahres 2013‹ im Karlsbader Kreis) nahe der Burg Seeberg. Alle Zimmer mit Terrasse oder Balkon. 4 km westlich von Franzensbad.

Burg Seeberg, in Ostroh, www.muzeum-frantiskovylazne.cz; 2. Märzhälfte, April, Okt. und bis 15. Nov. tgl. 10–16 Uhr, Mai/Juni und Sept. 10–17, Juli/Aug. 10–18 Uhr.

Cheb

Die historische Stadt Cheb (Eger) liegt zu beiden Ufern des gleichnamigen Flusses Eger (Ohře), fünf Kilometer südlich von Franzensbad und knapp 50 Kilometer westlich von Karlsbad. Als früheres Zentrum des meist prosperierenden Egerlandes kam der Ort zu enormem Reichtum, was sich an der Architektur - vor allem am großen Marktplatz - bis heute ablesen lässt. Kaiser Friedrich Barbarossa erhob Eger sogar zur Kaiserpfalz, deren Relikte sich heute ebenfalls viele Besucher ansehen.

Geschichte

Vom keltischen Flussnamen Agara ist die Bezeichnung Egire abgeleitet, aus der wiederum der deutsche Name Eger hervorging.

Nach dem Tod des Markgrafen von Vohburg im Jahr 1146 bemächtigte sich König Konrad III. von Staufen der Egerländer Besitzungen. Als er drei Jahre später starb, ging die Tochter des Markgrafen von Vohburg, Adele von Vohburg, die Ehe mit Konrads Neffen ein, dem schwäbischen Herzog Friedrich I. Barbarossa. Bald nach seinem Aufstieg zum deutschen Kaiser - er regierte von 1152 bis 1190 - ließ sich Barbarossas von Adele scheiden und schickte sie in die Verbannung. 1167 erbte er die Egerländer Besitzungen zusammen mit fränkischen Gütern von seinem Vetter Friedrich von Rothenburg. Um 1170 begannen die Umbauten der Egerer Burg zur romanischen Kaiserpfalz. Der auch unter dem Spitznamen ›Rotbart‹ bekannt gewordene Regent berief 1179 einen ersten Reichstag nach Eger. Kaiser Friedrich Barbarossa baute die Stadt Eger zur Basis seiner Machtpolitik gegenüber dem böhmischen Fürstentum aus.

Während der Regentschaft von König Přemysl Ottokar II. war das Egerland für einige Jahre wieder im Besitz der böhmischen Krone. Ab 1277 - jetzt regierte König Rudolf von Habsburg - war Eger ein letztes Mal Reichsstadt. 1322 verpfändete der finanziell klamme König Ludwig der Bayer die Stadt samt Egerland

Eger in der ersten Hälfte des 17. Jahrhunderts

▶ Karte S. 51

an den böhmischen König und römischen Kurfürsten Johann von Luxemburg und erhielt dafür 10 000 Kilogramm Silber. Dieses Pfand wurde nicht wieder eingelöst. Durch Kauf und Eroberung kamen über 30 Militärposten und Burgen im Radius von 50 Kilometern um die Stadt Eger in den Besitz Johanns.

Im Jahr 1355 stattete Kaiser Karl IV. die Stadt Eger mit einer Maut- und Zollfreiheit für das gesamte Reich aus. 1489 verwendete der Egerer Bürger Johannes Widmann als erster weltweit die Zeichen + und –. Im ›Egerer Freiheitsbrief‹ wurde den hier ansässigen Deutschen die Unabhängigkeit garantiert, aber die Selbstverwaltung hatte nur bis zum Dreißigjährigen Krieg Bestand.

Im Jahr 1723 wurde die Stadt Eger zusammen mit dem Umland zum verfallenen Pfand erklärt, zwar dem Machtbereich des böhmischen Königs einverleibt,

aber zur freien Königsstadt erhoben. 1742, während der französischen Belagerung, ging die einstige Kaiserpfalz in Flammen auf und wurde nicht wieder instandgesetzt.

Anfang des 19. Jahrhunderts wurden die umfangreichen Befestigungen geschleift. Ende des 19. Jahrhunderts war Eger als Eisenbahnknotenpunkt auch ein wichtiges Handelszentrum.

Das Egerland, bis dahin ein Teil der Habsburger Monarchie, kam nach dem Ersten Weltkrieg an die Tschechoslowakei. Kurz vor dem Ende des Zweiten Weltkrieges, am 20. April 1945, wurde Eger als eine von nur wenigen böhmischen Städten von einem anglo-amerikanischen Bombenangriff heimgesucht.

Die Altstadt erlebte zwischen 1956 und 1969 eine sorgfältige denkmalpflegerische Rekonstruktion und Sanierung und wurde dann 1981 zum Denkmalschutzgebiet erklärt.

In der Fußgängerzone ul. Svobody kann man die Stadtgeschichte erlaufen: In der Mitte des Pflasterweges sind in Stahlplatten die wichtigsten Ereignisse bis zum Jahr 2011 in tschechischer, deutscher und englischer Sprache festgehalten.

Pachelbelhaus

Das Pachelbelhaus an der Nordseite des Marktes ist ein Ort, der Weltgeschichte schrieb: Hier wurde Wallenstein ermordet. Das Haus (Nr. 492) trägt seinen Namen nach dem Besitzer zum Anfang des Dreißigjährigen Krieges, dem Bürgermeister Pachelbel. 1735 ging es in städtischen Besitz über und ist seither auch als **Stadthaus** und heute als **Bezirksmuseum** bekannt.

Ein gotisches Portal mit den Wappen der Familien Holldorf und Graff – ebenfalls frühere Bewohner – führt durch ein herrliches Gewölbe in den schönsten Egerer Innenhof mit einem hölzernen Treppen-

Das Pachelbelhaus

aufgang sowie der Galerie. Vom Hof hat man Zugang zu einem Raum mit mehreren jüdischen Grabplatten aus der Zeit vor dem Pogrom von 1350, die man in Mauern und Treppenhäusern fand. Weitere Grabplatten im Hof stammen aus der benachbarten Kirche St. Nikolaus, das große Wappen aus der Egerer Burg. Im Erdgeschoss der Ausstellung über die Geschichte vom 8. Jahrhundert bis 1989 steht einer der ältesten jüdischen Opferstöcke Mitteleuropas. Die große steinerne Almosenbüchse stammt aus der einstigen Alten Synagoge, die bereits im 19. Jahrhundert abgebrochen wurde. Mit der sogenannten Schandflasche, gefertigt aus Sandstein und einer Kette, peinigte man sogenannte gefallene Mädchen: Sie mussten mit der Schandflasche zweimal um den Marktplatz gehen, dann jagte man sie aus der Stadt. Zu sehen ist auch die Kopie eines Henkerbeils aus der Sammlung des Egerer Scharfrichters Karl Huß.

Zu den kostbaren Ausstellungsstücken zählen die ›Goldene Sonne‹ (Kriegsbeute aus der Burg Neuhaus von 1412) sowie

▲ Karte S. 51

das mit Perlen bestickte Egerer Antependium, ein Altarvorhang aus dem 14. Jahrhundert. Die Gesichter sind auf Pergament gemalt. Wahrscheinlich ist dies eine Arbeit aus dem Egerer Klarissenkloster, denn in der Mitte sieht man ein Abbild der heiligen Klara.

Die Glocke für die Eichwalder Kirche (heute Dubí bei Teplice v Čechách) ist die älteste erhaltene in Böhmen; sie entstand im Jahr 1286 in Italien. Sie kam ins Museum, nachdem tektonische Störungen einen Umbau des Glockenturms erforderlich gemacht hatten. Der heilige Nikolaus, Patron der dem Museum benachbarten Kirche, befindet sich hier als große Lindenholzplastik (um 1500). Aus der Seeberger Kirche kamen der Altar (1498) mit dem Motiv der Beweinung Christi sowie einige spätgotische Altartafeln ins Museum. Breiten Raum finden die Egerer Zünfte. Berühmt waren die Kunsttischler wegen ihrer Intarsienmöbel, die Büchsenmacher, Instrumentenbauer sowie die Zinnkannenhersteller.

1907 brannte es im Museum, ein Raum ist der Situation von 1905 nachempfunden: Mit Bürgermeisterbildnissen, vielen Zunftkannen und -truhen. Im Besitz des Museums sind Egerer Möbel in vielen Stilrichtungen. Diese stammen von den sudetendeutschen Bürgern, die bei der Vertreibung pro Kopf nur maximal 30 Kilogramm mitführen durften.

Die ›Goldene Sonne‹ im Museum des Pachelbelhauses

Am 24. Februar 1634 übernachtete im Pachelbelhaus der Herzog von Friedland, Albrecht von Waldstein (=Wallenstein). Eger war die letzte Station auf seiner geplanten Flucht ins nahe Sachsen. Als Generalissimus des Kaiserheeres beanspruchte er immer mehr Macht und wurde seinem Dienstherren deshalb selbst gefährlich. Daher verfügte Kaiser Ferdinand II. einen Haftbefehl. Der kaisertreue irischstämmige Hauptmann Walter Deveroux machte sofort kurzen Prozess und erstach Wallenstein in seinem Schlafgemach mit einer Hellebarde. Mehrere Waldsteinsche Originalexponate blieben erhalten, so zwei Reitsättel, eine Reisetruhe, Stiefel, Sporen und die vermeintliche Mordwaffe. Im Sterbezimmer sieht man einige seiner Feldöfen und Waschbecken, die der Feldherr im Zeltlager benutzte. Eines seiner Pferde, das in der Schlacht bei Lützen erschossen wurde, steht hier als eines der ältesten ausgestopften Tiere weltweit, es wurde im ersten Drittel des 17. Jahrhunderts präpariert. Allerdings hat die Zeit ihre Spuren hinterlassen, das Pferd zeigt heute weiße Streifen und ähnelt einem eigenartigen Zebra.

Berühmt ist die Hallwichsammlung des Egerer Museums. Sie umfasst 38 filigrane Elfenbeinschnitzereien. Diese zeigen Persönlichkeiten aus der ersten Hälfte des 17. Jahrhunderts.

Die Gemälde der Wallensteingalerie stammen aus dem Prager Waldstein-Palais und zeigen neben einigen Familienmitgliedern vor allem Persönlichkeiten aus der Zeit des Dreißigjährigen Krieges.

■ Am Marktplatz

Anfang des 13. Jahrhunderts ließen sich im Schatten der Kaiserpfalz Kaufleute, Gerber und Tuchmacher nieder. Am historischen Markt sind ihre Spuren erhalten. Der Komplex von elf ehemaligen Krämerhäusern mit gotischem Fachwerk oder im Renaissancestil ist als **Egerer Stöckl** (Špalíček) bekannt, das das romantische Krämergässchen (Kramářská) teilt. Das Stöckl wuchs ab dem 15. Jahrhundert dort, wo zuvor nur provisorische Bretterverschläge oder Zeltbahnen gestanden hatten. Da die Händler wenig Platz vorfanden, jedoch immer größeren Lagerbedarf verzeichneten, blieb ihnen nur, die Häuser nach und nach aufzustocken. Vor dem Stöckl plätschert der **Herkulesbrunnen**. Ihn bewacht die Figur des starken Namensgebers, der eine vergoldete Keule trägt: Herkules gilt seit der Errichtung des Denkmals im Jahr 1738 als der Beschützer der Stadt Eger.

Am leicht abfallenden Marktplatz - der obere Bereich war der Pferdemarkt, der untere der Krautmarkt - versammeln

Ein Teil des Stöckl

▲ Karte S. 51

sich mehrere stattliche Kaufmanns- und Handelshäuser verschiedener Bauepochen; man erkennt sie an ihren hohen Dächern. Diese besitzen als ehemalige Warenlager mehrere Geschosse mit Luken für Tageslichteinfall, Luftzufuhr sowie zum Ein- und Auslagern der Güter per Seilzug. Die Kaufmannshäuser zeichnen sich durch große Tore aus, in die Pferdefuhrwerke einfahren konnten. In der ersten Etage wohnte die Kaufmannsfamilie, darüber die Bediensteten.

Schräg gegenüber dem Bezirksmuseum steht das **Gablerhaus** (Nr. 507), das eine Rokokofassade, ein herrliches Portal und ein Muttergottesbild mit Jesuskind ziert. Im 17. Jahrhundert gehörte es dem Jesuitenorden. Das angrenzende **Schirndingerhaus** (Nr. 508) tanzt hübsch aus der Reihe, als einziges steht es mit seiner Giebelseite zum Marktplatz hin. Auffallend sind auch der hohe Stufengiebel sowie die spätgotischen Fenster. Im Hof ist ein Renaissance-Arkadengang zu sehen, der einzige der Stadt.

Die Mitte der Ostseite des Marktes nimmt das barocke Neue Rathaus (1723–1728) mit einer großen Toreinfahrt ein (Nr. 10/16). Der Entwurf des italienischen Architekten G. B. Alliprandi sah ein weitaus umfangreicheres Gebäude vor, letztendlich kam aber wegen Geldmangels nur etwa ein Drittel der Planungen zur Ausführung. Heute ist das Gebäude das Domizil der **Galerie Bildender Künste** mit Café. Hervorzuheben sind die prächtigen Stuckarbeiten in den Sälen, eine umfangreiche Sammlung von gotischen Madonnenfiguren sowie Egerer Reliefintarsien.

Daneben steht das **Metternichhaus** (Nr. 2/17), einst die Herberge ›Zum Goldenen Hirsch‹. Hier wohnte 1791 Friedrich Schiller, um an einem authentischen Schauplatz an den Entwürfen für seine ›Wallenstein‹-Trilogie zu arbeiten. Da-

Verzierter Erker in der Valdštejnova

her heißt es heute auch Schillerhaus (Schillerův dům).

Auf dem zweiten Marktbrunnen, dem **Rolandbrunnen**, steht die Figur des Ritters Roland, in Eger Wastl genannt. Seit dem Jahr 1591 verkörpert dieser die Stadtrechte, allerdings als eine Kopie von 1985 – die Originalplastik befindet sich im Egerer Stadtmuseum.

Die Marktwestseite beherrscht das ehemalige **Postgebäude** im Neorenaissancestil, das 1884/85 als Sparkasse entstand. Zuvor standen am selben Platz zwei Bürgerhäuser, in einem befand sich das Gasthaus ›Zur Goldenen Sonne‹. Goethe übernachtete hier mehrmals, in der Vorhalle der Post erinnert eine Gedenktafel an den berühmten Egerer Besucher.

Weitere Sehenswürdigkeiten

Vom abfallenden Markt ist über die Kirchgasse (Kostelní) die **Pfarrkirche des heiligen Nikolaus** schnell erreicht. Ab dem Jahr 1210 wuchs hier ein romanischer Bau, aus jener Zeit blieben die Westfassade mit schönem Eingangsportal, Teile des Presbyteriums und die Doppeltürme bis zum dritten Geschoss erhalten. Um die Mitte des 15. Jahrhunderts gaben reiche Bürger einen radikalen Umbau zu einer monumentalen dreischiffigen Hallenkirche in Auftrag; er wurde zwischen 1456 und 1476 von den Baumeistern Jörg von Eger und Erhard Bauer von Eichstätt ausgeführt, die Ausmalung übernahm Meister Lukas von Nürnberg. Damals gab es in der Kirche 21 Altäre. In der zweiten Hälfte des 18. Jahrhunderts entwarf der Egerer Architekt Balthasar Neumann die beiden Türme, wovon aber nur ein Turmhelm erbaut wurde. Dieser verbrannte 1809 beim großen Stadtbrand ebenso wie die später erneuerten im April 1945. Neue Türme zieren die Kirche erst wieder seit dem Jahre 2008. Vom historischen Interieur sind noch ein romanisches Taufbecken, sechs gotische Plastiken auf den Seitenaltären und im Presbyterium ein herrliches gotisches Sakramentshäuschen erhalten. Das meiste stammt heute aber aus zwei Phasen der neugotischen Umgestaltung (1862–1894).

Über die Kirchstiege (Kostelní schody) gelangt man zum einstigen **Dominikanerkloster** mit der Kirche des heiligen Wenzel. König Wenzel II. stiftete sie 1294, im 17. Jahrhundert erfuhr sie eine barocke Umgestaltung. Über dem Kirchenportal befindet sich das Habsburger Wappen. Eine Tafel an der Konventsmauer in der Steingasse (Kamenná ulice) erinnert an den ›Richterspruch von Eger‹: Im Mai 1432 trafen sich hier die Abgesandten der Hussiten zu Verhandlungen mit den Katholiken. Den Hussiten wurde dazu freies Geleit zugesichert.

Hoch über dem Egerufer stehen die Mauern der **Kaiserpfalz** (Chebský hrad). Von der romanischen Befestigung blieb einzig der Schwarze Turm erhalten. Er steht auf

Die Burgkapelle der Kaiserpfalz

einem Grundriss von 9 mal 9 Metern, seine Mauern sind 3,5 Meter dick und bestehen aus schwarzem Basalttuff. Das Baumaterial stammt aus dem ehemaligen Steinbruch am Vulkan Kammerbühl (→ S. 42). Vom knapp 19 Meter hohen Turm genießt man einen weiten Rundblick.

Das wertvollste Bauwerk der Kaiserpfalz ist die romanisch-frühgotische **Burgkapelle des heiligen Erhard und der heiligen Ursula**. Diese Doppelkapelle besitzt einen unteren romanischen Raum mit einem von vier dicken Säulen gestützten Kreuzgewölbe. In der Etage darüber befindet sich die frühgotische Kapelle, das Kreuzgewölbe tragen vier schlanke Marmorsäulen: Oben feierte die feine Gesellschaft den Gottesdienst und Staatsakte, in der dunklen Krypta die Burgbesatzung und das Personal. Allerdings konnte das ›Fußvolk‹ durch eine achteckige Deckenöffnung zumindest akustisch am Geschehen teilhaben. Jene Ereignisse waren aber die Ausnahme, beide Kapellen dienten als separate Gebetsräume mit getrennt gefeierten Gottesdiensten. An der oberen Westwand der Kapelle lässt sich noch der ursprüngliche Zugang vom Kaiserpalast erkennen; er wurde später zugemauert.

Vom einst prächtigen **Kaiserpalast**, dem Barbarossapalast im Nordareal des Burghofes, sind nur die Reste bis zur ersten Etage der nördlichen und östlichen Außenmauern mit romanischen Rundbogenfenstern erhalten. Im 15. Jahrhundert ergänzte man den Palast mit einem Fachwerkaufbau, an der westlichen Wand entstand das Kuchelhaus als Wirtschaftsgebäude. In der Nacht, bevor der Feldherr Albrecht von Waldstein (=Wallenstein) ermordet wurde, waren vier seiner Offiziere – seine treuesten Gefährten, darunter Graf Adam Erdmann Trzka von Leipa – zu einem Gelage mit Kaisertreuen geladen. Nach reichlichem Weingenuss wurden sie hier

▶ Karte S. 51

niedergemetzelt. Oberst Gordon diente als Burgkommandant und war der Strippenzieher der Bluttat. Nach dem Mord verfielen die Gebäude zusehends, denn niemand wollte noch an diesem Ort wohnen. Nur die Fundamente des Baus blieben bis in die Gegenwart erhalten. Die Befestigungsmauer aus Ziegelsteinen ist Resultat des barocken Umbaus zur Zitadelle. In den einstigen Kasematten sind heute Folterwerkzeuge ausgestellt.
Am Egerufer, unterhalb der Burg, befindet sich ein neues **Amphitheater**. Den ganzen Sommer lang kann man hier von Heavy Metal bis zur Oper ein breitgefächertes Kulturangebot erleben.
Von der Burg schlendert es sich hübsch durch die ul. Dobrovskeho. Wenn man alsbald in die ul. Hradební rechts abbiegt, gelangt der Besucher in den idyllischen **Garten des ehemaligen Franziskanerklosters** mit vielen Sitzbänken. Kurios und nur vom Klostergarten aus zu sehen: Zwischen Gartenzaun und Kirche stehen zwei Plastiken aus sozialistischen Tagen. Die große stellt den Sowjetführer Lenin dar, die kleine den Schriftsteller und kommunistischen Politiker Julius Fučík.

Deckenöffnung in der Burgkapelle

Neben dem Eingang zum Garten befindet sich die Stadtbibliothek, weiter entlang der Stadtmauer gelangt man zum Franziskanerplatz (Františkánské nám.). Die hiesige Klosterkirche der Klarissen, die **Klarakirche** (1708–1712), trägt die Handschrift von Christoph Dientzenhofer und offenbart sich als ein Glanzstück des Hochbarock. Gegenüber steht das einstige Minoriten- und spätere **Franziskanerkloster** mit einem herrlichen Kreuzgang und der Bibliothek. Die Bibliotheksregale, Kachelofen, Fenster und anderes entstanden in den 1920er und 1930er Jahren im Pseudo-Barockstil; bei diesem Raum handelt es sich wahrscheinlich um das ehemalige Refektorium. Die Kirche zeigt sich innen fast völlig demoliert.
Über die Dlouhá (Lange Straße) erreicht man das Haus Nr. 417. Hier lebte in den Jahren von 1960 bis 1974 Gustav Nosek, der Holzschnitzer der Marionette Hurvínek; eine Büste an der Fassade erinnert an den begnadeten Puppenspieler. Ganz in der Nähe, dort wo die drei Straßen ul. Dlouhá, Březinova und 26. dubna aufeinanderstoßen, steht ein **Brunnen** mit der Plastik eines Dudelsackspielers in Egerer Volkstracht. Der Egerer Bildhauer Adolf Mayerl modellierte die Figur.

Außerhalb des Zentrums

Im Jahr 2010 wurde in Nachbarschaft des Städtischen Friedhofs die größte deutsche **Kriegsgräberstätte** in Tschechien vollendet. Dank des Mutes einiger Kommunalpolitiker und Spendengeldern fanden hier unter alten Birken und Eichen nach jahrzehntelanger Odyssee 5600 deutsche und tschechische Kriegstote eine letzte würdevolle Ruhestätte. Viele Kreuze tragen keine Inschrift, denn nur 2700 Gebeine konnten identifiziert werden.
Schätzungsweise 200 000 Vietnamesen leben derzeit in Tschechien. Ihre offiziel-

le Zahl wird mit nur 56 000 angegeben, sie bilden dennoch nach den Sinti und Roma die zweitgrößte nicht-tschechische Bevölkerungsgruppe. In der Gegend um Cheb sind es an die 3000 Bewohner, rund ein Zehntel der Bevölkerung. Einst als Gastarbeiter ins Land geholt, blieben viele Asiaten nach der Wende im Land. Neuzuzügler, meist Verwandte, kamen nach 1990 hinzu. Andere verabschiedeten sich wieder in die alte Heimat, angeblich sind in Vietnam etwa 200 000 Menschen der tschechischen Sprache mächtig. Die Migranten sind zumeist als fliegende Händler tätig. Zigaretten, Spirituosen und Textilien finden vor allem deutsche Käufer. Der mit etwa 300 Ständen größte Markt Tschechiens heißt **Dragoun bazar** und befindet sich auf einem ehemaligen Kasernengelände, etwa fünf Kilometer südwestlich des Egerer Stadtzentrums an der Hauptstraße Richtung Waldsassen.

An der Chaussee nach Marienbad, etwa sieben Kilometer vom Egerer Stadtrand entfernt, fließt die Wondreb (Odrava), der rechte Nebenfluss der Eger (Ohře), in den **Gaßnitzer Stausee** (Vodní nádrž Jesenice). Hier kann man sein Zelt aufschlagen und/oder im Fischrestaurant Rybářska bašta gut essen.

Vier Kilometer vom Südufer des Stausees entfernt, in **Doubrava** (Taubrath), befindet sich das Rusterlgut, das 1761 im Egerländer Fachwerkstil erbaut wurde. Hier kann man ein kleines privates **Freilichtmuseum** besichtigen. In der Nähe stehen stattliche, mehrhundertjährige Laubbäume. Auch in **Milíkov** (Miltigau), 18 km östlich von Cheb entfernt, befindet sich ein kleines Egerländer **Freilichtmuseum**.

Fahrradtour von Cheb

► Rundtour über Starý Hrozňatov nach Doubrava und zurück

Start ist am Bahnhof Cheb (oder Bahnhaltepunkt Franzensbad-Aquaforum, nur eine Station bis Cheb, 5 Min. Bahnfahrt). Am Bahnhof geht es links an der Post vorbei, vor dem ›Penny‹-Markt links die Fußgängerbrücke über die Gleise nutzen. Leider gibt es kein U-Profil, so dass das Rad getragen werden muss, auf der anderen Seite sind noch mehr Stufen zu bewältigen – anstrengend! Am Fischteich vorbei fahren wir geradeaus den Hügel hinauf, biegen an der Straße nach rechts ab (anfangs Radroute Nr. 2070), fahren an der Einmündung in die Hauptstraße wiederum rechts, vorbei an der Spedition; dann geht es einen längeren Abschnitt nur bergab. Ab dem Hinweisschild U Studánky ist Starý Hrozňatov ausgewiesen. Jetzt folgen wir der Radroute Nr. 2056, bald zweigt eine Nebenstraße nach rechts ab, wir folgen dem Hinweis Maria Loreto. In **Starý Hrozňatov** fahren wir am **Schloss** vorbei. Weiter bergan erreichen wir eine Allee, die zur **Wallfahrtsstätte Maria Loreto** geleitet (→ S. 64).

Vor dem Kloster verläuft die Radroute Nr. 361, der wir links in den Wald folgen. Alsbald erreichen wir die ehemalige Grenzpostenstraße, die meist schnurgerade auf und ab durch die Landschaft führt – hier verlief der Eiserne Vorhang. In Mýtina (Altalbenreuth), nahe einer verlassenen Grenzkaserne, biegen wir nach links Richtung Doubrava/Lipová ab (Radroute Nr. 2129) und nach der steilen Abfahrt scharf nach rechts. Auf einer **Obstbaumallee** fährt es sich angenehm bis Doubrava mit sehenswerten Egerländer **Fachwerkgehöften** (→ S. 64).

Weiter fahren wir nach Lipová, wo wir an der Hauptstraße links abbiegen (Radroute Nr. 36). Bald erreichen wir den Abzweig, den wir von der Hinfahrt zum Loreto kennen, verbleiben auf der Hauptstraße und nutzen den selben Weg zum Bahnhof Cheb (27 km, mit Besichtigung und Einkehr ca. 5 Std.).

▲ Karte: vordere Umschlagklappe

Cheb

Touristeninformation Cheb, Jateční 476/2 (Eingang vom Marktplatz gegenüber Neuem Rathaus), Tel. 354440302, www.tic.cheb.cz.

Häufige Verbindungen nach Františkovy Lázně, Karlovy Vary, Prag und Plzeň (über Mariánské Lázně).
Die Vogtlandbahn betreibt die Bahnstrecke Marktredwitz-Cheb-Adorf-Plauen (von Plauen weiter nach Gera bzw. Zwickau).

Häufig in die benachbarten Kurorte Františkovy Lázně, Karlovy Vary und Mariánské Lázně sowie zwölfmal täglich nach Prag, zweimal nach Plzeň.

Hotel Barbarossa (€-€€), Jateční 7, Tel. 354423446, www.hotel-barbarossa.cz. Große Zimmer und hübsche Bäder in zentraler Lage in Marktnähe, auch empfehlenswertes Restaurant.
Hotel Stein (€€), Ke Skalce 10, Tel. 354423301, www.hotelstein.cz. Der Innenhof des historischen Gebäudes mit Arkaden und Überdach erinnert an mediterrane Gefilde. Geschmackvolle Zimmer, das Wellnesszentrum besitzt zwei Pseudohöhlen, hier werden Bier-, Kräuter- und Moorbäder angeboten. Restaurant sowie Cowboy- und Bikerbar mit Wildwestatmosphäre. Drei Kilometer westlich außerhalb des Zentrums, ruhige Alleinlage.
Pension Hannibal (€), Májová 10, Tel. 354434477, www.pension-hannibal.webnode.cz. Einige Zimmer mit hübsch bemalten Bauernmöbeln, andere schlicht und modern eingerichtet. Im Erdgeschoss gemütliches Restaurant mit Freiluftplätzen im Hinterhof. Fünf Minuten Fußweg zum Marktplatz.
Hotel Zámek Mostov & Hotel Mlýn (€€), Mostov 1, Tel. 354400450, www.mostov.cz. Schlosshotel sowie benachbartes ehemaliges Mühlengebäude 10 km nordöstlich von Cheb bei Kynšperk nad Ohří. Von einem kleinen Park umgeben. Wellnessbehandlungen in den historischen Kellergewölben.

Václav, Tel. 354435653, www.kempvaclav.cz. Großer Campingplatz mit Restaurant am Nordufer des Gaßnitzer Stausees (Vodní nádrž Jesenice) im südlichen Vorort Podhrad, Betriebszeit April-Sept. Gewinn des ADAC Award 2014.

Incognito Bar, Svobody 26a (Zugang über die ul. Valdštejnova, etwas versteckt in einem Innenhof neben dem Hotel Slavie), Tel. 776232071, www.incognitobar.cz. Café, Bar und Restaurant, modernes Ambiente mit internationaler Küche, mehrfach ausgezeichnet, tgl. auch ein vegetarisches Gericht; Mo-Do 11-24, Fr 11-01, Sa 17-01, So 17-23 Uhr.
Restaurant Fortuna, nám. Krále Jiřího z Poděbrad 28, Tel. 354422110, www.restaurant-fortuna.cz. Historisches Gewölbe aus dem 16. Jhd. im Minettihaus am Marktplatz, Sommerterrasse. Tschechische und int. Küche; tgl. 10-22 Uhr.
Rybářska bašta, auf dem gleichnamigen Campingplatz am Damm des Gaßnitzer Stausees (Vodní nádrž Jesenice) an der Straße nach Marienbad, Tel. 354431951. Fischspezialitäten, tschechische und int. Küche, herrliche Aussicht aufs Wasser; tgl. 10-22 Uhr.
Kynšperský Pivovar, Sokolovská 482/40, Tel. 352669493, www.pivovar-kynsperk.cz. In das Städtchen Kynšperk nad Ohří (Königsberg an der Eger), 10 km nordöstlich von Cheb, lockt das urige Brauereigasthaus in der ehemaligen Mälzerei. Hier kommt das Königsberger Haase (Zajíc) in den Sorten Hell, Gold und Schwarz aus den Zapfhähnen. Tipps: Altböhmische Kohlsuppe mit drei Fleischsorten und Kartoffelpuffer mit Biertreber, auch Biereis mit Schlagsahne und Apfelstrudel mit Bierteig; Mo-Do und So 11-22, Fr/Sa 11-24 Uhr.

Gallery Coffee, nám. Krále Jiřího z Poděbrad 508. Im Schirndingerhaus mit Freiluftplätzen im romantischen Innenhof unter dem Renaissancearkadengang. Mo-Do 10-22, Fr 10-24, Sa 12-24, So 12-21 Uhr.

Caffé 11, Šikova 8/11, http://caffe11.cz. Modernes freundliches Café in einem Eckgebäude in der Fußgängerzone nahe der oberen Seite des Markts, mit Terrassenbetrieb. Viel jugendliches Publikum; Mo-Do 8-23, Fr 8-24, Sa 11-24, So 11-22 Uhr.

Egerer Burg (Kaiserpfalz), Dobrovského 21; Mo-So 9-12 und 13-18 Uhr, Mai, Juni und Sept. Di-So 9-12 und 13-17 Uhr, Apr. und Okt. Di-So 9-12 und 13-16 Uhr.

Bezirksmuseum, nám. Krále Jiřího z Poděbrad 3; Mai-Sept. Di-So, Okt.-Dez. Mi-So und Jan.-März Sa/So jeweils 9-12.30 und 13-17 Uhr.

Galerie der Bildenden Künste, nám. Krále Jiřího z Poděbrad 16, www.gavu.cz; Di-So 10-17 Uhr.

Klosterkirche Hl. Klara und Kreuzgang im Franziskanerkloster, Františkánské nám., Mai-Sept. Di-So 10-12 und 12.30-17 Uhr. Freier Eintritt.

Städtischer Friedhof mit deutscher Kriegsgräberstätte in Cheb-Hradiště, ul. Karlovarská, vom Bahnhof verkehrt die Buslinie Nr. 5 hierher (Haltestelle Hřbitov).

Fachwerkbauernhof Milíkov, Mai-Sept. Sa/So und Nationalfeiertage 10-16 Uhr.

Wallensteinfestspiele (alle zwei oder drei Jahre Ende Aug.), **Jazz Jam Cheb** (Okt.).

Medlenka, Valdštejnova 46. Honig, Honigwein, Hanfprodukte und Biomost; Mo und Mi 9-17, Fr 9-16 Uhr.

Chlum Svaté Maří

Die Gemeinde Maria Kulm, 15 Kilometer nordöstlich von Cheb, ist ein bedeutender Wallfahrtort. Von Mai bis Oktober strömen die Pilger zur **Wallfahrtskirche Mariä Himmelfahrt**. Um die früheren Dimensionen zu verdeutlichen: Historischen Quellen zufolge kamen an Pfingsten bis zu 70 000 Gläubige von nah und fern nach Maria Kulm. Das Wallfahrtsverbot unter den Nationalsozialisten sowie der ›Eiserne Vorhang‹ während der kommunistischen Zeit ließen den Ort etwas in Vergessenheit geraten.

Bereits seit dem 13. Jahrhundert verehren die Gläubigen ein Gnadenbild auf einer Berghöhe zwischen Eger und Falkenau. Im Jahre 1341 wird erstmals ein kleiner Ort an der Kapelle erwähnt – Maria Kulm. Der Grundbesitzer Ritter Heinrich von Reissengrün schenkte dem ›Ritterlichen Orden der Kreuzherren mit dem roten Stern‹ einen Teil seiner Ländereien mit der Auflage, eine Wallfahrtskirche zu erbauen. Um 1400 war Maria Kulm die erste Pfarrei des Bistums Prag. Von 1687 bis 1728 entstand unter der Leitung von Baumeister Christoph Dientzenhofer ein barocker Wallfahrtskomplex mit Gnadenkapelle, Wallfahrtskirche, Kreuzgang und Probsteigebäude.

Das Gnadenbild ist eine Statue aus Lindenholz, eine sitzende Muttergottes mit stehendem Jesuskind aus dem 14. Jahrhundert. Dieses Bild wurde, so die Sage, von einem Fleischergesellen in einem Haselnussstrauch entdeckt. Besonders eindrucksvoll ist die reich ausgemalte Kuppel von Maria Kulm, eine verkleinerte Kopie der Kuppel des Petersdoms in Rom. Gnadenkapelle und Hauptkirche sind durch die Orgelgalerie miteinander verbunden. Probst Milan Kucera spricht sehr gut deutsch. Sollte er nicht anwesend sein, ist für Besucher täglich Familie Pavel von 7 bis 15 Uhr in der Wallfahrtskirche Maria Kulm zu erreichen (Heilige Messe: Mo-Sa 9, So 12 Uhr).

▲ Karte: vordere Umschlagklappe

Der Egerradweg

Diese neue Veloroute führt von der Quelle im Fichtelgebirge anfangs etwa 50 Kilometer durch Bayern, anschließend weitere 250 Kilometer durch West- und Nordböhmen. In Franken ist sie mit WUN 15 markiert, in Böhmen durchgängig mit der Nr. 6. Der Egerradweg ist in Deutschland noch so gut wie unbekannt, in Tschechien wird er seit 2013/14 beworben.

Die Franken machen es dem Radfahrer nicht leicht. Zwischen dem Bahnhof Münchberg und der Egerquelle liegen nur 20 Kilometer, aber die haben es in sich. Außer kurzen Straßenabschnitten wechseln nur Grob- und Feinschotter einander ab. Mehr als fünf Kilometer pro Stunde sind so nicht drin. Die Eger quillt am Nordwestabhang des Schneebergs auf 752 Meter Höhe ans Tageslicht. Auf Granitsteinen, um die klare **Quelle** herum ausgelegt, sind die Namen aller größeren Orte eingemeißelt, durch die der Fluss vom fränkischen Fichtelgebirge bis zur Mündung in die Elbe bei Litoměřice (Leitmeritz) fließt. Als Krönung des Abends betrachten die beanspruchten Radfahrer aber die nachfolgende rasante lange Abfahrt auf der Straße bis hinunter nach Schönlind.

Am nächsten Morgen rufen die vielen Felsenkeller in **Weißenstadt** Erstaunen hervor. Am Kellerberg waren etwa 130 im alltäglichen Gebrauch, viele sind noch gut erhalten. Im Fränkischen lässt sich die Eger vom Rad aus selten blicken; als Ausgleich erleben wir im engen Egertal zwischen Neuhaus (Ortsteil von Hohenberg) und Blumenthal eine besonders romantische Landschaft. Nahe dem Flüsschen stehen jahrhundertealte Fichten, es zeigen sich malerische Felsen. Die schönste Partie offenbart sich am **Hirschsprung**: Kräftig gelbe Farbe, wie angepinselt, schmückt diese Felswand, aber alles ist natürlich, denn die Schwefelflechte breitet sich durch eine Symbiose von Algen und Flechten aus. Hier scheinen sich beide besonders zu mögen, eine so große Fläche ist selten.

Am Egerradweg in Černýš bei Klášterec nad Ohří

Über Hohenberg an der Eger und Schirnding rückt die bayerisch-böhmische Grenze näher. Die einstige Trennlinie zwischen West und Ost ist für Radfahrer kaum noch zu erkennen, der frühere Todesstreifen nach einem Vierteljahrhundert zugewachsen. Wunderbar: Bereits ab dem ersten Meter in Böhmen surren die Räder auf tadellosem Asphalt Richtung Cheb.

Cheb, das historische Eger (→ S. 50), hat dem Fluss seinen deutschen Namen gegeben. Anfang des 13. Jahrhunderts ließen sich im Schatten der Egerer Kaiserpfalz Kaufleute, Gerber und Tuchmacher nieder. Das Asphaltband des Cyklostezka Ohře, wie der Egerradweg in Böhmen offiziell genannt wird, ist ab dem östlichen Stadtrand eine Klasse für sich. Die Eger bleibt bis **Kynšperk nad Ohří** (Königsberg) unser ständiger Begleiter. Das Städtchen wirkt verschlafen, die größte Sehenswürdigkeit ist eine gut besuchte Bierschwemme. Zwei Hasen mit Humpen in der Pfote thronen am Eingangstor, und nach Meister Lampe sind auch die drei Biersorten – hell, gold und dunkel – benannt: ›Zajíc‹ (Königsberger Hase). Sie kommen in der historischen Mälzerei unter Klinkersteingewölbe aus dem Zapfhahn. Und wer kein Bier mag, kann vielleicht dem Apfelstrudel mit Bierteig oder dem hausgemachten Biereis mit Schlagsahne etwas abgewinnen (→ S. 59).

Auf halber Strecke zwischen Sokolov und Karlovy Vary fließt die Eger um **Loket** (→ S. 88) ihren schönsten Bogen. **Karlovy Vary** (Karlsbad), die nächste Station am Weg, ist malerisch in das Flusstal der Tepl eingebettet und der größte Kurort Tschechiens (→ S. 66).

Eine fantastische Abfahrt von Stráň bringt uns schnell nach **Radošov** ins Egertal. Unterwegs zeigt sich der höchste Berg des Erzgebirges, der **Keilberg** (Klínovec), in ganzer Schönheit; ab August kann man sich unterwegs auch an den vielen alten Apfelbäumen bedienen, die hier scheinbar niemand beachtet. Zwischen den Dörfern Jakubov und Stráž nad Ohří treten die ersten Schwachstellen auf dem böhmischen Teil des Egerradwegs zutage: Der Weg besteht aus Lehm, der sich bei Regen in Schmierseifenbahnen verwandelt. Radler müssen hier aufpassen, damit ihnen die bepackten Räder nicht entgleiten.

Bei **Kadaň** waren wieder Millionen Tschechische Kronen für den Radwegebau vorhanden, selbst für eine gewagte Fuß- und Radfahrerbrücke entlang einer steilen Felswand reichte das Geld. Leider werden Radfahrer am südöstlichen Stadtrand auf die stark befahrene Straße Richtung **Žatec** (Saaz) mit mehreren uneinsehbaren Kurven geleitet; zum Glück ist der Spuk bald vorüber. Bis zum Ausbruch des Zweiten Weltkriegs war Saaz die Weltmetropole des Hopfens. Noch immer ist der Saazer Hopfen der beste und teuerste. Im Jahr 2001 fand man auf dem Markt das Grab des ältesten Biertrinkers der Welt: Neben seinem Skelett lagen ein Krug und eine Tontafel mit sieben Kerben – die angebliche Bierrechnung. Der Verblichene aus der Kultur der Homolupulen erhielt den Namen Lojza Lupulin, und die Tontafel wurde zum Symbol des einzigartigen Hopfen- und Biertempels. In der Nähe des Eingangs zur Minibauerei ›U orloje‹ ist die Hopfenturmuhr zu sehen. Die einstige Hopfenlager- und Verpackungshalle nebenan verwandelte sich zum Museum des Hopfenanbaus (Chmelařské muzeum), das größte seiner Art in Europa. Auf dem Saazer Marktplatz fällt das kleinste Hopfenfeld der Welt auf, es ist kaum größer als eine Vierzimmerwohnung.

Fünf Kilometer östlich von Žatec, zwischen den Dörfern **Stekník** und **Strkovice**,

Durch die Hopfenplantagen bei Žatec

schlängelt sich der Egerradweg durch weitläufiges Hopfenanbaugebiet. Manch ein Plantagenbesitzer hat sich früher mit der unverzichtbaren Brauzutat eine goldene Nase verdient, wie eine alte Villa in Strkovice beweist: Die dörfliche Residenz quillt über vor Zierrat.

Durch die Städte Louny, Libochovice und Budyně nad Ohří nähern wir uns der Elbe. Zwischen Doksany und Terezín erscheinen die Kegel des **Böhmischen Mittelgebirges** aufgereiht wie zu einer Filmkulisse. Aber es ist alles echt. Mit Fantasie kann sich der Betrachter vorstellen, wie es hier in der Urzeit aus dem Erdinneren Asche und Feuer spie. **Terezín**, das frühere Theresienstadt, ist heute eine Mahnstätte für den Frieden. Während der deutschen Besatzung im Zweiten Weltkrieg war das Städtchen samt gewaltiger Festung das Durchgangs- und Sammellager für böhmische Juden, die die Nazis von hier in die Konzentrations- und Vernichtungslager brachten. Ausstellungen berichten davon. Wer sich umfassend mit diesen schrecklichen Geschehnissen beschäftigen möchte, dem sei der nahezu unbekannte Roman ›Prager Winter‹ von Nikolaus Martin ans Herz gelegt. Er hat die Hölle auf Erden erlebt und seine Geschichte authentisch der Nachwelt überliefert.

Vier Kilometer nördlich von Terezín, bei **Litoměřice** (Leitmeritz), fließt die Eger ganz unspektakulär in die Elbe. »Wer ist denn der, der nicht gern einen guten Wein trinkt«, fragte bereits im Jahr 1565 ein Leitmeritzer Schreiber. Am weitläufigen Markt gibt es viele romantische Plätze, auf denen man einen erlesenen böhmischen Tropfen genießen kann. Dazu zählt auch der Ratskeller (Radniční sklípek), der sich in Litoměřice allerdings nicht im Rathaus befindet, sondern im dreistöckigen felsigen Untergrund. Die Ganghöhe ist nicht allzu hoch, eben den kleinwüchsigeren Leuten des Mittelalters angepasst. Daher warnt eine Tafel: »Wenn wir durch Alkohol gestärkt werden, haben wir Probleme mit der Beherrschung unseres Körpers, und es kann sein, dass wir uns eine Beule mit nach Hause bringen«.

Weitere Informationen zum Egerradweg: → Reisetipps von A bis Z, S. 140.

Starý Hrozňatov und Doubrava

Von der ehemaligen **Burg Altkinsberg** in Starý Hrozňatov ist nur der Turm erhalten. Das Schloss war zu ČSSR-Zeiten im Besitz des Innenministeriums, jetzt ist es in Privathand und derzeit wegen Bauarbeiten geschlossen. Hier kam angeblich der Adlige und Tepler Mönchsgründer Hroznata zu Tode (→ S. 120).

Oberhalb der Burg geleitet eine Allee zur **Wallfahrtsstätte Maria Loreto**. Das heute bekannteste Loreto Westböhmens haben die Egerer Jesuiten in den Jahren von 1664 bis 1689 erbauen lassen, wahrscheinlich war auch der berühmte Architekt Christoph Dientzenhofer vor Ort tätig. Geld für den Bau gab die Gräfin von Heissenstein, eine Nachfahrin aus dem Geschlecht des heiliggesprochenen Hroznata. Zum Loreto führen 29 Kreuzwegstationen.

Seit Ende der 1940er Jahre befand sich der Ort im Grenzsperrgebiet. Das Heiligtum wurde dem Verfall preisgegeben, Brandstiftung kam hinzu; übrig blieb eine Ruine. Erst nach 1989 startete die Rettung der Gnadenstätte. Hauptakteur war der Waldsassener Unternehmer und ehemaliger Neukinsberger Bürger Anton Hart (1914–2004); 1992 begann der Wiederaufbau. Im Hof steht die Muttergotteskapelle. Das Gnadenbild kam 1665 aus dem italienischen Loreto hierher. 1971 entdeckte Hermine Hart das lädierte Heiligtum und trug sämtliche Kosten für die Restaurierung. Die Kapelle ist von einem Kreuzgang mit neuen Wandmalereien umgeben, die Stationen aus dem Leben der Jungfrau Maria darstellen. Am Eingang zur Heilig-Geist-Kirche sieht man eine Büste des Loreto-Retters und Egerer Ehrenbürgers Anton Hart.

Auf dem benachbarten **Friedhof** stehen deutsche Grabsteine. Das Areal dient auch als Meditationspark mit einigen sehenswerten barocken Skulpturen.

Doubrava ist ein winziges Dorf mit vier erhaltenen und gut gepflegten Egerländer Fachwerkgehöften. Im schönsten, erbaut 1761, befinden sich das Gasthaus ›Skanzen‹ sowie ein privates **Bauernmuseum**. Im Sommer sitzt es sich herrlich auf der Wiese mit Blick auf die hübschen Fachwerkgiebel, zwischen den Tischen laufen Hühner und Hahn, Hunde und Katze frei herum.

Starý Hrozňatov und Doubrava

Zwischen Cheb und Starý Hrozňatov alle 2 Std., nach Doubrava ab Cheb tgl. drei Verbindungen.

Pension und Gasthaus U Stříbrného jelena (€), Starý Hroznatov 151, Tel. 354430531, www.stribrnyjelen.cz. Einfache böhmische Küche, am Platz unterhalb des Schlosses auch mit hübschen Gartenplätzen; tgl. 11–22 Uhr.

Pension Vraní Dvůr (€), Kozly 25, Tel. 354593153, www.vranidvur.cz. Egerländer Fachwerkhof mit einfachen Zimmern, etwa 10 km südöstlich von Cheb. Von Doubrava über Mýtina zu erreichen.

Gasthaus Pod hradem, Starý Hrozňatov 34, Tel. 359604534, www.restaurace-hroznatov.cz. Einfache böhmische Küche; tgl. 11–22 Uhr.

Gasthaus Skanzen, Doubrava 3, Tel. 354593302; tgl. 11–22 Uhr.

Wallfahrtsstätte Maria Loreto in Starý Hrozňatov, Mai–Mitte Okt. Di–So 10.30–16.30 Uhr, Eintritt frei (Imkerhonigverkauf). Außerhalb der Saison öffnet Herr Erwin Sommer, Tel. (0049)/(0)9632/8545 oder Frau Ulrika Hart, Tel. (0049)/(0)172/8989336, www.maria-loreto.de.

Freilichtmuseum in Doubrava, April–Sept. tgl. 10–20 Uhr.

▲ Karte: vordere Umschlagklappe

Nepomuk in Královské Poříčí

Královské Poříčí

Die kleine Gemeinde, früher Königswerth, befindet sich am nordöstlichen Stadtrand von Sokolov (Falkenau an der Eger). Im Dorf stehen einige schöne **Bauernhäuser** im Egerländer Fachwerkstil, darunter ein Gehöft mit einer Johann-von-Nepomuk-Statue.

Größte Sehenswürdigkeit ist der **Gutshof Bernhard** (Statek Bernhard), ein wunderschön herausgeputztes Fachwerkensemble, in dem heute historische Handwerkstechniken gepflegt werden und in das ein Restaurant sowie ein Kinderspielplatz einladen. In der Dauerausstellung ›Lehrzentrum des Flusses Eger‹ erlebt der Besucher eine interaktive Präsentation der wichtigsten Sehenswürdigkeiten links und rechts der Ufer von der Quelle bis zur Mündung.

Manufakturen, Dauerausstellung und Infozentrum: Di–So 9–17 Uhr, Jan.–März Mo und Di geschlossen, www.statekbernhard.cz. Restaurant täglich 11–22 Uhr, Juni–Aug. 10–22 Uhr. Auch Pensionszimmer (€) stehen zur Verfügung, Tel. 352629722.

Ein dörflicher **Lehrpfad** mit 14 Stationen führt über vier Kilometer Länge zu den Sehens- und Denkwürdigkeiten.

Sokolov

Etwa auf halbem Weg zwischen Cheb und Karlsbad findet man die Kreisstadt Sokolov (Falkenau an der Eger). Bis zur Mitte des 20. Jahrhunderts war Falkenau ein hübsches Städtchen, über das Goethe schrieb: »... einen wohlgebauten Ort, den ich gar oft, nach Carlsbad fahrend, gar anmutig im Tal der Eger liegen sah«. Sokolov wuchs nach 1945 zu einem Zentrum der Braunkohleindustrie und ist heute von unansehnlichen Plattenbausiedlungen umringt; die touristische Anziehungskraft hält sich in Grenzen.

Sehenswert ist das große **Schloss** der Grafen Schlick und Nostitz im klassizistischen Stil mit vier Ecktürmen. Es versteckt sich nahe der Altstadt im Stadtpark. Seit den 1960er Jahren befindet sich hier das **Stadtmuseum** (Muzeum Sokolov) mit den Themenbereichen Glas, Porzellan, Musikinstrumente und Bergbaugeschichte. Neu ist die Schau zur Familiengeschichte derer von Nostitz, die das Schloss zwischen 1622 und 1945 bewohnten, sowie eine Ausstellung mit Werken des Malers David Friedmann, der Mitte der 1940er Jahre in Falkenau und Umgebung arbeitete (Mi–So 9–12 und 13–17 Uhr, www.omks.cz).

Neueste Attraktion ist seit 2012 die **Brücke der Liebe** (most lásky) über die Eger, die Fußgängern und Radfahrern auf dem Weg ins Stadtzentrum vorbehalten ist. Zahlreiche Liebesweisheiten sind auf Täfelchen geschrieben, am eindrucksvollsten sind aber die unzähligen kleinen und großen Vorhängeschlösser an den Brückengeländern, worauf die verliebten Paare oft ihre Namen eingravieren ließen. Ein Hinweisschild rät: »Liebe ist, sie in mein Herz einzuschließen und den Schlüssel zu verlieren«. Noch findet sich hier und da ein freies Plätzchen für ein neues Schloss. Ähnliche Brücken der Liebe besitzen auch Mailand, Paris, London und Moskau.

Karlovy Vary

Karlovy Vary (Karlsbad), malerisch in das Flusstal der Teplá (Tepl) eingebettet, ist mit 50 000 Einwohnern und etwa 9000 Gästebetten der größte Kurort Tschechiens. Die Kursaison währt von Mai bis September, aber außer im Januar sind hier immer viele Besucher zugegen. Der Ruhm gründet sich auf zwölf warmen Heilquellen. Karlsbad ist heute ein florierender Kurort, ganz so, wie es 1930 ein begeisterter Gast festhielt: »... dass jedermann, sei er krank oder gesund, in Karlsbad alles findet, was er sucht: Heilung von seinem Leiden oder Zeitvertreib, je nachdem, und kaum einer wird die schöne Sprudelstadt mit ihren gottbegnadeten Gesundbrunnen, ihrer herrlichen Lage und entzückenden Umgebung verlassen, ohne eine schöne bleibende Erinnerung mit fortzunehmen.«
Das heutige Antlitz der Kurstadt ist geprägt von Historismus und aufkommendem Jugendstil und dem Bauboom am Ende des 19. Jahrhunderts zu verdanken. Der französische Architekt Le Corbusier nannte Karlsbad, davon sichtlich beeindruckt, einen ›Treff von Torten‹.

Pavillon der Parkkolonnade

▲ Karte: hintere Umschlagklappe

Das Kurviertel ist für den privaten Autoverkehr gesperrt, es sei denn, Sie haben eine Unterkunft gebucht. Abstellen können Sie das Auto nur auf den Hotelparkplätzen. Die Stadtbuslinie Nr. 1 verkehrt durch das Kurviertel. Das Areal um Alte und Neue Wiese war jahrelang eine Baustelle. Jetzt kann man wieder ausgiebig und ungestört flanieren – wie zu Geheimrat Goethes Zeiten.

Geschichte

Wahrscheinlich waren die hiesigen Quellen bereits den Römern bekannt. Der tschechische Namenszusatz weist auf die Thermalquellen hin: var(y) bedeutet sieden oder kochen. Erste schriftliche Erwähnungen von heißen Wässern im unteren Tepltal stammen aus dem Jahr 1325. Der deutsche Name Karlsbad geht auf den Regenten Kaiser Karl IV. (1316–1378) zurück. Einer Sage nach entdeckte er die Quellen bei einem Jagdausflug. Die Siedlung Vary wurde wahrscheinlich 1349 gegründet, im Jahre 1370 erhielt sie von Karl IV. die Stadtrechte nach Elbogener Stadtrecht, das wiederum auf Egerer und Nürnberger Recht basierte. Damit verbunden war die kaiserliche Order, dass die Bewohner die heißen Quellen in Ordnung zu halten hatten, um Bäder zu ermöglichen. Der Regent selbst hielt sich mehrmals im hiesigen Jagdschloss auf, das er sich um 1358 hatte erbauen lassen.
Im Jahr 1401 erhielt der aufstrebende Ort ein Asylrecht, seither sind auch das Lärmen sowie das Tragen von Waffen behördlich verboten. Im Gegensatz zu vielen anderen böhmischen Städten wurde der Badeort nicht mit Befestigungsmauern geschützt. Von 1434 bis 1557 befand sich das Bad unter Pfandherrschaft des Grafen Schlick, ansonsten

unter Obhut der königlichen Kammer. In einem Badeverzeichnis aus dem Jahre 1480 findet sich der Vermerk ›Warmbad zum Elbogen‹, angelehnt an das benachbarte, damals weitaus bekanntere königliche Städtchen Elbogen (heute Loket). Seit dem Jahre 1569 liegen Kurlisten vor. Sie wurden anfangs nur sporadisch, aber seit 1686 regelmäßig geführt. 1604 vernichtete ein Feuer die Stadt fast vollständig, von 102 Fachwerkhäusern blieben nur vier gänzlich verschont.

Im Frühjahr 1630 leistete sich der Herzog von Friedland, Albrecht von Waldstein (=Wallenstein), auf dem Höhepunkt seiner Macht angekommen, den kostenaufwändigsten Aufenthalt der Karlsbader Geschichte überhaupt, um die von Gicht geplagten Knochen für einen Monat zu kurieren. Sein Gefolge umfasste knapp 1000 Bedienstete, man zählte beim damaligen Einzug ins Tepltal 50 sechsspännige und 40 vierspännige Kutschen und dazu noch 10 sechsspännige Fensterwagen. Insgesamt mussten neben der Herrschaft und dem Personal auch 900 Pferde untergebracht und verpflegt werden. Der Generalissimus stellte damit einen Rekord auf, der selbst in der Gegenwart noch von keinem milliardenschweren Scheich oder russischen Oligarchen übertrumpft werden konnte. Im Jahr 1707 wurde Karlsbad zur königlichen Stadt erhoben, und im 18. Jahrhundert trug Karlsbad den Beinamen ›Salon Europas‹, denn viele Persönlichkeiten und Geistesgrößen, aber auch Kaiser, Könige und Politiker aus aller Welt kamen hierher. Manche bezeichneten den Badeort auch als das ›Krankenhaus der zivilisierten Welt‹. Zu jener Zeit führte der Karlsbader Apotheker und Brunnenarzt David Becher erste wissenschaftlich fundierte Behandlungsmethoden ein und ermittelte die exakte chemische Zusammensetzung des Wassers. 1819 versammelten sich europäische Politiker zum Karlsbader Kongress. Resultat der Beratungen waren die ›Karlsbader Beschlüsse‹, die vor allem zum Ziel hatten, die aus der Sicht der Regenten drohenden revolutionären Umtriebe unter anderem mittels Pressezensur und Berufsverboten zu unterbinden.

Das ausgehende 19. Jahrhundert war die bislang erfolgreichste Zeit des Bäderwesens, der Hochadel Europas strömte in das Kurbad. Damals entstanden die

Blick über das Thermalbad auf das Karlsbader Kurviertel

bis heute bewunderungswürdigen Gebäude im Stil der Neoklassik, des Neobarock und der Neorenaissance. Karlsbad war bis zur Vertreibung 1945/46 zu 95 Prozent von Deutschen bewohnt. Ein Großteil der vertriebenen Karlsbader Bürger siedelte sich gemeinsam in Wiesbaden an.

Bis zum Ende des Zweiten Weltkrieges waren deutsche Gäste in der Mehrzahl, zur Kursaison zählte man etwa 60 000 Besucher. Heute dominieren russische Patienten: etwa 20 000 Kurgäste aus Russland kommen jährlich in die Stadt. Das hat durchaus Tradition, denn schon während der Zarenzeit zog es reiche Russen hierher. Die besten Geschäftsimmobilien sind schon seit vielen Jahren in russischem Besitz, darüber hinaus etwa ein Drittel der Karlsbader Gästebetten. In einigen Nobelgeschäften spricht das Personal nur russisch – sehr zum Verdruss der Einheimischen.

Naturschätze

Etwa 80 warme Quellen sind bekannt, aber nur zwölf als natürliche Heilquellen eingestuft. Bereits im Jahr 1522 stellte der Elbogener Arzt Wenzel Payer fest: »Das Karlsbad heilt dir, wenn es wo gebricht: Darm, Magen, Leber, Gallestein, Nier, Zucker, Gicht«. Die alkalischen Glaubersalzquellen schütten täglich etwa drei Millionen Liter Wasser aus. Allein der berühmteste Karlsbader Born, der salzigheiße Sprudel, bringt pro Minute 2000 Liter zutage.

Die hohe Konzentration von über 30 Mineralien wirkt sich günstig auf verschiedene Erkrankungen aus. Insgesamt sind etwa sieben Gramm Mineralien pro Liter enthalten: zwei Gramm Natriumkarbonat, zwei Gramm Natriumchlorid, dazu Eisen, Kalzium, Lithium, Magnesium, Mangan und weitere gesundheitsfördernde Spurenelemente. Die Bade- und

Karlsbader Trinkbecher

Trinkkuren sind hilfreich bei der Behandlung von Blasen-, Darm-, Gallen-, Leber- und Magenleiden sowie Haut-, Frauen- und Stoffwechselkrankheiten sowie bei Rheuma und Ischias.

Lange nutzte man das Quellwasser nur für Bäder. 1522 empfahl Wenzel Payer in einem Fachbuch erstmals auch die innere Anwendung. Das artete später soweit aus, dass die bedauernswerten Kranken tagein und tagaus bis zu 70 Becher trinken und stundenlang im Wasser verharren mussten – solange bis sich Hautrisse bildeten, durch die die Krankheit angeblich den Leib verlassen sollte! Viele Patienten hielten diese Prozedur nicht aus, wurden ohnmächtig und mussten aus dem Wasser gezogen werden. Erst der Karlsbader Bäderarzt David Becher (1725–1792) perfektionierte die Kuranwendungen, indem er das optimale Verhältnis zwischen der Trinkmenge und der Dauer der Bäder herausfand. Außerdem setzte er sich für die Gewinnung des gesundheitlich wertvollen Karlsbader Sprudelsalzes ein. Es ist nach wie vor weltweit begehrt: In den Kristallen ist die Heilkraft des Sprudels konserviert. So förderten die städtischen Anlagen

▲ Karte: hintere Umschlagklappe

im Jahr 1875 etwa 65000 Kilogramm in zwei Qualitäten: Kristall- und Pulversalz. Heute sind es über 100 Tonnen Sprudelsalz jährlich.

Zu einer natürlichen Besonderheit zählt der Karlsbader Sprudelstein. Gegenstände, die ins Sprudelwasser fallen, überzieht alsbald eine rotbraune Sinterschicht, die wächst und immer stärker aushärtet. Seit jeher wird für die Andenkenindustrie aber fleißig nachgeholfen: Rosen aus Steifleinen oder Wachspapier werden dafür in Sprudelwasser getaucht, um als versteinerte Rose für die Ewigkeit zu blühen.

Zu den Karlsbader Naturschätzen gehört auch die waldreiche, hüglige Umgebung: 180 Kilometer gepflegte Spazierwege, davon über 20 Naturlehrpfade unterschiedlicher Schwierigkeitsgrade, sind ausgeschildert.

Zwischen Elisabethbad und Sprudelkolonnade

Am nördlichen Rand des Kurviertels steht das schlossartige **Elisabethbad**. Es wurde 1906 errichtet und ist noch heute das größte Kurhaus im Land. Benannt wurde es nach der Gattin des Kaisers Franz Joseph I., Elisabeth, die unter dem Kosenamen Sisi weitaus besser bekannt ist. Elisabeth besuchte Karlsbad im Jahr 1892, bevorzugte lange Spaziergänge und war mit einem Fliegengewicht von nur 50 Kilogramm so flink, dass nicht mal ihre Leibwächter mithalten konnten. Das Elisabethbad ist der Öffentlichkeit zugänglich. Hier befinden sich unter anderem ein 25-Meter-Schwimmbecken (leider kein Mineralwasser) und eine Salzhöhle, zahlreiche Anwendungen wie Moorpackungen stehen zur Auswahl.

Vier große Statuen zieren die Fassade der **Hauptpost**, sie symbolisieren den Telegraph, die Post, den Schiffs- und den Bahnverkehr. Im Inneren blieben einige schöne Details aus der Bauzeit original erhalten.

Im Kurviertel dominiert historisierende Architektur, die größtenteils vom Ende des 19. Jahrhunderts bis zum Jahr 1918 stammt. Eine augenfällige Ausnahme ist das **Hotel Thermal**. Es wurde von 1968 bis 1976 errichtet und ist ein typisches Beispiel klobiger Betonarchitektur; zuvor standen dort 35 historische Gebäude. Alljährlich Anfang Juli treffen sich Regisseure, Stars und Filmfreunde in den zwei Kinos des Hotels zum Internationalen Filmfestival. Eine kleine Fotogalerie in der ersten Etage – über der Rezeption rechts an der Wand neben dem Lift-Zugang zum Thermalfreibad – zeigt einige der Prominenten, darunter den jungen Leonardo DiCaprio. Ganzjährig ist das Hotel-Thermalfreibad (50-Meter-Bahn, Temperatur 29 Grad, ein Drittel Karlsbader Mineralwasser, zwei Drittel Trinkwasser) geöffnet. Auch aus der schwimmenden Perspektive genießt man einen Ausblick auf das Kurviertel.

Im benachbarten **Antonín-Dvořák-Park** steht der Komponist höchstpersönlich auf dem Sockel. 1894 zelebrierte der Künstler im Karlsbader Posthof eine Weltpremiere: Erstmals erklang seine

Die Parkkolonnade

Die Mühlbrunnkolonnade

Symphonie ›Aus der neuen Welt‹. Dvořák war nie zur Kur in Karlsbad, er hielt sich hier immer nur zum Arbeiten auf.

Die nahe gusseiserne **Parkkolonnade** (1880/81) blieb leider nur als Stückwerk erhalten; unter der westlichen Rotunde kann man das etwa 30 Grad warme Wasser der Schlangenquelle kosten. Ihr ungewöhnlicher Name kommt daher, dass sich an Ort und Stelle bevorzugt Ringelnattern aufhielten.

Das **Atrium** gegenüber war anfangs Kurhaus, dann Rathaus und wird heute als Einkaufszentrum genutzt. Am linken Teplufer flussaufwärts, am Bad III (Lázně III), dem ersten öffentlichen Karlsbader Kurhaus (1867), steht ein reich verzierter Pavillon aus Holz. Hier tritt die **Freiheitsquelle** (pramen Svobody) zu Tage. Vorsicht: der Genuss wirkt stark abführend!

124 korinthische Granitsäulen verleihen der flussaufwärts befindlichen **Mühlbrunnkolonnade** (Mlýnská kolonáda) das Aussehen eines antiken Tempels. Sie wurde von 1871 bis 1881 nach Plänen von Josef Zítek erbaut, dem berühmtesten tschechischen Architekten des 19. Jahrhunderts. Zítek ist auch als der geistige Vater des Prager Nationaltheaters bekannt. Zuvor waren die Quellen nur von einem scheunenartigen Vorgängerbau überdacht. Die Kolonnade ist 132 Meter lang. Auf der Terrasse stehen zwölf allegorische Statuen, die die zwölf Jahreszeiten verkörpern. Darunter, in einer offenen dreischiffigen Halle mit Säulenreihe und Kassettendecke, sprudeln mehrere heiße Heilquellen. Der Born mit Nr. 6 (56 Grad) gilt neben dem Sprudel als der heilkräftigste in Karlsbad.

In der Lázenská steht gegenüber der Touristinformation das Haus Zum Goldenen Schlüssel (heute Shopping Center Hasi). Bis zur politischen Wende war hier das Karl-Marx-Museum beheimatet: Der Philosoph besuchte Karlsbad drei Mal, verhielt sich während seiner Kuraufenthalte aber vollkommen unauffällig. Ein großes **Karl-Marx-Denkmal** steht gegenüber dem Hotel ›Savoy Westend‹ in der Straße Petra Velikého.

Die **Marktkolonnade** (Tržní kolonáda) mit der Quelle Kaiser Karls IV. präsentiert sich, als wäre sie aus weißer Spitze erbaut – doch es ist eine Holzkonstruktion mit üppigem Zierrat. Die Legende, der zufolge der Kaiser einst die heißen Quellen entdeckt haben soll, stellt ein Relief über der Quelle Nr. 2 dar. Die Marktkolonnade entstand 1883 anstelle des abgerissenen Rathauses und war nur als Provisorium gedacht, brachte es aber auf 105 Jahre. Das heutige Erscheinungsbild ist eine getreue Kopie des Originals. Direkt gegenüber steht die schönste Karlsbader Jugendstilherberge, das noble **Hotel Felix Zawojski** (Lázeňska 9/29).

Vom mittelalterlichen Jagdschloss auf einer Anhöhe über der Marktkolonnade blieben nach dem Stadtbrand von 1606 nur die Grundmauern übrig. Darauf steht der heutige **Schlossturm**. Einst begrüßte man die frisch angereisten Kurgäste von oben mit Fanfarenklängen. Aus der Lázenská kann man den kostenlosen Fahr-

▶ Karte: hintere Umschlagklappe

stuhl benutzen, um sich den Aufstieg zum Schossturm zu erleichtern. Unterhalb verlockt das luxuriöse **Schlossbad** zu einem königlichen Wellnessaufenthalt. Ein monumentales Steinrelief des Quellengeistes - Behüter und Herrscher der Karlsbader Naturschätze - dominiert die Szenerie.

Unweit vom Markt staunen die Besucher, denn der **Sprudel** (vřídlo) schießt hier bis zu zwölf Meter in die Höhe. Die Stadt verdankt ihre in Mitteleuropa einzigartige Attraktion einem 2000 Meter tiefen Riss in der Erdkruste, der bei der Faltung der Granitblöcke vor etwa 500 Millionen Jahren entstand. Nahe magmatischer Herde erwärmt, mit Mineralien und Kohlendioxyd angereichert, schießt das bis zu 72 Grad heiße Wasser - stündlich etwa 2000 Liter - nach oben. In der sogenannten Sprudellinie auf der Talsohle des Flüsschens Teplá am linken Ufer befinden sich insgesamt zwölf stärkere Quellaustritte. Die klobige Kolonnade aus Beton und Glas, in den 1970er Jahren als Juri-Gagarin-Halle errichtet, wirkt wie ein Fremdkörper in all der Pracht historischer Bäderarchitektur. Die ursprüngliche gusseiserne Kolonnade wurde 1939 von den Nazis entfernt. Das einstige prächtige Erscheinungsbild

Brunnen am Schlossbad

Im Wandelgang der Sprudelhalle

ist auf einem Abbild über der Tortenvitrine im stets gut besuchten Café ›Respirium‹ in der Sprudelkolonnade zu sehen. In der Kolonnade kann man den Sprudel in unterschiedlichen Temperaturen und Kohlendioxydgehalten trinken. Ärztlich wird dieser meist folgendermaßen verordnet: dreimal täglich eine Stunde vor dem Essen auf nüchternen Magen - möglichst zwei große Schnabeltassen - und diese Prozedur am besten drei Wochen durchhalten.

In der ersten Etage (Galerie) starten die Exkursionen in den Untergrund des Sprudels (Exkurze po podzemí vřidla). Eine Ausstellung im historischen Untergeschoss der Sprudelkolonnade informiert über die seltenen Karlsbader Mikroorganismen sowie darüber, wie das Mineralwasser zur Gesteinsbildung verwendet werden kann. Durch Absetzung der im Wasser enthaltenen Mineralien entsteht der Sinterstein: Eine dünne Krustenschicht bedeckt alle Gegenstände, die man für einige Stunden ins Sprudelwasser legt.

Heißes Quellwasser führt im Winter oft dazu, dass aus der Teplá (Tepl) - Teplá heißt ›die Warme‹ - Dampfschwaden aufsteigen. Der Sprudel ist heute die einzige Karlsbader Quelle, die auch für Bäder genutzt wird. 14 Kurhäuser werden von hier aus über Leitungen direkt mit dem Sprudel-Mineralwasser versorgt. Hinter dem Sprudel erhebt sich die **Maria-Magdalenen-Kirche**, ein zwischen 1732 und 1736 erbautes barockes Kunstwerk des Architekten Kilian Ignaz Dientzenhofer. Sie ist meist nur zu Gottesdiensten und Konzerten geöffnet, die großen Türglasscheiben lassen jedoch einen Einblick zu.

Im Untergrund der Kirche befindet sich eine Krypta, in der die exhumierten Gebeine vom ehemaligen benachbarten Friedhof ein zweites Mal bestattet wurden. Eine Sehenswürdigkeit ist hier der Altar des Heiligen Grabes aus Argonit. Die beiden Kirchtürme sind 38 Meter hoch, an drei Seiten ticken Uhren.

Unterhalb der Kirche, vor der Sprudelkolonnade, befindet sich eine **Sonnenuhr**. Die Bronzeplatte ist von reizenden weiblichen Wesen geschmückt. Stellt man sich in die Mitte, gibt der eigene Schatten als Zeiger die Uhrzeit an.

Zwischen der ehemaligen imposanten Sparkasse im Jugendstil, die gegenwärtig von russischen Investoren rekonstruiert wird, und dem Hotel Olympia verkehrt eine **Tunnelstandseilbahn** zur Imperial-Höhe mit dem gleichnamigen riesigen Kurhotel (1912–1914).

An der Sprudelkolonnade führen zwei Flaniermeilen flussaufwärts. Rechts verläuft die Alte Wiese (Stará Louka), links die Neue Wiese (Nová Louka).

An der Alten Wiese

Im Pflaster der Alten Wiese sind die jetzigen und die historischen deutschen Namen der Hotels und Herbergen vermerkt. Das **Café Elefant** an der Alten Wiese wurde jüngst leider umgebaut und arg verkleinert, allerdings gibt es seitdem eine obere Etage – die linke Hälfte gehört jetzt dem Luxusmodegeschäft Bogner. Einst ermöglichten die zwei großen Fenster das Sehen-und-Gesehen-werden. Goethe feierte im ›Elefant‹ seinen 37. Geburtstag – womöglich aus diesem Grund. Am Eingang zum Café ist in Goldschrift die Hochwassermarke vom 24. November 1890 eingraviert.

Im **Steinernen Haus** (heute Hotel Jessenius) wohnte der einstige Frauenheld Giacomo Casanova. Heute ist es ein modernes schmuckloses Wellnesshotel. Die k.u.k. Zeit hat in Karlsbad deutliche Spuren hinterlassen. Die High-Society aus Ost und West trifft im berühmten **Grand Hotel Pupp** zusammen, das zu den ältesten und prächtigsten Hotels auf dem Kontinent zählt – so vor allem alljährlich Ende April während des europäischen Adelstreffens. Das Ereignis mit Konzerten, Bällen und sportlichen sowie gesellschaftlichen Höhepunkten ist zwar nur für Geladene bestimmt, doch auch Zaungäste sehen dann am Grand Hotel Pupp viele Luxuslimousinen und Adlige aus 16 europäischen Ländern in auffälligen Roben. Der Namensgeber, Johann Georg Pupp, war Konditor und auch Lieferant der Kaiserin Maria Theresia. Die Regentin nahm den Zuckerbäcker gern auf ihren Reisen nach Karlsbad mit. Er erhielt stets einen guten Lohn, wovon er sich die unter Regie von König August dem Starken erbauten Festsäle kaufte. Erst seine Erben in dritter Generation ließen die Gebäude am Ende der Alten Wiese nach Plänen des Wiener Architektenduos Fellner und Helmer zum Luxushotel umbauen. Heute wird der prunkvolle Komplex von einer tschechisch-schweizerischen Aktiengesellschaft betrieben.

Vor dem nördlichen Hotelzugang wächst seit 2014 ein neu gepflanzter Ahorn. Im Pflaster rundherum sind Bronzeplatten mit berühmten Karlsbader Gästen ein-

▲ Karte: hintere Umschlagklappe

Im Kaiserbad

gelassen, unter anderem Franz Kafka (1916), Gregory Peck (1990), Robert Redford (2000) und Roman Polanski (2004).

Die Wiener Architekten Fellner und Helmer lieferten auch die Baupläne für das benachbarte **Kaiserbad** (Lázně I) im Jugendstil. Es war mit seinen 90 luxuriösen Bädern sowie Umkleide- und Entspannungsräumen um die Wende vom 19. zum 20. Jahrhundert das modernste und schönste Bad in der gesamten Monarchie. Hier sollte ursprünglich Kaiser Franz Joseph I. in einer goldenen Wanne baden, aber er hat sich das Bad später nur angesehen. Dafür vergnügte sich hier im Jahr 1966 der sowjetische Kosmonaut Juri Gagarin. 16 Jahre war das prunkvolle Gebäude geschlossen, im Jahr 2010 öffnete sich zumindest der majestätische Zander-Saal mit seinen Marmorsäulen, Stuckdecken, Wandmalereien, Schnitzereien und Kristalllüstern wieder für die Öffentlichkeit. Hier werden jetzt Wechselausstellungen gezeigt. Auch das berühmte Wannenbad im Erdgeschoss ist einsehbar. Für den James-Bond-Film ›Casino Royal‹ wurden einige Szenen im Kaiserbad gedreht, eben hier befand sich das fiktive Casino Royal, das benachbarte Luxushotel Pupp hieß im Film Grandhotel Splendid. Gegenwärtig sucht die Stadt Karlsbad einen neuen Käufer für das Kaiserbad. Der Vertrag mit holländischen Investoren wurde gekündigt, weil diese ihre Zusagen nicht einhielten.

Bummelt man weiter das Teplufer auf dem Goetheweg (Goethova stezka) flussaufwärts, so trifft man auf mehrere **Denkmäler**, darunter eine Goethe-Büste, aber auch Denkmäler für Bedřich Smetana, Friedrich Schiller und Ludwig van Beethoven. In der **Galerie der Kunst**, Goethova stezka 6, sind in der ständigen Ausstellung Paradebeispiele der modernen tschechischen Kunst des 20. Jahrhunderts zu betrachten.

Hinter dem Beethoven-Denkmal, unterhalb des Hotels ›Richmond‹, versteckt sich ein original japanischer **Zengarten** (Japonská zahrada), steingewordener Beweis der Zusammenarbeit mit dem Kurort Kusatsu. Obwohl der Garten das Element Wasser betont, ist kein Wasser sichtbar – die Kreisform mit einem inneren Bogen soll die Prinzipien von Yin und Yang zum Ausdruck bringen sowie Psyche und Gesundheit harmonisieren. Neun japanische Gärtner haben diesen meditativen Ort geschaffen.

In südlicher Nachbarschaft, schräg gegenüber, wurde 1791 der **Posthof** (Poštovní dvůr) als Umspannstation für Postwagen und Fuhrwerke eröffnet. Der Posthof mit zwei im Original erhaltenen großen Sälen und Restaurant war seit jeher ein beliebter Treffpunkt der Karlsbader Kurgäste. Die Deckenmalereien im Labitzkysaal sind das Werk von Josef Kramolín, im Preußischen Saal feierte 1894 die feine Gesellschaft die europäische Uraufführung ›Aus der Neuen Welt‹ von Antonín Dvořák. Leider sind die herrlichen Säle nur zu besonderen Anlässen zugänglich.

Die Gämse am Hirschensprung

An der Neuen Wiese

Zurück ins Zentrum an die **Neue Wiese**, am rechten Teplufer. Hier steht das **Stadttheater** (1884–1886). Es entstand ebenfalls nach Plänen von Fellner und Helmer, die auch sämtliche Leuchten und Kronleuchter sowie die zauberhaften Rokokolampen auf der Treppe entwarfen. Die beiden Architekten arbeiteten insgesamt 20 Jahre in Karlsbad.

Während einer Theaterführung bekommt man den herrlichen Jugendstil-Vorhang mit dem Motiv ›Lobpreisung der Dichterkunst‹ zu Gesicht, den die damals noch unbekannten Absolventen der Wiener Kunstgewerbeschule schufen, Gustav und Ernst Klimt sowie Franz Matsche. Am Bühnenbereich vor dem Vorhang gefallen die Fresken sowie die Malereien am Deckengewölbe. Der bildhauerische Schmuck im Foyer trägt die Handschrift des Wiener Künstlers Theodor Friedl, ebenso die Skulpturengruppen der Musen am Vordergiebel des Theaters sowie die antiken Griffons, die Hüter des Eingangs. Die für den Bau und den Unterhalt des Stadttheaters erforderlichen Geldmittel entstammten in den Anfangsjahren ausschließlich den Gewinnen durch den Verkauf von Karlsbader Sprudelsalz.

Vom Theaterplatz ist das **Karlsbader Museum** in der Nová Louka 23 (kurz vor dem Grandhotel Pupp) schnell zu erreichen. Gegenüber der Kasse im Erdgeschoss ist unter Glas eine Schmiedearbeit von 1750 ausgestellt – das Hausschild des Goldenen Ochsen. Heute ist es das ›Casino Cosmos‹ gegenüber der Mühlbrunnkolonnade. An diesem Gebäude mit einem markanten Fachwerkgiebel hatte Zar Peter der Große bei einer Kur im Jahr 1711 selbst als Maurer Hand angelegt. Im Treppenaufgang zum ersten Stock ist ein großes Bild mit berühmten Karlsbader Besuchern zwischen 1531 und 1766 zu sehen – insgesamt 28 Personen –, eine Etage höher die Fortsetzung von 1812 bis 1897 mit 57 Besuchern, darunter auch Johann Wolfgang von Goethe. Im dritten Saal steht ein großes Modell der Burg Elbogen, so wie sie sich im 15. Jahrhundert gezeigt hat. Im vierten Saal sind zahlreiche barocke Plastiken ausgestellt, darunter die Duppauer Madonna, die um 1480 geschnitzt wurde. Der fünften Saal überrascht mit einem detaillierten Stadt-

▲ Karte: hintere Umschlagklappe

modell von Karlsbad um das Jahr 1650. Ein Gemälde zeigt den prunkvollen Einzug von Wallenstein in die Stadt, ein zweites den Einfall der Schweden. Die Säle im zweiten Stock präsentieren das Karlsbader Handwerk, so Zunftkassen, Zinngegenstände, Jagdwaffen, Pistolen, Porzellan und Glas. Eine Besonderheit sind die meisterlichen Karlsbader Veduten - auf Glas gebannte Stadtansichten.

Weitere Sehenswürdigkeiten

Die **Petershöhe** (Petrova výšina) erhielt ihren Namen nach zwei Aufenthalten Zar Peters I. in Karlsbad in den Jahren 1711/12. Angeblich soll er auf einem Pferd heraufgeritten sein. Vom Markt steigt man am Beginn der Schlossbergstraße (Zámecký vrch) viele Stufen empor. Weiter oberhalb, von der Petershöhe mit Zarenbüste und Pavillon, genießt man das Panorama des vom Wald gerahmten Kurviertels. Etwas unterhalb, auch vom Aussichtspunkt **Mayer-Gloriette**, zeigt sich ein schöner Ausblick auf Karlsbad. Weiter bergab auf dem gelb markierten Weg steht in der Nähe eine kleine bronzene **Gämse** auf einem Felsen. Der Berliner Bildhauer August Kiss

Die Standseilbahn auf die Freundschaftshöhe

schuf sie 1851, aus Zinn und innen hohl. In den 1980er Jahren fügten ihr Rabauken Schäden zu, und heute steht hier eine Bronzeausführung. Der Ort ist seit jeher als **Hirschensprung** (Jelení stok) bekannt. Der Auftraggeber, Baron Lützow, beabsichtigte, mit der Aufstellung der zierlichen Gämse die Legende von der Entdeckung der Quellen zu verspotten. Anfangs war man im Rathaus über diesen Streich empört. Weil sich aber viele Besucher die kleine Statue anschauten und sich daran erfreuten, schlossen auch die Beamten ihren Frieden mit dem adligen Schabernack. Heute ist die Gämse das bekannte Karlsbader Stadtsymbol.
Vom Sprudel und dem benachbarten Schlossbad kann man durch die Straßen Zámecký vrch und Petra Velikého zur russisch-orthodoxen Kirche **St. Peter und Paul** schlendern. 1897 ermöglichten Spenden russischer Kurgäste den Bau des Gotteshauses mit fünf vergoldeten Zwiebeltürmchen nach dem Vorbild der byzantinisch-altrussischen Kirche in Ostankino bei Moskau.

In der Nähe der Kirche St. Peter und Paul steht die **Villa der Familie Becher**, die Gustav Becher im Jahr 1914 im Art déco erbauen ließ. Im Gebäude befindet sich eine Dauerausstellung zur Familiengeschichte.

Von der Russischen Kirche führt bis zur Wanderhütte Chata Lesní pobožnost ein grün, ab hier blau markierter Wanderweg. Folgt man dem sanft ansteigenden Pfad, erreicht man in etwa einer Stunde die Freundschaftshöhe. Die meisten Besucher gelangen freilich bequemer hinauf, sie nutzen die **Standseilbahn**, deren Talstation sich in der Nähe des Hotels ›Pupp‹ in der Gasse Mariánská befindet. Die Bahn wurde 1912 eröffnet, überwindet einen Höhenunterschied von 167 Metern mit einer Geschwindigkeit von zwei Metern pro Sekunde. Eine zweite Bahn war auf den Dreikreuzberg geplant, alles war fertig, nur die Gleise fehlten noch. Der Ausbruch des Ersten Weltkrieges verhinderte die Eröffnung, bislang fand sich kein neuer Investor. Anlaufpunkte auf der **Freundschaftshöhe** sind das Ausflugsrestaurant ›Diana‹ sowie der frei zugängliche gleichnamige Aussichtsturm mit Lift (35 Meter). Von der Freundschaftshöhe zieht es sportliche Kurgäste weiter westwärts zum etwa drei Kilometer entfernten **Aberg** (Doubský vrch), ebenfalls mit Berggasthof und Aussichtsturm, und von hier weiter durch das Egertal bis nach Loket. Zurück gelangt man mit dem Linienbus.

Am Zaun entlang des Thermalfreibades am Hotel ›Thermal‹ und weiter den breiten Weg entlang, kommt man auf den alten **Friedhof** neben der barocken Kirche des heiligen Andreas (kostel sv. Ondřej); auch die Stadtlinie Nr. 2 hält in unmittelbarer Nähe. Hier wurde **Mozarts Sohn**, Franz Xaver Wolfgang Mozart (geb. 1791), im Juli 1844 bestattet, der in Karlsbad nach einwöchigem Aufenthalt an einem Leberleiden verstorben war. Rund 20 zumeist verblichene Grabsteine blieben erhalten. Die Grabstelle von Mozarts Sohn ist die zehnte von links gesehen; 2014 wurde der Grabstein allerdings von Randalierern umgestoßen.

Panoramawanderung um Karlsbad

Bei dieser Panoramawanderung umrunden wir Karlsbad, der Blick aus der Vogelperspektive eröffnet immer wieder neue Ansichten auf den berühmten Kurort inmitten von Grün. Zwei Ausgangspunkte werden empfohlen:

► **Erste Variante:** Vom Sprudel (vřidlo) steigen wir links an der Maria-Magdalenen-Kirche auf gelb markiertem Weg auf, der am Hotel ›Ambiente‹ beginnt und hier nach links abbiegt. Oberhalb kommen wir an der **Lützow-Villa** vorbei. Vor dem Gebäude steht auf einer kleinen Bastion mit Säule eine Katze, die ihr keckes Hinterteil Richtung ehemaliges Rathaus unterm Schlossturm richtet; Ausdruck von Spott und Verachtung, die der Baron Lützow für die Ratsherren empfand: Sie hatten anlässlich des 500. Kurortjubiläums nur eine bescheidene Statue von Kaiser Karl IV. auf einer Wiese neben der Lützow-Villa aufstellen lassen. Die gelbe Markierung führt über 2 Kilometer ansteigend weiter zum Gipfel des **Dreikreuzberges**. Ab hier verläuft der Weg weiter wie bei der zweiten Variante beschrieben.

► **Zweite Variante:** Startpunkt ist der kostenfreie Parkplatz vor dem Hotel ›Marttel‹ unterhalb des Dreikreuzberges (Lidická 2, Stadtlinienbus Nr. 3 und 15, Haltestelle Slavie). Oberhalb des Parkplatzes gehen wir den asphaltierten Fußweg am Zaun entlang des Apartments Minigeo, biegen auf der Straße links und gleich wieder nach rechts aufwärts auf den asphaltierten Fahrweg in den Buchenwald ab (Markierung grünes Dreieck). Ab dem Wegweiser Pod třemí kříži (526 m) folgen wir den gelben Balken Richtung Aussichtsturm Goetheblick (Goetheho rozhledna), genießen aber zuvor den Ausblick aus dem nahen Pavillon auf Karlsbad. Kurz vor dem **Dreikreuzberg** verlassen wir die Straße nach rechts. Auch aus dem hiesigen **Pavillon** eröffnet sich ein schönes Panorama auf das von Grün eingebettete Kurviertel – vom Sprudel bis zum Grandhotel Pupp –, oberhalb zeigt sich der Aussichtsturm Diana. Auf dem Dreikreuzberg wurden erstmals im Jahr 1640 drei hölzerne Kreuze aufgestellt. Sie symbolisieren den Berg Golgatha, an dem Christus gekreuzigt wurde, und stehen auch für den Sieg der Karlsbader Katholiken über die lutheranische Kirche. Vom Aussichtspunkt davor, dem Pavillon Camera obscura, zeigt sich Karlsbad wie ein Gemälde, gerahmt von Hügeln und Wald. Kurz darauf genießen wir einen herrlichen Blick auf das Erzgebirge mit Keil-

► Karte: hintere Umschlagklappe

Der Aussichtsturm Goetheblick

berg, der am Fernsehturm zu erkennen ist. An der Weggabelung unterhalb des Goetheturms (Pod Goetheho rozhledna) biegen wir rechts auf den schmalen Pfad unter Fichten ab. Achtung: Am folgenden Abzweig an der grün gestrichenen Bank zweigt unsere Route nach links ab – kein gelbes Wanderzeichen ist hier anfangs zu sehen, dafür die Weg-Nr. 19.

Der **Aussichtsturm Goetheblick** (Goethova vyhlídka) von 1899 ist ein bemerkenswertes Baudenkmal. Die Architekten Fellner und Helmer lieferten die Pläne, Prinzessin Stephanie, die Gattin von Prinz Rudolf von Habsburg, finanzierte ihn: Sie begeisterte sich für Karlsbader Ausblicke. Auf einen walzenförmigen, zinnenbekrönten Turm setzte man noch ein kleineres Türmchen obendrauf. Derzeit ist das Gasthaus im Erdgeschoss nicht bewirtschaftet. Daher kann auch der Turm nicht bestiegen werden, obwohl der bauliche Zustand noch passabel erscheint.

Wir überqueren in der Vorortsiedlung Hůrky die Straße, tauchen aber gleich wieder in den Wald ein und kommen an der Sternwarte (Hvězdárna) nochmals in den Ort. Hier folgen wir der Straße Kletišti bis zur Hauptstraße, biegen rechts ab und gehen am Flugplatzzaun entlang. Nun müssen wir eine Entscheidung treffen: Entweder unterhalb des Veitsberges (Vítkova Hora) in der langgestreckten Straßenkurve (etwa in der Hälfte) nach rechts abbiegen (anfangs nicht markiert) oder noch ein Stück der Straße folgen, um im **Berghotel Vítkova hora** einzukehren. Hierzu nutzen wir den unmarkierten Weg auf der rechten Seite parallel der Straße bis zum Rastplatz, von wo aus man auf die Start- und Landebahn des Flughafens, die Burgruine Haunstein sowie links auf das Erzgebirge schaut. Auch der Aussichtsturm Goetheblick ist zu sehen. Vom Rastplatz gehen wir auf dem Betonplattenweg bergan zum Hotel ›Vítkova hora‹ (Restaurant mit schönen Terrassenplätzen, tgl. 11–22 Uhr, Tel. 353231791, www.vitkovahora.cz).

▲ Karte: hintere Umschlagklappe

Vom Hotelparkplatz auf dem Veitsberg folgen wir dem blau markierten Pfad rechts bergab und erblicken das markante Hotel ›Imperial‹ aus der Südperspektive. An der Buchenallee treffen wir wieder auf die gelben Wegzeichen und halten uns hier links steil bergab, an der nächsten Gabelung wiederum links und kommen zum **Dichteraltan** (Chata básníků). Das ist eine gusseiserne Konstruktion mit farbiger Verzierung, wo auch die Quelle des Lebens (Živá voda) aus einem Rohr zutage tritt. Weiter bergab befinden wir uns auf dem Beethovenweg. Am **Beethovenaltan** biegen wir rechts ab, können zuvor aber noch auf einer Schautafel drei schwülstige Briefe des Komponisten an eine unsterbliche Geliebte lesen.

An der Brücke über die Teplá (Tepl) erreichen wir das Ortseingangsschild von Karlsbad, biegen nach links ab und laufen auf dem Fußweg entlang der Hauptstraße ca. 400 Meter flussaufwärts. Nachdem wir die Straße überquert haben, sind die gelben Wegzeichen wieder sichtbar. Jetzt steigen wir auf dem Schlangenweg (Hadí stezka) bergan, einem ausgeprägten Serpentinenweg, der sich bis zum **Aussichtsturm Karl IV.** (vyhlidka Karla IV.) windet. Das Bauwerk im Tudorstil aus dem Jahre 1877 mit zwei Zinnenkränzen wurde erst kürzlich herausgeputzt. Der Aufstieg auf die zweite Galerie über 79 Stufen lohnt sich und zeigt Karlsbad aus der Vogelperspektive in grünem Rahmen, im Vordergrund das Stadttheater sowie die Alte und Neue Wiese, Schlossturm und das Hotel ›Thermal‹.

An der nächsten Wegkreuzung stehen der **Chopinaltan**, die steinerne **Bank Arany** und das **Kapellchen Ecco Homo**. An letzterem ist noch ein Schlitz für Spendengeld vorhanden mit originaler deutscher Inschrift: ›Zum Erhalt der Kapelle‹.

Hier biegen wir nach rechts ab und erreichen alsbald die Zwischenstation der Standseilbahn Diana. Wir folgen weiter der gelben Markierung und kommen zur **Petershöhe** (Petrova výšina) mit einer Büste von Zar Peter dem Großen und dem Aussichtsbalkon mit herrlichem Panorama auf das Kurviertel. Von der Terrasse des benachbarten historischen **Ausflugslokals Hirschensprung** (Jelení skok, tgl. 11–18 Uhr) zeigt sich das neue Karlsbad mit dem Erzgebirge im Hintergrund. Eine Etage tiefer, weiterhin gelb markiert, führt der Pfad zur **Mayer-Gloriette** mit ihrem markanten roten Dach. Wenige Serpentinen bergab bringen uns zum berühmten **Felsen mit der Gämse** (Kamzík), dem Karlsbader Wahrzeichen. Stufen führen weiter hinab ins Kurviertel in die Nähe des Sprudels. Vom Hotel ›Thermal‹ gehen wir ein Stück die Straße I. P. Pavlova bergan und folgen an den Zebrastreifen des Fußgängerüberwegs (gegenüber Hinweis Restaurant Tandoor) den grünen Wegzeichen bergauf, überqueren die Straße Bezručova, biegen schräg in die Straße Máchova ein und erreichen alsbald den Parkplatz am Hotel Marttel, unseren Startpunkt.

Länge: 16 km. Tagestour mit vielen Auf- und Abstiegen, ca. 5–6 Stunden.

Dvory

Im westlichen Karlsbader Stadtteil Dvory, an der Hauptstraße nach Cheb, wird noch immer meisterliches Glas geblasen und geschliffen. Die Glasbläserei Moser hat eine lange Tradition: Zum Ende des 18. Jahrhunderts arbeiteten in der Kursaison viele Glasgraveure in Karlsbad und fertigten für die zahlreiche Kundschaft Andenken- und Geschenkgläser, Trinkbecher sowie Portraits auf Glas an. Ludwig Moser (1833–1916), Sohn eines Schneiders, war nicht nur ein begabter Graveur, sondern ein Glasbesessener und auch ein organisatorisches Talent. Zuerst eröffnete er im Karlsbader Stadtzentrum eine Gravierwerkstatt, dann im Jahr 1857, erst 24-jährig, eine eigene Glasmanufaktur. Anfangs kaufte er die Rohware aus anderen Hütten auf, bald aber ließ er eigenes Glas produzieren. Dafür holte er die besten Glasmacher, Glasschleifer und Graveure nach Karlsbad. Zum Markenzeichen Mosers entwickelte sich der Kegel- oder Kantenschliff. Bald galt Moser als der beste Glasproduzent in Österreich-Ungarn. Preisverleihungen auf mehreren Weltausstellungen machten das Glas auf der ganzen Welt bekannt und begehrt. Die Firma Moser spezialisierte sich auf luxuriöses Tischtrink- und dekoratives hochwertiges Glas, das klassische Formen auszeichnete und so keinen kurzlebigen Trends unterlag. Moser gilt auch als der Erfinder des böhmischen Kunstglases (›Böhmisches Kristall‹), das aus einer speziellen Kaliglasmasse erzeugt wird. Seit Anbeginn arbeitete die Firma mit renommierten Designern zusammen. Die Rohware wird durch die Arbeit der Graveure zum eigentlichen Kunstwerk. Durch das Beimischen seltener Erden lässt sich Kristallglas wundervoll einfärben: So entstehen bei Moser farbige Kostbarkeiten in neun Grundfarbtönen: Alexandrit, Aquamarin, Beryll, Dunkelblau, Eldor, Kobalt, Rosalin, Rubin und Topas. Eine weitere Spezialität ist das geätzte und vergoldete ornamentale Dekor. Könige und Präsidenten bestellten ihre Champagnergläser bei Moser. Honoré de Balzac meinte sinngemäß, Moser wäre der König der Gläser und Moser-Glas das Glas der Könige – so behauptet es zumindest die Werbung, ohne aber die Quelle zu zitieren.

Das neue **Glasmuseum Moser** ist multimedial gestaltet. Die Entwicklung der Glashütte wird in sechs Zeitabschnitten in einem jeweils fünfminütigen Film dargestellt, der Ton, auch in deutscher Sprache, kommt aus einem Audioguide. Zwischendurch kann man in den Vitrinen viele Services, Pokale, Vasen und vieles mehr mit Gravur, Malerei oder

Email verziert und vergoldet, aber auch modernes, von namhaften Künstlern gestaltetes Glas bestaunen. So sind auch exklusive Kollektionen von Trinkgläsern mit den Monogrammen von Staatsoberhäuptern mit ihren Landeswappen zu sehen. Zu den Prunkstücken zählen das Service, das im Jahr 1916 für Papst Pius XI. gestaltet wurde, sowie eine Kollektion für König Edward. Das Trinkglasservice ›Splendid‹, 1925 entworfen, in klarer Form, mit Schliff und Goldschmuck, wurde mehrfach ausgeliefert, so auch als Geschenk von Präsident Edward Beneš an Prinzessin Elisabeth zur ihrer bevorstehenden Vermählung im Jahr 1947. In den 1920er Jahren sorgte das Service ›Animal‹ für Furore. Kunstvolle Tiermotive zeichnen es aus, und besonders in den USA war es begehrt. Die Produktserie ›Mozart‹ aus den 1930er Jahren stand unter dem Motto ›Weniger ist mehr‹.

1945/46 übernahmen Tschechen die Produktion vollständig, nachdem sie vom deutschen Fachpersonal angelernt worden waren, und setzten die meisterhafte Arbeit nahtlos fort. Ende der 1940er Jahre gab es eine Gestaltungsphase mit Gravuren im Stil des sozialistischen Realismus, die nur kurz währte. Bald gaben wieder junge kreative Künstler den Ton an – Glas von Moser war weiterhin weltweit begehrt. 1957 besuchte Claudia Cardinale die Glashütte, in den 1960er Jahren kamen Sophia Loren, Gina Lollobrigida sowie Louis Armstrong mit Ehefrau nach Karlsbad.

Um sich von der Masse der Glasproduzenten abzuheben, wird bei Moser nach wie vor auf bewährte traditionelle Handarbeit gesetzt. Davon können sich die Besucher selbst überzeugen. Während eines Rundgangs durch die Glasbläserei ist zu erleben, wie die Glaskörper geblasen sowie Stiele und Füße jedes Pokals noch traditionell handgeformt werden. An jedem

In der Glasbläserei Moser

Ofen sind drei Arbeiter tätig, unterstützt von einer Hilfskraft, die die noch heißen Glaskörper zum Abkühlraum bringt. In einer Stunde entstehen so 20 Wein- oder 40 Whiskygläser. Wegen der Hitze trinkt ein Glasbläser während der achtstündigen Arbeitszeit etwa fünf Liter Wasser oder auch alkoholfreies Bier.

Am besten gelangt man mit den Stadtbuslinien Nr. 1 (Richtung Globus, Haltestellen u.a. Bad III/Lázně III und Hauptpost) sowie Nr. 2 vom Theaterplatz (Divadelní nám.) zur Firma Moser: Richtung Tašovice jeweils bis Haltestelle Moser.

Rund um Karlsbad

Zwei attraktive **18-Loch-Golfplätze** befinden sich in der Karlsbader Umgebung. Einer liegt bei Olsová Vrata (Espenthor), unterhalb der Ruine der Engelburg, südöstlich von Karlsbad. Die Pläne für diesen Platz lieferte der Pariser Architekt Constantin Noskowski. Eröffnet im Jahr 1935, ähnelt er heute einem Waldpark und ist frei zugänglich, ebenso das Restaurant

▲ Karte: vordere Umschlagklappe

mit Terrasse. Der andere wunderschöne Platz liegt sechs Kilometer südwestlich von Karlsbad bei Cihelny (Ziegelhütten) an der Straße/Bahnstrecke nach Bečov nad Teplou.

Das historische Städtchen **Andělská Hora** (Engelhaus, auch Engelsberg genannt) befindet sich zwölf Kilometer südöstlich von Karlsbad. Von der Karlsbader Hauptpost führt ein grün markierter Wanderweg durch den Kaiserwald nach Andělská Hora (10 km, ca. 2,5 Std.). Mit dem Fahrrad wählt man am besten den Umweg entlang der Eger über das Dorf Šemnice.

Die Herren von Plauen gründeten die Siedlung im 15. Jahrhundert unterhalb der gleichnamigen Burg. Im Dreißigjährigen Krieg von den Schweden erobert und gebrandschatzt, verfiel die Feste zusehends, und so geben die Mauern auf einem 700 Meter hohen Felsen seither eine romantisch-schaurige Kulisse ab. Aus der Vogelperspektive genießen Ausflügler eine hübsche Aussicht auf die bewaldeten Hügel des Kaiserwaldes und des Duppauer Gebirges. Ab Ende des 18. Jahrhunderts fühlten sich auch viele Karlsbader Kurgäste vom Engelhauser Kleinstadtcharme angezogen - so auch der junge Goethe.

Im Südwesten, an der Hauptstraße Richtung Prag, steht die **Kapelle der Heiligen Dreieinigkeit**, die in den Jahren von 1696 bis 1712 von Giovanni Battista Alliprandi erbaut wurde (Fr–So 13–16 Uhr).

Drei Kilometer nördlich von Andělská Hora lohnt das **Espenthor** (Olšová Vrata), im Volksmund Hermannstein (Šemnická skála) genannt, einen Besuch. Hier ragt ein mächtiger Felssporn vulkanischen Ursprungs hoch über dem Egertal auf und eröffnet von oben eine herrliche Aussicht. Zum Hermannstein gelangt man auf einem Lehrpfad, der von Andělská Hora nach Kyselka (Gießhübl) führt. Dabei kommt man an der aufgegebenen Siedlung Stichelmühle (Stichlův mlýn) vorbei, von deren Existenz heute nur noch die Marienkapelle aus dem Jahre 1851 kündet.

Im Egertal, acht Kilometer nordöstlich von Karlsbad, befindet sich der ehemalige Kurort **Kyselka** (Bad Gießhübl). Ende des 18. Jahrhunderts gegründet, gehörte Bad Gießhübel alsbald zu den wichtigsten Badeorten Österreich-Ungarns. Hier weilten unter anderem die Kaiser Franz I., Franz Joseph I. und Rudolf, Kaiserin Sisi, König Otto I. von Griechenland, Mohammad Reza Pahlavi und Heinrich von Mattoni. Nach letzterem ist auch die berühmteste Mineralwasserquelle im heutigen Tschechien benannt: Mattoni. Der Kurbetrieb ging nach dem Zweiten Weltkrieg ein, das Wasser aber wurde und wird fortlaufend in Flaschen abgefüllt. Seit dem Jahr 2013 ist eine Revitalisierung des einstigen Kurortes mit dem Schloss Mattoni angelaufen. Einige Gebäude sind bereits wieder instandgesetzt.

Von Karlsbad gelangt man über die Ortschaften Bor (Haid), Stráň (Elm) und Radošov (Rodisfort) nach Kyselka. In **Bor** steht in der Dorfmitte eine der ältesten Kirchen Westböhmens. Die frühgotische **Kirche St. Maria Magdalena** wurde wohl um 1300 gegründet - so genau weiß man das aber nicht -, auf einem Balken in der Kirchenkuppel ist die Jahreszahl 999 eingeschnitzt. Daher wird vermutet, dass das ursprüngliche Kirchlein oder eine Kapelle bereits im Jahr 1000 existierten.

In **Radošov** führt die schönste **Egerbrücke** über den Flusslauf. Sie wurde im Jahr 2003 in ihrer ursprünglichen Gestalt aus dem 16. Jahrhundert als überdachte Holzbrücke rekonstruiert. Nahe der Furt empfiehlt sich die Einkehr im gemütlichen Gasthaus ›Hospůdka u Lávky‹ (→ S. 87).

EXTRA

Der Becherbitter (Becherovka)

Wie bei so vielen Glücksfällen in der Weltgeschichte hatte auch beim Karlsbader Becherbitter der pure Zufall seine Hand im Spiel: Im Jahr 1805 reiste Reichsgraf Maxmilian Friedrich von Plettenberg-Mietingen zur Kur nach Karlsbad. In seinem Gefolge von zwölf Personen war auch sein englischer Leibarzt Dr. Christian Frobrig. Die Gesellschaft mietete sich im Haus ›Bei den drei Lerchen‹ ein, das dem Apotheker Josef Becher gehörte. Das Haus stand gegenüber der Pestsäule, heute befindet sich hier das Hotel ›Atlantik‹. Ursprünglich wollte sich Frobrig in seiner freien Zeit mit der Analyse der Karlsbader Wässerchen beschäftigen, was aber niemanden interessierte. Auch das Badeleben erschien ihm langweilig. Frobrig und Becher freundeten sich schnell an: Beide waren leidenschaftliche Laboranten, und so destillierten und mixten sie gemeinsam in der Becherschen Apotheke. Öfters war Dr. Frobrig allein. Dann unternahm er verschiedene Versuche und Experimente mit Kräutern. Aus etwa zwei Dutzend Kräutern, viele aus der Karlsbader Umgebung, sowie einigen exotischen Drogen aus afrikanischen, australischen und indischen Gefilden, Karlsbader Wasser und achtunddreißigprozentigem Alkohol mischte er einen Magenbitter, dessen Rezept er anfangs auch vor seinem Freund Becher geheim hielt. Um sich für die außergewöhnliche Gastfreundschaft im Hause Becher erkenntlich zu zeigen, überließ der dankbare Besucher beim Abschied seinem Gastgeber ein Zettelchen mit dem Rezept für einen Magenbitter. Becher kam die Rezeptur anfangs sonderbar vor, aber er probierte, und es gefiel ihm. Becher verbesserte zwei Jahre lang den Frobig'schen Trunk aus über 20 Heilpflanzen, denn ihn hatte der Ehrgeiz gepackt, ein neuartiges Lebenselixier zu entwickeln. Im Jahr 1807 schließlich schmeckte ihm der Trunk selbst so ausgezeichnet, dass er diesen anfangs als ›Carlsbad English Bitter‹ und bald darauf nur noch als ›Original Karlsbader Becherbitter‹ (Becherovka) vermarktete. Das geheime Rezept gab jeweils der Vater an den Sohn weiter. 1867 zog die Johann-Becher-Fabrik in das neuerbaute Gebäude am Becherplatz um. Heute ist dort das Jan-Becher-Museum zu finden.

Der ›Becherbitter‹ begeisterte die Karlsbader Bürger und Kurgäste gleichermaßen und stieg nach dem Erhalt der höchsten Auszeichnung – ›Grand Prix‹ – auf der Weltausstellung im Jahr 1900 zur Weltmarke auf. Seit 1905 wird der Becherbitter zum Schutz vor Licht in grüne Flaschen abgefüllt. Allein der österreichische Kaiserhof orderte zu jener Zeit 50 Liter im Monat. 1907, zum 100. Betriebsjubiläum, erhielt die Firma den Titel eines k.u.k Hoflieferanten. Der Erste Weltkrieg war für Becher ein Riesengeschäft, da der Magenbitter auch

Historische Werbetafel

Die Karlsbader Legende

an die Front geliefert wurde, um die Stimmung zu heben. 1929 wurde der Betrieb modernisiert und erhielt seine heutige Gestalt.

Hedda Emilie Becher-Baier war die erste Frau, die den Betrieb leitete. Bei einem Familienausflug im Jahr 1939 vergrub sie die geheime Rezeptur des Becherbitter. Während des Zweiten Weltkriegs war die Einfuhr von Kräutern und Gewürzen eingeschränkt, daher fanden Ersatzstoffe Verwendung, die Produktion aber lief weiter. Die Kommunisten enteigneten die Becher-Fabrik im Frühjahr 1945 und zwangen die Chefin, das Geheimnis zu lüften. Das Rezept landete anschließend in einem Tresor des Ministeriums für Ernährung. Hedda Baier gründete in Westdeutschland eine neue Fabrikation unter dem Namen Johann Becher, die bis 1972 produzierte. Sie verkaufte die Rechte an die Firma Underberg, die den Likör bis 1999 herstellte. 1967, auf der Weltausstellung in Montreal, sorgte ein neues Karlsbader Gemisch aus Becherovka und Tonic für Furore und bescherte der Firma einen weiter steigenden Absatz.

Alle Versuche der Konkurrenz, den Karlsbader Magenbitter zu kopieren, sind fehlgeschlagen. Manche der verwendeten Kräuter gedeihen angeblich nur in der Region Karlsbad, zudem ist das hiesige Wasser einzigartig. Auch heutzutage kennen nur zwei Personen das Geheimrezept: der Geschäftsführer sowie der leitende Technologe. Einmal pro Woche werden in der abgeschirmten Drogikamr – der Begriff stammt noch aus den Anfangsjahren – etwa 1,5 Tonnen Kräuter und Gewürze nach dem Originalrezept gemischt. Wie viele andere außergewöhnliche Getränke, braucht auch der Becherbitter ausreichend Zeit zum Reifen. Zwei bis drei Monate lagert der Ansatz in Eichenholzfässern, bevor der edle Tropfen in Flaschen abgefüllt wird.

Der Betrieb wurde 2001 privatisiert und gehört jetzt zu Pernod Ricard, einem der weltweit größten Hersteller und Händler von Alkoholika. Im Jahr 2010 zog der Betrieb in ein neues Fabrikgebäude im Stadtteil Bohatice am Rande von Karlsbad um.

Nach dem Besichtigungsrundgang durch mehrere Kellerräume verkosten die Gäste drei Likörsorten: Lemond, KV14° und den klassischen Becherbitter. Währenddessen läuft der Film ›Das Geheimnis der 13. Quelle‹. Scherzhaft nannten die Kurgäste den Karlsbader Becherbitter alsbald die ›13. Karlsbader Quelle‹, denn zu jener Zeit waren nur 12 Heilquellen bekannt; heute allerdings zählt man 79 Quellen.

Seinen Becherbitter kann man sich jetzt aus einem extra für dieses Getränk gestalteten Glas munden lassen. Adam Tureček, Absolvent der Prager Gewerbehochschule, hat es entworfen. Er beschrieb seine Inspiration mit diesen Worten: »Mein Ziel war, ein solches Likörglas zu machen, das ich auf den Tisch schmeißen könnte, ohne Angst zu haben, dass es zerbricht, und das zugleich Feinheit und Bitterkeit in sich hat, zwei typische Eigenschaften des Geschmacks von Becherbitter Original.«

EXTRA

Karlovy Vary

Infocentrum, Lázeňská 14 (zwischen Mühlbrunn- und Marktkolonnade), Tel. 355321176, sowie T.G. Masaryka 53 (am Becher-Museum), Tel. 355321171, www.karlovyvary.cz/de. Hier gibt es das monatliche und kostenlose Infoblatt ›Spa-Magazine‹ mit Kulturkalender und aktuellen Öffnungszeiten. Jeden Sa um 15 Uhr deutschsprachige Stadtführung ab Infocentrum, Lázeňská 14.

In Karlsbad gibt es zwei Bahnhöfe: Vom **Unteren Bahnhof** (Dolní nádraží) verkehren Regionalzüge über Oberen Bahnhof (Horní nádraží) sowie den Grenzübergang Potůčky nach Johanngeorgenstadt, wo man in die Erzgebirgsbahn nach Zwickau umsteigen kann. Regelmäßige Verbindungen gibt es nach Mariánské Lážně über Bečov nad Teplou und Teplá sowie nach Loket. Der **Obere Bahnhof** (Horní nádraží) liegt auf der Hauptstrecke Cheb-Prag mit Verbindungen u.a. nach Most und Ústí nad Labem. Mit Umsteigen in Sokolov gelangt man zum Grenzübergang Klingenthal mit Verbindungen nach Zwickau und Plauen.

Standseilbahn Diana zur Freundschaftshöhe (Zugang neben Grandhotel Pupp), Jan.-März tgl. 9-17, April und Okt. 9-18, Mai-Sept. 9-19 Uhr (alle 15 Minuten).

Standseilbahn zur Imperialhöhe, zwischen ehemaliger Sparkasse und Hotel Olympia (nahe Sprudel), Mo-Fr 5.30-21.10, Sa/So 6.47-21.10 Uhr (ca. alle 20 Minuten).

Alle **Stadtbuslinien** verkehren über den Platz Tržnice (Markt) nahe des Bechermuseums. Das Kurviertel wird von der Linie 1 (I. P. Pavlova, Bad III/Lázně III und Hauptpost/Hlavní pošta) sowie der Linie 2 (Theaterplatz/Divadelní nám., Bad I/Lázně I, Hotel Richmond, Panorama) bedient. Fahrkarten beim Fahrer oder günstiger im Vorverkauf.

Panoramafahrten mit der **Oldtimer-Stadtbuslinie 91** jeden Sa (April-Okt.) von Karlovy Vary-Tržnice nach Loket und Bečov nad Teplou und zurück.

Der **Busbahnhof** (Bus Terminal) befindet sich am Unteren Bahnhof. Regelmäßige Verbindungen u.a. nach Bečov nad Teplou, Loket, Jáchymov, Mariánské Lázně, Františkovy Lázně, Plzeň, stündlich ein Expressbus nach Prag.

Abfahrt der **Pferdedroschken** vor der Hauptpost (nahe Hotel ›Thermal‹ an der Tepl) sowie vom Divadelní nám./Theaterplatz. Eine halbstündige Fahrt kostet etwa 40 Euro.

Für 2015 ist eine Flugverbindung zwischen Düsseldorf und Karlsbad geplant. Ansprechpartner für Auskünfte und Buchungen bislang nur: **Euromed**, Tel. 030/20316203, www.euromed-kurreisen.de. **Flughafen Karlsbad**: www.airport-k-vary.cz. Zwischen Karlsbad-Zentrum und Flugplatz verkehrt die Stadtlinie Nr. 8.

Grandhotel/Parkhotel Pupp (€€€), Mírove nám. 2, Tel. 353109111, www.pupp.cz. Jüngst eröffnete hier ein luxuriöser Anbau, das Pupp Royal Spa. Zahlungskräftige Bond-Fans können einen dreitägigen Special-Aufenthalt ›Auf den Spuren von James Bond‹ buchen.

Spa Hotel Thermal (€€€), I. P. Pavlova 11, Tel. 359001111, www.thermal.cz. In die Jahre gekommenes und am Zugang zum Kurviertel nicht zu übersehendes Hochhaus. »Besser man blickt aus den oberen Etagen des Hotels auf die Pracht des Kurviertels als von einem der Kurhäuser auf die äußere Hässlichkeit des Betonbaus« – so die zutreffende Bemerkung in einem Internetforum. Daher unbedingt ein Zimmer mit Balkon in den oberen Stockwerken ab 11. Etage verlangen. In den üblichen Standardzimmern schon abgewetzte Teppichböden, die Sauberkeit lässt etwas zu wünschen übrig. Halbpension in Buffetform kann empfohlen werden, gute Kü-

▶ Karte: hintere Umschlagklappe

che. Das Wochenendpaket ab 135 Euro pro Person umfasst zwei Übernachtungen, Halbpension (wählbar Mittag- oder Abendessen), eine 10-Minuten-Rückenmassage, beliebigen Aufenthalt im Freiluftthermalbad sowie eine süße Überraschung in der Lobby-Bar. Nachts rauscht die Tepl und übertönt alle anderen Geräusche.

Hotel Promenáda (€€€), Tržiště 31, Tel. 353225648, www.hotel-promenada.cz. Romantisches Flair im Herzen des Kurviertels in zwei Gebäuden aus dem 16. und 17. Jahrhundert gegenüber der Schlosskolonnade. Gelobtes Restaurant.

Hotel Salvator (€€–€€€), Vřídelní 39, Tel. 353176761, www.salvatorhotel.com. Schickes Vier-Sterne-Haus zwischen Mühlbrunnkolonnade und Sprudel auf der rechten Seite der Tepl. Am 1. November 1712 übernachtete hier der russische Zar Peter I. Restaurant mit Terrassenplätzen an der Tepl.

Hotel Petr (€€€), Vřídelní 13, Tel. 775965080, www.hotelpetr.eu. Nur zwei hübsche Zimmer hinter dem restaurierten Fachwerkgiebel aus dem Jahr 1702. Lassen Sie sich nichts anderes aufschwatzen, wenn Sie schon den hohen Preis zahlen müssen. Alle anderen Räume bieten nur plüschige Wohnzimmeratmosphäre.

Spa Hotel Dvořák (€€€), Nová Louka 11, Tel. 353102111, www.hotel-dvorak.cz. Aufpoliertes Vier-Sterne-Haus mit originellen Zimmern und Wellnesszentrum im Kurviertel.

Ambiente (€€), Moravská 1A, Tel. 353365111, www.hotelambiente.cz. Vier-Sterne-Haus mit sehr gutem Preis-Leistungs-Verhältnis neben der Maria-Magdalenen-Kirche. Viele Anwendungen im Haus, auch Thai-Massagen.

Spahotel Schlosspark (€€), Kolmá 13–19, Tel. 353305111, www.schlosspark.cz. Gediegene Zimmer und Apartments, alle klimatisiert. Herrliche Lage am Hang östlich des Sprudels. Auch glutenfreies Frühstück.

Jean de Carro (€€–€€€), Stezka Jeana de Carro 4–6, Tel. 353505160, www.jeandecarro.com. Vier-Sterne-Wellnesshotel in wunderbarer Lage am Hang östlich des Sprudels. Parkplatz im Hotel (plus 6 Euro/Nacht), Restaurant mit Terrasse und hübscher Aussicht aufs Kurviertel.

Palatin (€€–€€€), Lázeňská 10, Tel. 353304111, www.energotour.cz. Das Vier-Sterne-Hotel ist u.a. günstig über booking.com zu reservieren. Im Kurviertel nahe der Mühlbrunnkolonnade.

Quisisana Palace (€€€), Mariánskolázeňská 298/3, Tel. 357079110, www.quisiana palace.com. Die originale Familienresidenz von Marie Mattoni und Anton Pupp (1888) ist derzeit im Besitz von Frau Luschkow, Gattin des ehemaligen Moskauer Oberbürgermeisters.

Ontario (€€), Zamecký Vrch 20, Tel. 353222091, www.hotelontario.cz. Pension in historischem Gebäude aus dem 18. Jahrhundert oberhalb der Mühlbrunnkolonnade mit fantastischem Ausblick. Parkplatz am Haus.

Pension Villa Rosa (€€), Na Vyhlídce 2064/22, Tel. 353239121, www.villa rosa.cz. Historisches Haus am ruhigen und sonnigen Hang mit traumhaftem Ausblick und schöner Terrasse.

Lázeňská léčebna Mánes (€€), Křižíkova 13, Tel. www.manes-spa.cz. Kleines Kurhaus mit 13 DZ in einem ruhigen Seitental (am Wanderweg zu den Hans-Heiling-Felsen und nach Loket), ca. 20 Minuten zu Fuß ins Kurviertel.

Hotel Marttel (€–€€€), Lidická 447/12, Tel. 353105600, www.hotelmarttel.cz. Modernes Drei-Sterne-Hotel im Villenviertel an den nördlichen Ausläufern des Dreikreuzberges (Tří kříže), etwa zehn Minuten Fußweg östlich des Hochhaushotels ›Thermal‹. Kuranwendungen im Haus, Gäste haben zur Sauna und zu den Whirlpools freien Eintritt. Sehr gutes Frühstück, hervorragendes Preis-Leistungs-Verhältnis bei Sparpreis.

Egerländer Hof (€), Tržiště 39, Tel. 353229332, www.egerlanderhof.eu. In deutscher Regie unter Familie Kraus, beste Lage nahe dem Sprudel, Restaurant.

Family Pension (€), Tyršova 11, Tel. 608883018, www.pension-family.cz. Kleine historische Villa am Waldrand oberhalb des Kurviertels, ca. 15 Minuten Fußweg dorthin. Mit Küche, Garten und Grillplatz.

Apartments Ondřejská (€€), Ondřejská 13, Tel. 357070560, www.topkur.cz/karlovy-vary/apartments/apartments-ondrejska. Neu, modern und geschmackvoll. Am Hang gegenüber der Mühlbrunnkolonnade.

Hotel Retro Riverside (€€–€€€), Březová 157, Tel. 353972524, www.retroriverside.cz. Fünf-Sterne-Wellness-Oase am Ufer der Talsperre Pirkenhammer (Vodní nádrž Březová) in Alleinlage, 8 km südwestlich von Karlsbad. Alle Zimmer mit Klimaanlage und Balkon. Wegen der Lage an der E 49 nach Plzeň ein Zimmer mit Seeblick verlangen.

Na Špici, Tel. 353941152, www.naspici.net. Schöner großer Platz an der Eger im Dorf Radošov bei Kyselka, 15 km östlich von Karlsbad, auch Ferienhütten. Zum Platz gehört auch ein Hotel mit Restaurant. Ganzjährig geöffnet.

Autokemp Sasanka, Tel. 353590130, www.camp.cz. Im Dorf Sadov (etwa 5 km nördlich von Karlsbad), auch 5-Pers.-Ferienhütten, April–Okt.

Grandrestaurant Pupp, Mírové nám. 2, Tel. 353109111. Gourmetküche in vornehmer Atmosphäre; tgl. 12–15 und 18–22 Uhr.

Sweet Orient, Mariánskolázeňská 23 (im Hotel Carlsbad Plaza nahe des Pupp), Tel. 352441194. Originale chinesische, japanische und thailändische Küche in netter Atmosphäre; Di–Sa 14–22 Uhr.

Pirosmani, Kolmá 56, Tel. 776397950, www.pirosmani.cz. Original georgische Küche; tgl. 12–22 Uhr.

Golf Restaurant, Tel. 353331003, www.golfresort.cz. Unter Regie des Grandrestaurants Pupp. Am Golfplatz, Ortsausgang Richtung Prag, an der E 48; tgl. 8–22 Uhr.

Luna, nábr. J. Palacha 26 (beim Kreisverkehr an der Tepl, von der Hauptpost flussabwärts auf der rechten Seite führt ein Fußgängerweg am Wasser direkt unter den Fahrbahnen hindurch hierher). Hier essen und trinken die älteren Semester von Karlsbad in rauchfreier Zone. Unschlagbares Preis-Leistungs-Verhältnis, Mo–Fr Mittagsmenü (Suppe, Hauptgericht und alkoholfreies Getränk) für etwa 3 Euro. Wild, Kaninchen, Lamm, Geflügel und Fisch, auch vegetarische Gerichte; tgl. 11–21 Uhr.

Smíchovský pavilon, Lidická 2, Tel. 776631061, www.smichovskypavilon.cz. Modernes Restaurant im Villenviertel beim Hotel Marttel. Gute böhmische Küche zum günstigen Preis, auch unfiltriertes Staropramen vom Fass. Tgl. 11–23 Uhr, Sa/So sehr gut besucht, Samstagabend Live-Musik. An dieser Stelle stand einst die Taverne ›Zum Teufel‹. Um 1770 war Goethe mehrmals hier zu Gast und ließ sich zu seinem ›Urfaust‹ inspirieren.

Karel IV., T.G. Masaryka 57, Tel. 353599999, www.becherplatz.cz. Kellergewölbe mit Minibrauerei unter dem Jan-Becher-Museum. Schmackhafte böhmische Küche; tgl. 11–23 Uhr.

Tandoor, I. P. Pavlova 25, Tel. 353224800, www.tandoor-kv.cz. Leckere indische Küche (auch viele vegetarische Gerichte) zum günstigen Preis. Sehr spartanische Einrichtung, aber netter Gastgeber. Im Erdgeschoss eines Wohnblocks, ca. 300 Meter vom Hotel Thermal entfernt; Mo–Sa 12–21 Uhr.

Kus Kus, Bělehradská 8 (nahe Jan-Becher-Museum), Tel. 777066477, www.kus-kus.cz. Günstige vegane Küche in einem Kellergeschoss mit nur zwei Tischen. Sehr beliebt, daher manchmal bereits vor Küchenschluss ausverkauft, besser vorher telefonisch bestellen; Mo–Fr 7.30–14 Uhr.

Diana, Vrch přátelství 5/1, Tel. 353222872, www.dianakv.cz. Ausflugsrestaurant an der Bergstation der Standseilbahn, Feb./März und Nov./Dez. tgl. 9–17 Uhr, April/Mai und Okt. 9–17 Uhr, Juni–Sept. tgl. 11–19 Uhr.

Karte: hintere Umschlagklappe

Hospůdka u Lávky, in Radošov 5 (bei Kyselka), Tel. 776556735, www.hospudkaulavky.cz. Überdachte Terrassenplätze und gemütliche Gaststube, unpasteurisiertes Gambrinus vom Fass, auch Fass-Cidre. Tipp: Kartoffelpuffer mit Knoblauch; Mo–Do und So 11–22, Fr/Sa 11–24 Uhr.

Café Respirium, Divadelní nám. 2 (in der Sprudelkolonnade). Blick auf die Marktkolonnade, bei schönem Wetter auch Freiluftplätze, wunderbare Torten und Strudel; tgl. 8–19 Uhr.
Café Elefant, Stará Louka 30. Auch hübsche Balkonplätze im Freien, für jeweils zwei Personen unter dem goldenen Elefanten; tgl. 10–20 Uhr.
Café Moser, Kpt. Jaroše 19 (am Glasmuseum Moser); tgl. 9–18 Uhr.

Karlsbader Museum, Nová Louka 23; Mai–Sept. Di–So, sonst Mi–9–12 und 13–17 Uhr.
Galerie der Kunst, Goethova stezka 6, www.galeriekvary.cz; Di–So 10–17 Uhr.
Russisch-orthodoxe Kirche St. Peter und Paul, ul. Krále Jiřího; tgl. 9–18 Uhr.
Kaiserbad (Lázně I), Mariánskolázeňská; tgl. 10–18 Uhr.
Jan-Becher-Museum, T. G. Masaryka 57, nahe dem Unteren Bahnhof (Dolní nádraží). Führung durch die historischen Keller sowie auch kleine Verkostung; tgl. 9–17 Uhr.
Galerie Becher-Villa, Krále Jiřího 1196/9, www.becherovavila.cz; Di–So 10–17 Uhr.
Moser Glasmuseum, Kpt. Jaroše 19 (an der Hauptstraße Richtung Cheb), www.moser-glass.com; tgl. 9–17 Uhr, Führung durch die Glashütte tgl. 9–14.30 Uhr (halbstündlich).
Sprudel-Untergrund, in der Sprudelkolonnade (1. Etage), www.splzak.cz; Mai–Okt. 11–17 Uhr (die Tage wechseln).
Dianaturm an der Freundschaftshöhe, tgl. 9.45–16.45 Uhr, Mai–Aug. 9.45–17.45 Uhr.

Porzellanfabrik Thun, Tovární 242, in Nová Role (7 km nordwestlich von Karlsbad), www.thun.cz; Besucherzentrum Di–Fr 9–15 Uhr.

Europäisches Adelstreffen (Ende April), **Eröffnung der Kursaison** mit historischem Umzug und Kaiser Karl IV. an der Spitze (Anf. Mai), **Karlsbader Karneval** (Juni), **Internationales Filmfestival** (Juli), **City-Triathlon** und **Beethovenfestival** (Aug.), **Karlsbader Folklorefestival** und **Dvořák-Herbst** (Sept.), **Jazzfest** (Okt.).
Kurkonzerte finden im Bad III/Lázně III, in der Mühlbrunnkolonnade sowie im Stadttheater statt.
Einzelheiten zu Veranstaltungen etc. über das Infocentrum (→ S. 84).

Stadttheater, Divadelní nám. 21, Reservierungen unter Tel. 353225537, Online-Verkauf: www.karlovarske-divadlo.cz. Theaterkasse tgl. 12–17.30 Uhr und eine Stunde vor Vorstellungsbeginn. Theaterführungen sind unter Tel. 353225537 zu bestellen.

Golf & Spa Resort Cihelny, an der Bahnstrecke/Straße nach Bečov nad Teplou, www.astoria-golf.com. 18-Loch-Platz (Par 70 und Par 72) sowie Driving Range.

Sprudelkolonnade (Vřídelní kolonáda). Der Sprudel wird in verschiedenen Temperaturen – von 30 bis 78 Grad Celsius – zum Trinken angeboten; tgl. 6–19 Uhr.
Thermalfreibad am Hotel ›Thermal‹, tgl. 8.30–21 Uhr, in der Vor- und Nachsaison nur bis 20 Uhr (letzter Eintritt 18.45 Uhr), während der Sommersaison bis 19.45 Uhr.
Schlossbad (Zámecké Lázně), Zámecký vrch (unterhalb Schlossturm nahe des Sprudels), Tel. 353222649, www.zamecke-lazne.cz. Zauberhaftes Spa- und Wellnesszentrum. Das Mineralbad mit ei-

nem Abbild des Quellgeistes zählt zu den schönsten Bädern Europas. Mo–Fr 7.30–19.30 Uhr, Sa/So 8.30–19.30 Uhr, der Eintritt ist aber nur mit einer selbst gewählten Behandlung möglich, das günstigste Paket heißt Relax und kostet je nach Saison zwischen 600 und 1000 Kronen für eine Stunde mit einer Anwendung (Mo–Fr um 7.30, Sa/So 8.30, tgl. um 18 Uhr).

Elisabethbad (Alžbětiny Lázně), Smetanovy sady 1 (hinter dem Einkaufszentrum in der Fußgängerzone T. G. Masaryka), www.alzbetinylazne.cz. U. a. 25-Meter-Becken (kein Thermalwasser!), Bier- und Perlbad, Massagen, Moorpackungen, Salzhöhle; Mo–Fr 8–19, Sa 9–19, So 10–17 Uhr.

Bierbad (Pivní lázně), Stará Louka 8 (neben dem Restaurant Švejk), www.pivnilazne-kv.cz; tgl. 10–19 Uhr (für 2 Pers. ca. 2500 Kronen).

Verkaufsgalerie Moser, Kpt. Jaroše 19 (neben dem Glasmuseum Moser). Die ganze luxuriöse Vielfalt der Moserschen Produktpalette unter einem Dach; tgl. 9–18 Uhr.

Koruna Pralines, Bulharská 31. Schokolade und Pralinen in großer Auswahl für jeden Geschmack; tgl. 9–18 Uhr.

Shoppingcenter Fontána, am Stadtrand Richtung Cheb, Stadtbus Nr. 22. www.oc-fontana.cz; Tgl. 10–20 Uhr.

Loket

Auf halber Strecke zwischen Sokolov und Karlovy Vary fließt die Eger um Loket (Elbogen) ihren schönsten Bogen. Das Flüsschen bemüht sich seit jeher, dem Granithügel mit Burg und Altstadt einen Kranz zu flechten. Die historische Altstadt ist sehr übersichtlich und besteht nur aus dem länglichen Marktplatz und wenigen kurzen Gassen. Internationale Bekanntheit erreichte Loket ausgerechnet durch einen James-Bond-Film, einige Szenen von ›Casino Royale‹ (2006) mit Daniel Craig in der Hauptrolle wurden hier gedreht. Die romantische westböhmische Szenerie stellt im Film einen Urlaubsort an der montenegrinischen Küste dar.

Geschichte

Seit 1308 besitzt Elbogen die Stadtrechte. Die Burg wurde im 9. Jahrhundert erbaut und im 12. Jahrhundert im romanischen Stil erweitert. Aus jener Zeit sind Mauerrelikte der einstigen Rotunde freigelegt. Der markante Bergfried stammt aus dem 13. Jahrhundert. Die Mauern waren ein Lieblingsaufenthaltsort des später zum Kaiser gekrönten Karl IV. Der

Blick auf die Burg Loket

Karte: vordere Umschlagklappe

Sage nach entdeckte er während eines Jagdausflugs die heißen Quellen von Karlsbad, und so gilt Elbogen als Wiege des benachbarten Kurortes. Regent Wenzel IV. ließ das Areal mit dem Bau von Hauptmanns- und Markgrafenhaus sowie dem Nordpalast zu seiner heutigen Größe anwachsen. Andreas Schlick soll der letzte private Eigentümer gewesen sein. Er beteiligte sich am böhmischen Ständeaufstand, wurde 1621 in Prag geköpft, und sein Besitz ging an die Krone.

■ Sehenswürdigkeiten

Die **Burg** thront auf einem Granitfelsen und setzt der Bergstadt die Krone auf. Im **Burgmuseum** sind Porzellan- und Zinngeschirr ausgestellt. Die Attraktion der Archäologieschau im Hauptmannhaus ist der Elbogener Meteorit, der hier vor 600 Jahren vom Himmel fiel. Er wog 107 Kilogramm, das größere Teilstück von 80 Kilogramm lagert heute in Wien. Auf den **Bergfried** mit schöner Aussicht über Loket und Umgebung führen 96 Stufen. Wer alle Stufen händchenhaltend hinaufklettert und sich oben dreimal küsst, bleibt angeblich ein Leben lang zusammen.

Der ehemalige Burgkerker, zwischen 1795 und 1822 genutzt, zeigt sich heute als eine multimediale Folterkammer: Schreie und Schläge sind zu hören, drastische Szenen wie das Augenblenden und Erhängen zu erleben.

Goethe war 13-mal in Elbogen. Im Hotel **Weißes Ross** (Bílý kůň) feierte er seinen 74. Geburtstag und bat vergeblich um die Hand der 19-jährigen Baroness Ulrike von Levetzow. Im heutigen Restaurant genießt man einen herrlichen Blick auf den Marktplatz, an den Wänden sind Sammlungen historischer Elbogener Stadtansichten zu betrachten. Ein Gemälde zeigt Goethe zusammen mit Fräulein von Levetzow – er viel jünger, sie älter dargestellt – fast so, als wären sie gleichaltrig, obwohl der Altersunterschied 55 Jahre betrug (→ Extra S. 92). Von der Hotelterrasse hat man Zugang zur überdachten **Goetheaussicht** (Goetheova vyhlídka), auch hier sind an der Wand historische Elbogener Ansichten zu sehen.

Eine gotische Madonna sowie ein Altarbild von Peter Brandl schmücken **die Wenzelkirche**.

Hans-Heiling-Felsen

Ein Rad- und Wanderweg führt von Loket durch das romantische Egerflusstal nach Karlovy Vary (17 Kilometer). Eine Stunde Spaziergang auf diesem Weg, und die Hans-Heiling-Felsen (Svatošské skály) bei Doubí (Aich) sind erreicht. Angeblich stellt die Felsgruppe aus Granit einen versteinerten Hochzeitszug dar. Von links nach rechts betrachtet: Der einzeln stehende Nadelfels verkörpert das Brautpaar, die Felsgruppe daneben den Hochzeitszug, es folgen die Musikanten, Schwiegermutter und das Schloss. Die Sage berichtet, dass Hans einen Pakt mit dem Teufel eingegangen war und so über magische Kräfte verfügte. Hans liebte ein Mädchen, beide wünschten die Hochzeit. Doch die Eltern

Der Marktplatz in Loket

Reiseziele

Die Hans-Heiling-Felsen

der Erwählten waren dagegen, sie ahnten allerlei Ungemach, wenn ein Zauberer ihre Tochter zur Frau nähme – daher versprachen sie ihrem Kind einem anderen. Am Hochzeitstag erschien Hans in Begleitung des Teufels an Ort und Stelle, gemeinsam verzauberten beide die komplette Hochzeitsgesellschaft in eine Felsgruppe. Anschließend beging der zu Tode betrübte Hans Selbstmord, indem er aus luftiger Höhe in die Eger sprang. Seit dem 19. Jahrhundert sind die Hans-Heiling-Felsen im tief eingeschnittenen Tal ein viel besuchtes Ausflugsziel, um 1900 öffnete am gegenüberliegenden Flussufer das Gasthaus, das heute ›Jan Svatoš‹ (Hans Heiling) heißt. Die Granitsteine schrieben gar deutsche Kunstgeschichte: 1811 griff Theodor Körner die Sagenszene dichterisch auf, die Gebrüder Grimm verewigten das Geschehen in ihren Märchenbüchern. 1823 kurte Heinrich Marschner in Karlsbad, zehn Jahre später hatte seine romantische Oper ›Hans-Heiling‹ in der Königlichen Hofoper zu Berlin ihre Uraufführung. Begeistert von der Naturkulisse war auch Sigmund Freud, der Begründer der Psychoanalyse. Er schrieb nach seinem Ausflug zu den Hans-Heiling-Felsen einen Essay darüber. Auch Goethe war kurz hier, er reiste im offenen Kutschwagen mit seiner jungen Freundin Ulrike aus Elbogen an. Die Naturkulisse fand zwar keinen Eingang in seine Dichtung, inspirierte ihn jedoch zu einer Zeichnung.

Loket

Stadtinformation, T. G. Masaryka 12, Tel. 352684123, www.loket.cz.

Stadtbesichtigung mit Brauereiführung Fr 14 Uhr, Voranmeldung Tel. 352327131.

Mehrmals tgl. nach Bečov nad Teplou, Sokolov, Karlovy Vary sowie über Cheb nach Františkovy Lázně.

Hotel Císař Ferdinand (€€), T. G. Masaryka 136, Tel. 352327130, www.hotel-loket.cz. Hotel am Markt, eingerichtet im Stil Kaiser Ferdinands I. Oft von Reisegruppen belegt. Gegenüber befindet sich das kleine Hotel **St. Florian** (€€). Die historische Feuerwehrstation wurde rekonstruiert, der Patron der Feuerwehrmänner gab dem Hotel seinen Namen. Die Herberge gehört zu den tschechischen Kulturdenkmälern. Drinnen findet man moderne Standardzimmer.

Hotel Bílý kůň (€€), T. G. Masaryka 109, Tel. 352661809, www.hotel-bilykun.cz. Nüchterne Einrichtung, aber große geräumige Zimmer. Angenehme Terrassenplätze mit Blick auf die Eger; tgl. ab 11 Uhr.

▲ Karte: vordere Umschlagklappe

Pension Atmosféra (€), T. G. Masaryka 59/112, Tel. 352684334, www.restaurantatmosfera.cz. Die romantischste Bleibe in Loket, nur drei Vierbettzimmer. An der Pestsäule am Marktplatz. Mit Restaurant (tgl. 11–22 Uhr).

Pension Ulrika (€–€€), Zámecká 19/1, Tel. 602127543, www.pensionulrika.cz. In der Altstadt in Marktnähe. Parterre befindet sich ein Glaswarenladen.

Pension Hana (€€), ČSA 373/13, Tel. 603531254, www.pensionhana.cz. Modernisiertes Haus nördlich der Altstadt in Bahnhofsnähe, kleine Terrasse mit herrlichem Burgblick.

Lazy River Hostel (€), Kostelní 6. Buchbar z.B. über booking.com. Kleines altertümliches Haus mit nur acht Betten, zwei Bädern und Küche, ruhig, am Aufstieg vom Marktplatz zur Burg.

Wassersportcampingplatz Loket (€), Rooseveltova 146, Tel. 777167779, www.vodacketaboristeloket.cz. An der Eger Richtung Hans-Heiling-Felsen, Platz für 50 Zelte, auch Kanuverleih.

Burgrestaurant (Hradní restaurace Loket), Zámecká 67/10, Tel. 777878060, www.hradni-restaurace.cz/de. Rechts neben dem Eingang zur Burg; Mo–Fr 11–20 Uhr (Juli–Dez.), Di–Sa 11–20, So/Mo 11–17 Uhr (Jan.–Juni).

Minibrauhaus im Hotel Kaiser Ferdinand, T. G. Masaryka 136, Tel. 352327131. Aus dem Zapfhahn fließt das halbdunkle Bier der Marke Florian mit 11 Grad Stammwürze. Bierkeller in historischer Mälzerei, aber oft von lärmenden Reisegruppen belegt. Auch Terrassenplätze, relativ hohe Preise; tgl. 10–23 Uhr.

Švejk Restaurant Loket, T. G. Masaryka 134/10, Tel. 776873472. Angenehmes Gasthaus im Kneipenstil gegenüber vom Schwarzen Turm. Böhmische Küche; tgl. 11–22 Uhr.

Jan Svatoš, Ausflugsgasthaus gegenüber dem Hans-Heiling-Felsen im Egertal, Tel. 353332585, www.restaurace-jan-svatos.cz. Große Terrasse mit Fels- und Egerblick. Forellen werden nach Bedarf im hauseigenen Becken gefischt, unfiltriertes Pilsner Urquell; tgl. 9–21 Uhr.

Café Galerie, T. G. Masaryka 32/36, www.galerieloket.cz. Wohnzimmerambiente, moderne Kunst an den Wänden. Hausgebackener Kuchen, kleine Terrasse; Mi–So 9–12 und 14–17 Uhr.

Café Romantik St. Florian, T. G. Masaryka 70 (schräg gegenüber dem Rathaus); tgl. 10–21 Uhr.

Burgmuseum, www.hradloket.cz; tgl. 9–16.30 Uhr, Nov.–März tgl. 9–15.30 Uhr.

Stadtfest mit Mittelaltermarkt (Aug).

Ostrov

Ostrov (Schlackenwerth) befindet sich etwa 10 Kilometer nördlich von Karlsbad. Das Städtchen ist das tschechische Paradebeispiel für den sogenannten Stalinschen Zuckerbäckerstil, denn hier am Fuße des Erzgebirges entstand eine Musterstadt des sozialistischen Realismus. Im Zentrum steht das pompöse Kulturhaus, davor sprudeln auf einem weitläufigen Platz zwei große Fontänen, ringsherum stehen die Wohnhäuser in Plattenbauweise. Gegenwärtig wird das historische Areal um den Schlosspark auf Vordermann gebracht. Früher war es als Heiliger Bezirk bekannt, denn hier scharen sich das Piaristenkloster mit Maria-Verkündigung-Kirche sowie St.-Anna-, Maria Einsiedeln- und St. Florian-Kapelle (www.klasterostrov.cz).

Reiseziele

Johann Wolfgang von Goethe in Böhmen

Bis 1945 gab es allein im westlichen Böhmen 326 Goethe-Gedenktafeln und 18 Denkmäler. Das ist kein Zufall. Sie erinnerten an den Dichter und Gelehrten, der es sich zwischen 1785 und 1823 in Böhmen insgesamt drei Jahre und drei Wochen lang gut gehen ließ: exakt 1114 Tage, verteilt auf 17 Reisen.

Es waren nicht nur die wohltuenden gesundheitsfördernden Wässerchen, die Johann Wolfgang von Goethe hierher lockten. Hier traf er sich mit Freunden, Bekannten und Geistesgrößen seiner Zeit, und hier fand er Muße, an seinen Dichtungen zu arbeiten. Da er zeitlebens naturwissenschaftlich und geologisch interessiert war, faszinierte ihn dieser Landstrich besonders. Als älterer Herr erlebte Goethe in Marienbad einen späten zweiten Frühling und verliebte sich in ein junges hübsches Mädchen.

Goethe hielt sich 33-mal, allerdings immer nur kurz, zur Vor-, Nach- oder Zwischenkur in Franzensbad auf. An seiner bevorzugten Herberge, dem heutigen Nobelhotel ›Drei Lilien‹, erinnert eine bronzene Gedenktafel mit Goethe-Relief daran. 1808 schrieb er an Frau von Eybenberg: »Das frische Geistige hier bekommt mir wohl, innerlich und äußerlich«, seinen Sohn August ließ er wissen: »... habe zwölf Tage getrunken und gebadet, welches mir so wohl bekommen ist, dass ich wieder hingehen werde, sobald man nur wieder Quartier haben kann, denn gegenwärtig ist alles überbesetzt«. Auch in Franzensbad schwelgte der 60-jährige Goethe in Glückseligkeit, er betete die 22-jährige Sylvia von Ziegesar an.

In der näheren Umgebung zog es Goethe zum Hügel Kammerbühl, am Weg zwischen Franzensbad und Eger. Er war in den Jahren 1808, 1820 und 1822 vor Ort. Anfangs war er sich ziemlich sicher, dass es sich hierbei um einen echten Vulkan handelt, dann peinigten ihn Zweifel. Um Gewissheit zu erlangen, regte er an, einen Stollen zu graben. Der endgültige Beweis konnte erst nach Goethes Tod vom befreundeten Grafen Kaspar Sternberg, einem Mitbegründer des Prager Nationalmuseums, erbracht werden. Sternberg ließ zwischen 1834 und 1837 ein mehrgliedriges Stollensystem anlegen, und man stieß tatsächlich auf einen Basalteruptionskanal. Heute erinnert über dem einstigen Stolleneingang am Südhang ein Granitportal mit Gedenktafel nur an den Geheimen Rat, Dichter und Naturwissenschaftler. Auf einem nahen Fels steht eingemeißelt: ›Goethe – dem Erforscher des Kammerbühls 1808–1822‹. Von ihm ist folgende Beschreibung überliefert: »Der Kammerbühl, sonst auch Kammerberg, hat seinen Namen von einem benachbarten Waldbezirke und einer dortigen Anlage weniger Häuser, die Kammer genannt. Er zeigt sich, wenn man von Franzenbrunn nach Eger geht, etwa eine halbe Stunde rechts vom Wege, ... und merkwürdig durch vulkanische Produkte, aus denen er besteht.« Goethes Begeisterung für den Kammerbühl gründete nicht nur auf geologischer Neugier: Entzücken bereitete ihm auch die herrliche Rundsicht. Bei schönem Wetter waren einst der Fichtelberg, die Karlsbader Höhen, die Kirchtürme von Maria-Kulm (Chlum sv. Maří), das Badeörtchen Königswart (Lázně Kynžvart), der Tillenberg (Dyleň) und das Kloster Sankt Anna zu sehen. Heute ist die Aussicht leider verwachsen.

Für 13 Aufenthalte reiste Goethe nach Karlsbad: »Karlsbad hat, wie jeder gleich bemerkt, der einigermaßen reflektiert, nicht allein etwas sui generis, sondern wirklich etwas individuelles, das frappiert und, ohne dass man selbst weiß, eine gewisse Kultur gibt«, schrieb er 1807, und 1812 meinte er: »Nur Weimar und Rom könnten mit Karlsbad konkurrieren.« Am häufigsten, nämlich neunmal, wählte er die Pension ›Zu den drei Mohren‹ gegenüber dem Sprudel als Herberge. Er widmete sich in Karlsbad nicht nur seiner Gesundheit, sondern arbeitete in Mußestunden an ›Wilhelm Meister‹, ›West-östlicher Diwan‹ und ›Dichtung und Wahrheit‹.

Als Goethe im Frühjahr 1820 zum ersten Mal Marienbad besuchte und die phänomenale Aufbruchsstimmung erlebte, schrieb er an seinen Sohn August: »Mir war es, als befände ich mich in den nordamerikanischen Wäldern, wo man in drei Jahren eine Stadt baut.« Er ging hier gern spazieren und erfreute sich offensichtlich nicht nur an der Waldesruhe, denn sein Wissensdrang wurde geweckt: Am Wegrand fand er ein bislang unbekanntes Mineral, das er nach seinem Fundort nahe des Hügels Hamilka kurzerhand Hamelicit nannte. Bereits 1807 hatte er im Falkenauer Becken am Nordfuß des Erzgebirges den Karlsbader Zwilling entdeckt, eine mineralogische Besonderheit.

Am Karlskreuz, heute oberhalb des Marienbader Gourmetrestaurants ›Villa Patriot‹, stellte Goethe beim Betrachten der Wolkenbilder Überlegungen an, eine neue Wissenschaft zu gründen, die sich mit der Wolkenentstehung beschäftigten sollte. Während zahlreicher Tee- und Gesellschaftsabende im Jahr 1821 machte er die Bekanntschaft mit der 17-jährigen Ulrike von Levetzow. In den folgenden zwei Jahren verliebte er sich in die junge Dame. Sie interessierte sich für literarische Gespräche mit dem rüstigen Alten, man sah die beiden händchenhaltend – auch von einem Kuss wird berichtet –, aber von Liebe konnte bei ihr wohl keine Rede sein. Seinen offiziellen Heiratsantrag ließ Goethe vom Herzog von Weimar, Carl August, überreichen. Als nach dessen höflicher Ablehnung jegliche Hoffnung verflog, war Goethe völlig niedergeschlagen. In melancholischer Stimmungslage schrieb er auf der Rückfahrt von Böhmen nach Weimar die Marienbader Elegie: »Mir ist das All, ich bin mir selbst verloren, der ich noch erst den Göttern Liebling war.« Er, der Marienbad so sehr mochte, verließ den Ort und kam nie wieder. Ulrike von Levetzow erreichte das hohe Alter von 95 Jahren, blieb aber ihr Leben lang unverheiratet.

13-mal besuchte Goethe Elbogen (heute Loket). »Es liegt über alle Beschreibung schön und lässt sich als ein Kunstwerk von allen Seiten betrachten.« Hier verband Goethe eine Freundschaft mit den Gebrüdern Haidinger, den ungekrönten ›Porzellankönigen‹ der Monarchie. Sie bauten Elbogen zum bedeutendsten Porzellanstandort in Österreich-Ungarn aus und begründeten den hervorragenden Ruf der böhmischen Porzellanherstellung. Auf einer Marmortafel am Markt ist in Goldschrift zweisprachig zu lesen: »Zur Erinnerung an Goethes Aufenthalt 1807, 1808, 1810, 1811, 1813, 1819, 1823.« Im ehemaligen Schwarzenberg-Lusthaus ›Weißes Ross‹ feierte Goethe seinen 74. Geburtstag.

Zweimal reiste Goethe ins Kloster Tepl und besuchte den Abt Karl Kaspar Reitenberger. Testamentarisch hatte er das Stift Tepl als Erbe für seine einzigartige Steinsammlung bestimmt; im Laufe seines Lebens kamen 18 000 Minerale und Gesteine zusammen. 1950 übernahm die tschechoslowakische Armee das Kloster Tepl, die Sammlung kam bis auf wenige im Kloster verbliebene Stücke auf die Burg Elbogen (Loket), wo sie alsbald ihr unrühmliches Ende fand: Unbedarfte nahmen die Kisten auseinander, verbrannten Goethes Schriftstücke, die Steine landeten auf dem Müll.

Duppauer Gebirge

Östlich von Andelská Hora und Ostrov sowie südlich von Klášterec nad Ohří erhebt sich das bewaldete Duppauer Gebirge (Doupovské hory). Höchster Berg ist mit 933 Metern der Burgstadtl (Hradiště). Seit Mitte der 1950er Jahre sind über 300 Quadratkilometer als militärisches Sperrgebiet ausgewiesen – das flächenmäßig größte in Tschechien. Bis zur Vertreibung 1945/46 lebten in der Stadt Duppau und ihren 17 Nachbardörfern über 15 000 Menschen, die nachgezogenen tschechischen Neusiedler mussten die verbotene Zone bis 1955 wieder verlassen. Das Duppauer Gebirge wurde jahrzehntelang wirtschaftlich vernachlässigt, und so konnte sich hier eine seltene Tier- und Pflanzenwelt erhalten. Unter anderem breitet sich die Küchenschelle auf großen Arealen aus. In den äußersten Randzonen des Truppenübungsplatzes sind inzwischen einige kleine Gebiete als Naturreservate geschützt. Das geologische **Naturdenkmal Zwergenlöcher** (Skalky skřítků) bei Kyselka kann man auf einem markierten Pfad besuchen.

Jáchymov

Jáchymov (St. Joachimsthal) ist ein Städtchen mit bedeutendem Kurbetrieb. Es liegt etwa 15 Kilometer nördlich von Karlovy Vary und ist in ein bewaldetes Tal im Erzgebirge eingebettet.

Geschichte

Wohl keine andere Stadt der Welt hat die Entwicklungen des Bergbaus und Hüttenwesens so stark geprägt wie Joachimsthal. Der Joachimsthaler Gelehrte Georgius Agricola verfasste zwölf Bergbaubücher, die über 200 Jahre die meistgelesenen Fachbücher waren. Die Techniken und Technologien der Erzgewinnung und -verarbeitung verbreiteten sich von hier aus um den ganzen Erdball. In Joachimsthal befand sich auch die weltweit erste Bergbauberufsschule. Als man um 1516 reiche Erzadern entdeckte, begann ein Silberrausch. 1519 wurde erstmals der Joachimsthaler geprägt. Diese Silbermünze hieß anfangs kurz Thaler, später Tollar, und sprachgeschichtlich hat hier auch der Begriff Dollar seinen Ursprung. Zwischen 1516 und 1554 wurden schätzungsweise 250 000 Kilogramm Silber gefördert, einzelne Erzklumpen hatten ein Gewicht von über 100 Kilogramm. In der ersten Hälfte des 16. Jahrhunderts war Joachimsthal mit 18 000 Einwohnern nach Prag die zweitgrößte Stadt Böhmens. 1530 zählte man 1200 Häuser und 900 Erzgruben mit 13 000 Bergarbeitern. Der angehäufte Reichtum wurde auch in sakrale und profane Bauten investiert, vorwiegend im Stil der Spätgotik und der Renaissance. Der Silberrausch erreichte 1533 seinen Höhepunkt, danach erschöpften sich die Lagerstätten, und ein Niedergang setzte sein.

Im Jahr 1898 entdeckten die Physiker Marie Skłodowska-Curie und Pierre Curie in hiesigen Pechblendenrückständen die Elemente Radium und Polonium, 1906 wurde in Jáchymov das erste Radonbad der Welt eröffnet.

Der Kurpark in Jáchymov

▲ Karte: vordere Umschlagklappe

Münzschläger im Stadtmuseum

Sehenswürdigkeiten

Die Altstadt am langgezogenen und steil ansteigenden Markt erscheint verlassen und zum Teil verwahrlost. Fassaden bröckeln, viele ehemals schöne Bürgerhäuser im sächsischen Renaissancestil sind von Roma bewohnt, viele einsturzgefährdet. Das **Rathaus**, einst der Adelssitz der Stadtgründerfamilie Schlick, vereint Einflüsse der Gotik und Renaissance und besitzt ein schönes Portal. Die **Königliche Münze** (Královská mincovna) ist im Stil der Renaissance von 1534 bis 1536 mit einem prächtigen Erker erbaut worden. Münzen, darunter der berühmte Joachimsthaler, wurden hier bis 1671 geprägt. Im Erdgeschoss der Münze ist eine geologische, mineralogische und numismatische Ausstellung zu besichtigen. Man sieht einen Münzschläger bei der Arbeit, das Modell eines Pferdegöpels aus dem Kaiser-Joseph-Schacht sowie eines von einem hiesigen Bergwerk, ausgeführt nach Stichen von Georgius Agricola. Im ersten Stock befindet sich auch eine Exposition über die Straflager nach dem Zweiten Weltkrieg - ein Gulag-System nach stalinistischem Vorbild. Nach 1945 übernahm die Sowjetunion die Uranerzgruben. Von 1949 bis 1961 gab es in der Umgebung 18 Straflager, in denen politische Häftlinge ohne Schutz den Gesundheitsgefahren ausgesetzt waren. Insgesamt wurden in 28 Gruben etwa 8000 Tonnen abgebaut, Ausgangsmaterial für sowjetische Atombomben. Hier sieht der Besucher das Modell des Konzentrationslagers Ravnost I.

Weitere Räume sind der Entwicklung des Kurwesens gewidmet, so sieht man ein ärztliches Behandlungszimmer. Ein gut gefüllter Bücherschrank erinnert an die in der Joachimsthaler Lateinschule beheimatete Bibliothek. Diese begann ihre Sammlungstätigkeit im Jahr 1521 und gilt heute als Weltunikat, da hier viele wertvolle Erst- und Wiegendrucke erhalten blieben. Ein handgeschriebener Kodex mit 464 Pergamentbögen aus dem 12. Jahrhundert zählt zu den Kostbarkeiten. In den ausgedehnten Kellern entdeckte man erst Anfang der 1980er Jahre den Abzugskamin der Königlichen Münze von 1540.

Die monumentale **Dekankirche des heiligen Joachim** wurde von 1534 bis 1540 erbaut und war damit das erste lutherische Gotteshaus auf dem Gebiet Böhmens. Während des Stadtbrandes von 1873 vernichteten die Flammen auch den wertvollen Cranach-Altar.

Vor der Kirche erinnert ein moderner **Kreuzweg** mit Namen der Uranbergschächte an die Leiden der Sträflinge nach dem Zweiten Weltkrieg. Oberhalb der Kirche sieht man den ältesten **Urangrubenförderturm** der Welt.

Ältestes Bauwerk der Stadt ist die kleine **Spitalkirche** zwischen Markt und Kurviertel. Sie stammt aus dem 16. Jahrhundert und besitzt einen Altar aus der Werkstatt Lucas Cranach d. Ä.

Gepflegte kleine Parks umgeben das Kurviertel. Das imposante **Hotel Radium-Palace**, erbaut zwischen 1910 und 1912 im Stil des Wiener Neoklassizismus, erscheint wie ein großartiges Schloss. In der Nachbarschaft stehen die klobigen Kurhotels ›Curie‹ und ›Běhounek‹ aus den 1970er Jahren - innen schöner als außen.

Die Naturquelle

Die hiesige Naturquelle ist einzigartig: Heilerfolge bei akuten schmerzhaften Zuständen werden mit Radonwasser erzielt, das im Unterschied zu anderen Quellen keine chemische, sondern eine energetische Wirkung besitzt. Das Wasser stammt aus 500 Metern Tiefe und kommt aus einem funktionstüchtigen Bergwerk, das seit 1518 in Betrieb ist - das älteste in Böhmen und wohl auch in Europa. Mit einer Aktivierung der Regenerationsabläufe reagiert der menschliche Körper auf die wohldosierte ionisierende Strahlung, was man in den hiesigen Kurbädern vor allem bei Krankheiten des Bewegungsapparates nutzt. Während eines Radonbades erlebt der Patient gewissermaßen eine Energiedusche mit dem Edelgas Radon-Isotop 222, wodurch mehrere physiologische Reaktionen ausgelöst werden, unter anderem eine bessere Durchblutung der Knochen und Gelenke. Das radonhaltige Wasser heilt Erkrankungen der Wirbelsäule und wirkt als Anti-Rheumamittel. Für eine messbare Therapie sind 10 bis 24 Bäder für jeweils 20 Minuten angeraten. Während der Badekur wird das gesamte Immunsystem angekurbelt, so werden unter anderem entzündungshemmende und schmerzlindernde Hormone gebildet, die das Immunsystem aktivieren. Auch nach dem letzten Bad läuft dieser Prozess für vier bis sechs Wochen weiter, in der Folge verbessert sich das Befinden, der positive Effekt hält etwa ein halbes Jahr an.

Jáchymov

Stadtinformation Jáchymov, nám. Republiky 1 (im Rathaus), Tel. 353811379, www.info-jachymov.cz.

Kurbadinfo (Léčebné lázně Jáchymov), Masaryka 415, Tel. 353833333, www.laznejachymov.cz.

Mehrmals tgl. nach Karlovy Vary (Haltestellen im Kurviertel sowie am Rathaus neben der Münze), Boží Dar, Horní Blatná und Potůčky (mit Anschlüssen an die Bahn nach Zwickau).

Stadtmuseum (ehemals Königliche Münze), Mincovní 37; Di-So 9-12 und 13-17 Uhr, Okt.-April Mi-So 9-12 und 13-17 Uhr, Jan. geschlossen.

Kirche St. Joachim, Heilige Messe am So um 14 Uhr.

Stollen Nr. 1, www.omks.cz. Besichtigung eines Stollens aus den 1950er Jahren mit Führer: Mai-Okt. Mi-So 10, 11, 13, 14, 15 und 16 Uhr.

Besichtigung von ehemaligen Arbeitslagern in der Umgebung von Jáchymov: www.politictivezni.cz.

Sanatorium Radium Palace (€€€), T.G. Masaryka 413, Tel. 353835555. Luxuriöses Vier-Sterne-Haus im Kurviertel.

Hotel Petr (€), Nové Město 42, Tel. 353811064, www.pam.jachymov.cz. Neues Holzhaus mit Restaurant etwa zwei Kilometer westlich von Jáchymov ruhig auf einer Bergwiese.

Blaues Restaurant (Modrá restaurace) im Hotel ›Radium Palace‹. Feine Küche; tgl. 12-21.30 Uhr.

Aqua Centrum Agricola, T.G.Masaryka 415 (im Kurviertel unterhalb vom Hotel Radium Palace), www.laznejachymov.cz. 25-Meter-Bahnen, Rutschbahn, Kinder- und Kneipp-Becken, finnische und Biosauna, Salzhöhle; Mo 13-21, Di-So 10-21 Uhr (Bad), Mo-Fr 13-20.30, Sa/So 11-20.30 Uhr (Sauna).

▲ Karte: vordere Umschlagklappe

Bečov nad Teplou

Burg und Schloss Bečov nad Teplou (Petschau) thronen majestätisch über dem Flusstal der Teplá (Tepl) auf einem Felsen, knapp 20 Kilometer südlich von Karlovy Vary. Herausragende Sehenswürdigkeit im Schloss ist der Maurusschrein, der nach den böhmischen Kronjuwelen als das bedeutendste Kunstwerk des Landes angesehen wird.

Geschichte

Die gotische Burg wurde im 13. Jahrhundert gegründet, aus jener Epoche sind zwei Türme und der Burgwall erhalten. Im 15. Jahrhundert ließ Ignaz Pflug von Rabenstein seine Residenz im spätgotischen Stil verändern. Das nötige Kleingeld dafür warf der regionale Abbau von Gold, Silber und Zinn ab. Kaspar Pflug war einer der Anführer beim böhmischen Ständeaufstand gegen Kaiser Ferdinand I. Nach dessen Scheitern zum Tode verurteilt, gelang es ihm aber, außer Landes zu fliehen. Die Besitzungen wurden vom Kaiser eingezogen, ebenso die profitablen Zinngruben. Daher heißt die gebirgige Umgebung auch heute noch Kaiserwald (Císařský les). 1753 verwandelte sich die einstige Vorburg in ein kleines Barockschloss.
Im Jahr 1813 kaufte der belgische Herzog Friedrich von Beaufort-Spontini die Besitzungen, die Familie blieb deren Eigentümer bis 1945. Bis 1969 nutzte man einige Räumlichkeiten als Grundschule, erst seit 1996 ist das Areal auch für die Öffentlichkeit zugänglich. Seit 2011 wird nun auch die Burg instandgesetzt.

Sehenswürdigkeiten

Vier Schlossräume im ersten Stock dokumentieren die spektakuläre Geschichte und Wiederherstellung des romanischen St. Maurusschreins. Dieses Reliquiar, im ersten Viertel des 13. Jahrhundert für das Benediktinerkloster Florennes (heute in Belgien) angefertigt, diente zur Aufbewahrung der sterblichen Überreste von St. Johannes dem Täufer, St. Maurus und seinem Gefährten St. Timotheus.
Während der **Führung Heiliger Maurusschrein** läuft eine kurze Schwarz-Weiß-Dokumentation über das Auffinden des Schatzes. Dabei staunen die Zuschauer über das grobe Werkzeug, das dabei zum Einsatz kam: Spitzhacke und Schaufel. Eine nachgestellte Szene zeigt eine Fußbodenecke der Burgkapelle mit dem hervorblitzenden Heiligen Maurusschrein unter Sand, Brettern und Glas. Danach sehen die Besucher einige Techniken der Restaurierung sowie Gipsabdrucke und -formen von Figuren und Medaillons, die den Schrein schmücken. Während Johannes der Täufer eine bekannte Persönlichkeit war, weiß man über den heiligen Maurus nur wenig. Um das Jahr 250 lebte er als Priester in Frankreich. Nachdem er einige Dutzend Heiden getauft hatte, wurde er geköpft. Beim Öffnen des Schreins fanden sich menschliche Knochen und romanische Textilreste. Ein Originalzertifikat beweist die Echtheit: »Der Körper des Hl. Maurus eines Priesters und edlen Märtyrers mit dem Kopf eines anderen Märtyrers.« Dabei handelt es sich um eine originale historische Bleiplatte (13 x 6,5 cm) mit entsprechenden Eingravierungen, die die Echtheit der Überreste für alle Zeit bescheinigen sollte.
Im dritten Raum steht der originale, vollkommen schmucklose Korpus des Schreins aus Eichenholz; er konnte nicht mehr restauriert werden. Der meisterhaft restaurierte Heilige Maurusschrein erstrahlt im abgedunkelten Tresorraum. Kleine Lämpchen beleuchten ihn, dazu erklingt feierliche Kirchenmusik. Der Schrein ist 138 Zentimeter lang, 42 Zentimeter breit, 64 Zentimeter hoch und besteht aus 3000 Einzelteilen mit 200 Edel- und

Halbedelsteinen - davon tragen 70 ein eingraviertes oder eingeschnittenes Miniaturbild. Auf dem verzierten Deckel und an den Seiten der Truhe sind Medaillons zu sehen, die Szenen aus dem Leben von St. Maurus und John dem Baptisten wiedergeben, außerdem Statuetten der zwölf Apostel.

An der einen Frontseite sitzt der heilige Maurus, auf der anderen Christus.

Der zweite Rundgang, **Schlossinterieure**, macht mit den Wohntrends des 18. und 19. Jahrhunderts bekannt. In den Salons sind wertvolle graphische Blätter sowie Gobelins zu sehen, im Spanischen Salon befinden sich schöne Rokokomöbel. Auch das Musikantenzimmer wird geöffnet - in diesem Kämmerchen wohnte der Schlossmusiker, der die Gottesdienste musikalisch begleitetete oder zu anderen Gelegenheiten aufspielte. Die Besucher gelangen darüber hinaus in die **St. Petruskapelle**. Sie wurde im 19. Jahrhundert vom berühmten Architekten Josef Zítek - er schuf unter anderem das Prager Nationaltheater und die Karlsbader Mühlbrunnkolonnade - im zu dieser Zeit beliebten neoromanischen Stil modernisiert. Hier wurde der Heilige Maurusschrein erstmals auf böhmischem Boden ausgestellt. Motive der Kreuzwegstationen, gemalt mit Email auf Kupferblech, schmücken die Kapellenwände. Konzerte in der Burgkapelle sind dank der außergewöhnlichen Akustik ein besonderer Hörgenuss.

Bečov nad Teplou

Mehrmals tgl. Züge und Busse von und nach Karlovy Vary sowie über Teplá nach Mariánské Lázně. Vom Bahnhof/Bushaltestelle zehn Minuten Fußweg zur Burg.

Hotel Royal Golf (€€-€€€), Cihelny 5, Tel. 353972411, www.royalgolf.cz. Luxuriöse Apartments in einem Schlösschen. 18-Loch-Golfplatz mit Driving Range - einer der schönsten Golfplätze in Tschechien. Das Areal liegt 10 km nördlich von Bečov nad Teplou. Vom Hotel läuft man vier Kilometer zu den Hans-Heiling-Felsen auf gelb markiertem Wanderweg - teils Forststraße - mit steilem Abstieg ins Egertal.

Pension Hradní Bašta (€€), nám. 5. května 19, Tel. 353222802, www.hradnibasta.cz. 15 gemütliche Zimmer und zwei Apartments, eines direkt unter dem Holzschindeldach. Restaurant mit Kamin, Weinkeller und Gartenterrasse mit Schlossblick; tgl. 10–22 Uhr.

U Zámku, nám. 5 května 17, Tel. 353999365, www.penzion-uzamku.cz. Nettes Gasthaus direkt am Zugang zum Schloss. Zwei Terrassen, eine vor und die noch schönere hinter dem Haus auf den Relikten der historischen Stadtbefestigung. Schmackhafte Forellen aus regionaler Fischzucht; Di–So 10–22 Uhr.

Stará pošta (Alte Post), am Bahnübergang Richtung Karlsbad in Bahnhofsnähe. Kneipe mit tschechischer Küche, auch viele Freiluftplätze, Chodovar-Bier; in der Saison tgl. 11–22 Uhr.

Burg und Schloss Bečov, www.zamek-becov.cz; April und Okt. Sa/So 10–17 Uhr, Mai, Juni und Sept. Di–So 10–17 Uhr, Juli/Aug. bis 18 Uhr, zwei Rundgänge (Hl.-Maurusschrein sowie Schlossinterieur) starten immer zur vollen Stunde.

Motorradmuseum (Muzeum historických motocyklů), nám. 5.května 2, www.historicke-moto.cz. 50 historische Maschinen, einige historische Fahrräder sowie tschechisches Spielzeug; Mai nur Sa/So oder auf Anfrage bei Herrn Rudolf Káva (Tel. 723205179), Juni–Sept. tgl. 9.30–12 und 12.30–17 Uhr.

Historische Festspiele (Juli), **Internationales Schmiedefestival**/Bečovská kovadlina (Mitte Sept.).

▲ Karte: vordere Umschlagklappe

Böhmischer Krimi – Die Suche nach dem Maurusschrein

Die Benediktinerabtei Florennes wurde nach der Französischen Revolution aufgelöst, der Besitz vernichtet, verkauft oder gestohlen. Der St. Maurusschrein kam zusammen mit Mobiliar in die Abtei des St. Gendulfklosters. 1838 entdeckte Herzog Alfred de Beaufort-Spontin hier den Schatz, der allerdings bereits arg in Mitleidenschaft gezogen war. Für 2500 Francs ging er in seinen Besitz über, 3500 Francs kostete eine erste Instandsetzung. Nach einer ersten Ausstellung in Brüssel (1888) fand der goldene Schrein seine zweite Heimstätte in der St. Petruskapelle des Schlosses Petschau, das sich seit 1813 im Besitz der Familie Beaufort-Spontin befand.

Im Frühjahr 1945, vor ihrer Flucht in den Westen – Angehörige der Familie waren Mitglieder der NSDAP und SS – vergrub Heinrich Beaufort-Spontin den Schrein im Fußboden der Burgkapelle. Damals glaubte er wohl an die Möglichkeit, den Schatz bald abholen zu können. Eine Fehleinschätzung, denn der kostbare Schrein lagerte für nunmehr 40 Jahre im feuchten Erdreich, was Fäulnis und Korrosion in Gang setzte.

Im Jahr 1984 kam der US-amerikanische Geschäftsmann Danny Douglas in die Botschaft der ČSSR in Wien und begann Verhandlungen über den Kauf und die legale Ausfuhr einer nicht näher beschriebenen Antiquität. Der Mann behauptete, er wüsste als einziger, wo sich der Schatz befände, und er wolle 250 000 Dollar dafür bezahlen.

Die Kriminalpolizei rief die ›Operation Antik‹ ins Leben. Mit Hochdruck wurde über ein Jahr in Archiven, Schlössern und Klöstern recherchiert. Bei einem weiteren Treffen, bei dem die nächsten Vertragsdetails verhandelt werden sollten, verriet der Informant unvorsichtigerweise genauere Angaben zu Alter und Größe des Kunstgegenstandes. Die Mitarbeiter suchten jetzt nach einem Objekt von der Größe eines Schreibtisches, das einer Aristokratenfamilie gehörte, das 150 Kilometer von Nürnberg vergraben lag. Aber auch diese neuen Erkenntnisse brachten sie letztendlich nicht weiter, und die Zeit eilte, denn der Vertrag sollte alsbald unterschrieben werden. Damit aber wären der tschechoslowakischen Seite die Hände gebunden gewesen. Der Geschäftsmann war jedoch ein zweites Mal unachtsam: Als Ort der Vertragsunterzeichnung legte er Karlsbad fest. Das brachte die Ermittler auf die heiße Spur ins nahegelegene Schloss Bečov nad Teplou.

In einem deutschsprachigen Reiseführer ›Marienbad und Tepl‹ sowie im regionalen Denkmalverzeichnis aus dem Jahre 1932 fanden sich Beschreibungen und Fotos des Heiligen Maurusschreins in Petschau. Außerdem konnte der Schlossverwalter darüber berichten, dass die Nachfahren der einstigen Besitzer hier vor kurzem aufgetaucht waren. Nun wussten die Ermittler recht exakt, wo sie suchen mussten. In der Nacht vom 4. zum 5. November 1985 fand ein Forschungsteam den Reliquiar in der Petschauer Burgkapelle – und dazu noch 150 Flaschen hervorragenden französischen Wein und Cognac. Viele Holzteile waren verrottet und Metallornamente deformiert. Der sensationelle Fund wanderte anschließend in einen Prager Banktresor. Das war, wie sich bald erwies, ein Fehler: Das feuchte Eichenholz trocknete aus, änderte seine Form und bildete Risse, wodurch die kostbaren Dekorationen weiter beschädigt wurden.

Die aufwändigen Restaurierungsarbeiten begannen 1991, allein die Dokumentation der Entdeckung und das Zerlegen der Kostbarkeit nahmen drei Jahre in Anspruch. Fast vergessene Techniken der Goldschmiedekunst mussten neu erlernt werden. Weil das alte Holzgehäuse aus Eiche teils zerfallen und deformiert war, wurde der Grundkörper des Schreins völlig neu aus Walnussholz ersetzt. Nussholz ist beständiger als Eiche und enthält weniger Stoffe, die die neue Dekoration schädigen könnten.

Der Heilige Maurusschrein ist ein sogenannter Häuschen- bzw. Tumbenreliquiar – er besitzt eine markante Form wie etwa ein Häuschen mit Satteldach. Während des 12. und 13. Jahrhunderts entstanden in Westeuropa nur etwa 15 derartige Kunstwerke.

Nationales Kulturgut: der Maurusschrein

Mariánské Lázně

Mariánské Lázně (Marienbad) ist der jüngste böhmische Badeort und das verheißungsvolle Mekka für Nierenkranke. Der Kaiserwald schützt die Stadt vor kalten Nordwinden, und Moore sind ihre natürlichen Wasserbehälter. In und um den Kurort sprudeln 160 Mineralquellen, in der Stadt selbst 42. Marienbad wurde als Gartenstadt konzipiert, als Stadt im Meer von Grün. Auf der nördlichen und östlichen Seite verschmelzen die Parks unmittelbar mit ausgedehnten Wäldern. Auch wenn heute manche Ecken und ehemals prächtige Häuser noch in einem verwahrlosten Zustand verharren, ist der alte Glanz doch größtenteils wieder aufpoliert. Der Stadtlinienverkehr wird umweltverträglich mit Elektro-Oberleitungsbussen betrieben. Leider stört aber der individuelle Straßenverkehr mit Lärm und an trockenen Tagen auch mit Staubwolken.

Geschichte

Der Ortsname Marienbad - gebräuchlich erst seit 1808 - leitet sich von der Marienquelle ab, in deren Nähe ein Marienbild angebracht war. Das Gebiet zählte zu den umfangreichen Gütern des Prämonstratenserklosters Tepl. Über Jahrhunderte erkannte keiner der Mönche die Entwicklungschancen. Einige Äbte ließen das heilkräftige Wasser aber in Fässer abfüllen, später wurde es auf erhitzten Steinen temperiert und zum Baden genutzt. Die meisten Zeitgenossen hielten es für wirtschaftlichen Unsinn, als im Jahr 1791 die ersten einfachen Badehäuser eröffnet wurden. Als erster erkannte der Stiftsarzt Dr. Josef Nehr das große Potential der Heilquellen. 1805 ließ er sich in der Nähe der Quellen ein Holzhäuschen errichten. Der junge und fortschrittliche Abt des Klosters Tepl, Karl Kasper Reitenberger, unterstützte die fortwährenden Bemühungen des Dr. Nehr mit erheblichen Geldsummen. Das Austrocknen der Sümpfe, die Gestaltung der Parks und die Errichtung der ersten repräsentativen Bauten kosteten ein Vermögen. Im Jahr 1818 hatten Dr. Nehr und Abt Reitenberger einen Erfolg zu feiern: Marienbad erhielt per Dekret den Rang eines öffentlichen Kurortes zugesprochen. Innerhalb kürzester Zeit verwandelte sich die Sumpflandschaft in eine Kuroase. Maßgeblichen Anteil daran hatte auch der berühmte Gartenarchitekt Wenzel Skalník, den Kosten nicht scherten.

Viele Stiftsbrüder meinten jedoch, ihr Abt versenke das Klosterkapital im Moor. Reitenberger wurde daher 1827 seines Amtes enthoben, ging ins Exil und starb 1860 im Tiroler Wilten. Über 30 Jahre hat er dort vergeblich gehofft, Marienbad noch einmal wiederzusehen. Erst im Jahr 1906 überführte man seine verblichenen Gebeine ins Kloster Tepl. Auf der Marienbader Promenade stellten die dankbaren Bürger dem zu Unrecht Gescholtenen später ein Denkmal auf. Die Inschrift lautet: »Er fing die wundersamen Quellen ein und baute als erster die Bäder. Immer besorgt um das heilende Wasser, das die Kräfte erneuert. Sollten die Bauten vergehen, sterben wird trotzdem nicht sein Name.« Goethe hielt sich in den Jahren von 1820 bis 1823 viermal in Marienbad auf (→ Extra S. 92).

Die luxuriösen Logierhäuser und die Heilerfolge, die sich herumsprachen, lockten alsbald Wohlhabende aus vielen europäischen Ländern an. Marienbad wurde zu einem Zentrum der europäischen Prominenz. Neben Dichtern - unter ihnen Henrik Ibsen, Rudyard Kipling, Nikolai Wassilijewitsch Gogol, Mark Twain und Peter Hebbel - kamen die Komponisten Anton Bruckner, Frédéric Chopin, Franz

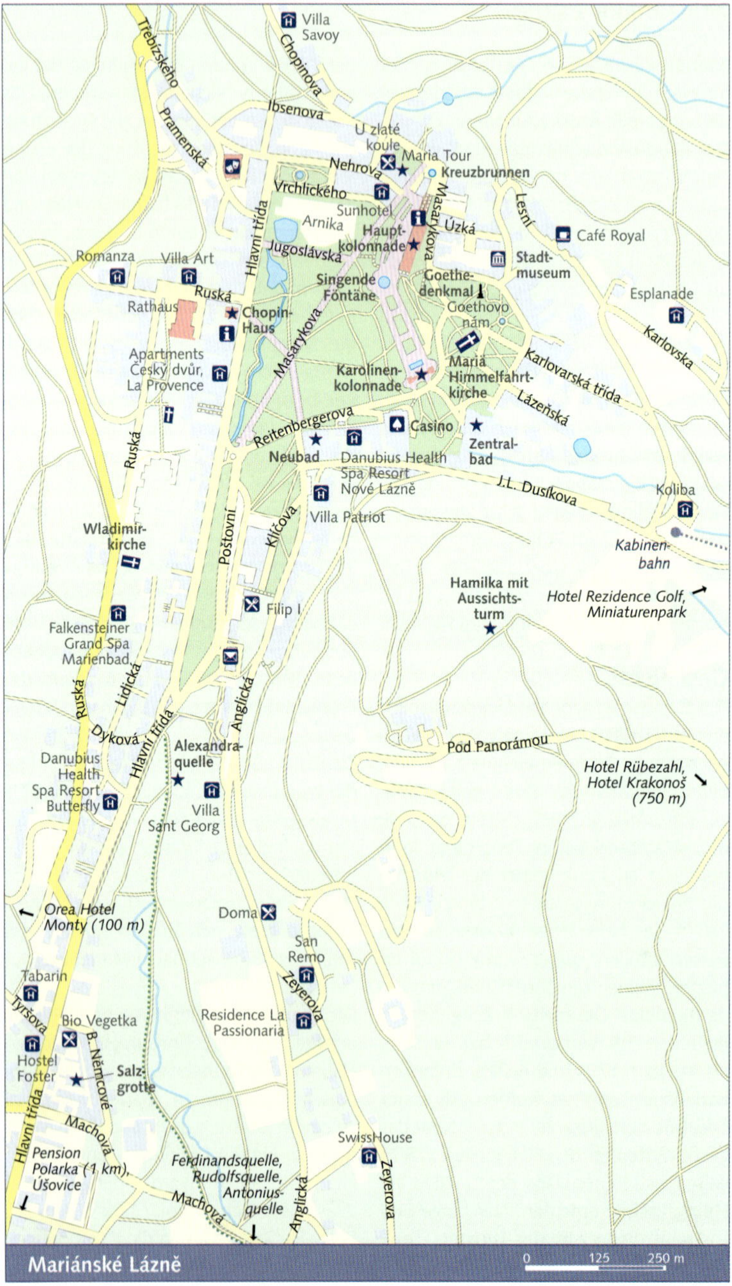
Villa Savoy
Třebízského
Chopinova
Pramenská
Ibsenova
U zlaté koule
Maria Tour
Nehrova
Kreuzbrunnen
Vrchlického
Sunhotel
Arnika
Hlavní třída
Masarykova
Lesní
Úzká
Hauptkolonnade
Café Royal
Jugoslávská
Romanza
Villa Art
Stadtmuseum
Singende Fontäne
Goethedenkmal
Esplanade
Ruská
Rathaus
Chopin-Haus
Goethovo nám.
Karlovská
Apartments Český dvůr, La Provence
Karolinenkolonnade
Maria Himmelfahrtkirche
Karlovarská třída
Lázeňská
Reitenbergerova
Casino
Zentralbad
Neubad
Danubius Health Spa Resort Nové Lázně
J.L. Dusíkova
Koliba
Villa Patriot
Klíčova
Poštovní
Wladimirkirche
Kabinenbahn
Hamilka mit Aussichtsturm
Hotel Rezidence Golf, Miniaturenpark
Filip I
Falkensteiner Grand Spa Marienbad
Lidická
Anglická
Dyková
Alexandraquelle
Pod Panorámou
Hotel Rübezahl, Hotel Krakonoš (750 m)
Danubius Health Spa Resort Butterfly
Villa Sant Georg
Orea Hotel Monty (100 m)
Doma
San Remo
Tabarin
Zeyerova
Tyršova
Bio Vegetka
Residence La Passionaria
B. Němcové
Hostel Foster
Salzgrotte
Machová
SwissHouse
Pension Polarka (1 km), Úšovice
Ferdinandsquelle, Rudolfsquelle, Antoniusquelle
Mariánské Lázně
0
125
250 m

Lehár, Richard Strauß, Richard Wagner, Carl Maria von Weber sowie auch Kaiser und Könige hierher. Der österreichische Kaiser Franz Joseph I., der bulgarische König Ferdinand und der Preußenkönig Friedrich Wilhelm IV. waren Stammgäste in Marienbad.

Ab 1897 reiste der englische Regent Edward VII. für neun Jahre, immer im August, nach Marienbad, angeblich auch wegen der hübschen jungen Hutmacherin Marie (›Mizzi‹) Pistl, mit der ihm ein Verhältnis nachgesagt wurde.

Zu jener Zeit ließ der Marienbader Professor Zörkenhofer durch das gebirgige Terrain an die 70 Kilometer Spazierwege in fünf Schwierigkeitsklassen anlegen, um Bade- und Trinkkuren durch die aktive Bewegung an frischer gesunder Luft zu ergänzen. In einem zeitgenössischen Reiseführer ist zu lesen: »Eines großen Rufes erfreut sich Marienbad in Bezug auf die Heilung von schwermütigen, hypochondrischen Personen, besonders solchen, bei denen die Verstopfung vorherrscht«. Wer die vom Professor ersonnenen Pfade ausgiebig erkundet, wird alle Weltverdrossenheit verlieren, und auch der Stoffwechsel wird angeregt. Am 21. August 1905 wurde der Marienbader Golfplatz von König Edward VII. eingeweiht. Der Gedenkstein mit seinem Abbild befindet sich auf dem Golfplatz gegenüber dem Clubhaus. Dahinter ist dann der Abschlag zum Loch Nr. 1 – also am Start als gutes Omen! Königin Elisabeth II. verlieh dem Platz im Jahr 2003 den Titel ›Royal Golf Club‹, in Mitteleuropa ist er bislang der einzige mit diesem Prädikat.

Naturschätze

In Marienbad und Umgebung zählt man etwa 160 Mineralquellen. Sie werden hauptsächlich zur Heilung von Atemwegs-, Blasen-, Harn-, Nieren- und Stoffwechselerkrankungen verwendet. Die jeweiligen Wässer unterscheiden sich stark in ihrer chemischen Zusammensetzung – so dicht beieinander liegend eine Weltrarität! Hervorgerufen wird dieses Phänomen durch verschiedene Gesteine im Untergrund. Gemeinsam haben sie einen hohen Anteil an Kohlendioxid, über 1000 Milligramm pro Liter, weshalb sie als natürliche Säuerlinge gelten. Die meisten Wässer kennzeichnet auch ein hoher Eisenanteil, erkennbar an der rostig-braunen Farbe des Austritts.

Der Kreuzbrunnen zeichnet sich durch einen hohen Salzanteil aus, das darin enthaltene Sulfat ist für die abführende Wirkung verantwortlich. Ähnlich verhält es sich auch mit dem Ferdinandsbrunnen, wo das Glaubersalz diese Wirkung verursacht. Es existieren mehrere Quellschüttungen, die den Namen von Kaiser Ferdinand erhielten. Ferdinand VI. wird auch als Tafelwasser ›Excelsior‹ vermarktet. Die Rudolfsquelle – Namensgeber war Kronprinz Rudolf – besitzt einen erhöhten Kalziumgehalt – ein sehr

Das Hotel ›Bohemia‹ im Kurzentrum

wohlschmeckendes Wasser. Trinkkuren helfen bei urologischen Beschwerden. Der Karolinenbrunnen ist ebenfalls sehr kalziumreich, dazu gesellt sich noch viel Magnesium. Daher ist dieses Wasser für Osteoporose-Patienten hervorragend geeignet. Die alkalische Waldquelle wirkt wohltuend bei Atemwegserkrankungen. Bei dieser Quelle handelt es sich um hypotonisches, eisen-, sulfur- und natriumhaltiges Wasser mit Kohlensäure. Als Trinkkur hilft es bei Beschwerden an Nieren und des Verdauungsapparates, beim Inhalieren reinigt es die Atemwege. Als Erfrischungsgetränk für Wanderer werden die Ambrosius-, Antonius- und Rudolfsquelle empfohlen, täglich etwa ein Liter.

Im Zentralbad schließlich befindet sich die Quelle, die für Marienbad namensgebend wurde: Die Marienquelle ist eine reine Gasquelle, wobei sich das Kohlendioxid aus dem bodennahen Grundwasser abscheidet.

Sehenswürdigkeiten

Thomas Alva Edison urteilte vor gut 100 Jahren: »Einen schöneren Kurort gibt es in der ganzen Welt nicht.«

Der Prager Schriftsteller Jan Neruda stimmte 1872 in den Chor der Bewunderer ein: »Stellt euch einen runden Talkessel vor, fast als hätte ihn jemand abgezirkelt. Auf dem Boden der Talsohle liegen weitläufige, schöne Gärten mit schmucken Fußwegen und sattgrünen Wiesen, dichtem Gestrüpp, weitausladenden Bäumen und einem munter dahineilenden Gießbach. Ein wenig weiter oben zieht sich gleich einem silbernen Reifen der Ring weißer, eleganter Bauten um die Gartenanlagen. Und dahinter dann die vielfältige Wellenlinie der lieblichen Bergsilhouette, gleichsam als wüchsen die Hügel gradewegs aus den Dächern der Häuser empor.«

▲ Karte S. 102

Auch heute noch heute kann man die Schwärmereien nachvollziehen, lohnt sich ein Besuch des Ortes unbedingt, auch wenn man nicht kuren möchte. Das Kurviertel befindet sich etwa zwei Kilometer nördlich des Bahnhofs und ist von dort über die Straßen Husová und Hlavní třída zu erreichen.

Die gusseiserne **Hauptkolonnade** (1888/89) der Wiener Architekten Miksch und Niedzielsky ist ein Prunkstück der europäischen Bäderarchitektur. Außen kann man filigrane Schmuckelemente im Neobarockstil bewundern, innen großflächige Deckengemälde.

Nördlich schließt sich der **Kreuzbrunnen** (Křížový pramen) mit eindrucksvoller Kuppel und einem Doppelkreuz an – eine Reverenz an die Pionierleistungen des Klosters Tepl zur Entwicklung des Kurbades. 72 Säulen tragen die klassizistische Halle.

Im Hof erinnert eine Büste an den Förderer Dr. Josef Nehr. An mehreren Hähnen kann man hier ganzjährig den Trinkbecher oder das Fläschchen kostenlos mit drei verschiedenen Wässerchen, jeweils warm oder kalt, füllen (tgl. 6–18 Uhr). Die anderen Quellpavillons sind nur während der Kursaison in Betrieb.

Am Goetheplatz

Die Wladimir-Kirche

Alljährlich vom 30. April bis 31. Oktober ist die **Musikfontäne** in Betrieb. Ab sieben Uhr, zu jeder ungeraden Stunde, tanzen die Wasserfontänen aus 250 kleinen Düsen um die Steinplastik in der Mitte, eine stilisierte Blume. Dazu erklingen abwechselnd Melodien unter anderem von Beethoven, Chopin, Mozart, Smetana, aber auch von Vangelis. Wenn die Dunkelheit hereinbricht (21 und 22 Uhr), wird die Musik von farbigen Lichtspielen begleitet. An der Musikfontäne erinnert ein großes Standbild an den Tepler Abt Karl Kaspar Reitenberger.

Unter der Kuppel der **Karolinenkolonnade** fließen zwei wohlschmeckende Wässerchen. Allesamt sind es in Marienbad kalte Säuerlinge mit vielen Mineralien, die man gern trinkt, ganz im Gegensatz zu den heißen und salzigen Karlsbader Quellen.

Gegenüber der Karolinenkolonnade steht die katholische **Mariä-Himmelfahrt-Kirche** in Form eines achtseitigen altchristlichen Baptisteriums im monumentalen neoromanischen Stil (1844–1848). Die Baupläne dafür lieferte der Münchener Architekt Johann Gottfried Gutensohn. Die 33 Stufen, die zum Hauptportal führen, verkörpern die 33 Jahre Lebenszeit von Jesus auf Erden.

Am oberen Goetheplatz (Goethovo nám.) sitzt der bronzene Goethe in Lebensgröße auf einer Bank inmitten der Grünanlage. Das erste **Goethe-Denkmal**, das Willy Russ 1932 schuf, wurde von den Nazis zur Rüstungsproduktion eingeschmolzen. Die jetzige Plastik aus dem Jahr 1993 stammt von einem tschechischen Künstler.

Im Jahr 1823 wohnte Goethe im damaligen Gasthaus ›Zur Goldenen Traube‹ (→ Extra S. 92). Es ist zugleich eines der letzten erhaltenen Häuser der Gründungsepoche Marienbads. Das Portal führt heute ins **Stadtmuseum**. Parterre befinden sich zwei Ausstellungsräume zur Entwicklung des Kurortes, vor dem linken Zugang sieht man eine große Panoramazeichnung von Marienbad, wie es am Anfang des 20. Jahrhunderts aussah. Zur Geschichte Marienbads kann man einen zwanzigminütigen Film in deutscher Sprache anschauen. Im ersten Stock ist Goethes Zimmer mit einigen Gegenständen, die er benutzte, original erhalten geblieben. Vom ursprünglichen Goethedenkmal aus dem Jahr 1932 blieben einzig ein Gipsmodell vom Kopf des Dichters sowie Denkmalsskizzen von nicht realisierten Wettbewerbsentwürfen erhalten. Im ersten Stock befindet sich auch eine Dauerausstellung zu Mineralogie, Fauna und Flora der Marienbader Region.

Das imposante **Hotel Kavkaz** (Kaukasus) rechts neben dem Stadtmuseum steht seit vielen Jahren leer. Zur Eröffnung hieß es Klebelsberger Palais, später Hotel Weimar und King of England: 1821/22 bettete hier Goethe sein Haupt auf weiche Kissen, zwischen 1897 und 1909 weilte König Edward VII. neun Sommer hier. Mit 300 Betten war das Hotel die größte und zugleich beste Adresse der Stadt. Unter Regie der Marienbader Bädergesellschaft laufen jetzt die Vorbereitungen für die Rekonstruktion, es wird als das größte Investitionsvorhaben der modernen Baugeschichte Marienbads gehandelt.

Unterhalb der Mariä-Himmelfahrt-Kirche beeindrucken in unmittelbarer Nachbarschaft die pompösen Neorenaissancefassaden von **Zentralbad** (Centrální Lázně), **Gesellschaftshaus Casino** und **Neubad** (Nové lázně). Zwischen Zentralbad und Casino tritt die **Ambrosiusquelle** zutage. Im Parterre des Neubades befindet sich das legendäre Fürstenbecken (Královská lázeň) mit einem herrlichen Lichthof, Säulen, Malereien und viel Stuck. Einst war es nur Reichen zugänglich. Kurgäste genießen heute das Ambiente bei Kohlensäurebädern, auch Tagesbesucher können sich das Vergnügen nach Anmeldung leisten. Verlangen Sie Kabine 1 oder 2, die einst nur Wohlhabenden vorbehalten waren.

Zwischen Neubad und dem Hotel ›Bohemia‹, am Kreisverkehr, begegnen sich **Kaiser Franz I.** und **König Edward VII.** als lebensgroße Plastiken; tatsächlich trafen sie am 16. August 1904 in Marienbad zusammen. Ihr Gespräch war eines der bedeutendsten gesellschaftspolitischen Ereignisse der Stadtgeschichte. Aufgestellt wurden die Plastiken 2014 anlässlich des 110. Jahrestages ihres Zusammentreffens.

Das benachbarte **Chopin-Haus** (dům Chopin) war eines der ersten Marienbader Gebäude überhaupt, einst aber trug es den Namen ›Zum Weißen Schwan‹. In diesem nächtigte im Jahr 1836 Frédéric Chopin – daran erinnern heute ein Denkmal im Inneren sowie eine Tafel an der Hauptfassade. Der 36-jährige Komponist verliebte sich in Marienbad in die 20 Jahre jüngere Maria, doch deren adliger Vater wusste die Liaison zu verhindern. Ihn störte nicht allein der erhebliche Altersunterschied, er sah den Pianisten auch als ein finanzielles Leichtgewicht an.

Die große Freifläche an der nördlichen Grenze des Zentralparks heißt Arnika und ist das traurige Ergebnis einer Fehlplanung: Zwölf historische Gebäude mussten Mitte der 1970er Jahre weichen, um einem konzipierten großen Kurhotel Platz zu machen – realisiert wurden allerdings nur die Fundamente, die Zukunft des Areals ist noch immer ungewiss. In einer betonierten Fundamentgrube plätschert heute eine Fontäne.

Am westlichen Stadtrand führt die Russische Straße (ul. Ruská) zur russisch-orthodoxen **Kirche des heiligen Wladimir**. Gustav Wiedermann entwarf das byzantinische Gotteshaus auf dem Grundriss eines griechischen Kreuzes. Das Zarenreich beteiligte sich am Aufbau mit 25000 Rubel. 1901 fand die Weihung der Kirche statt. Die kunstvolle, mit Majoliken geschmückte Porzellan-Ikonostase, eine dreitürige Bilderwand, stammt aus Russland, wurde ursprünglich für die Pariser Weltausstellung (1900) gefertigt und dort für die Marienbader Kirche erworben. Angeblich ist es das größte Porzellanstück der Welt.

Die Rudolfsquelle

▶ Karte S. 102

Spaziergänge in Marienbad

► Vom Hotel ›Monty‹ hoch über Marienbad, erreichbar über die Straßen Ruská und Příkrá, führt ein Waldspazierweg in etwa 15 Minuten zum **Städtischen Friedhof**. Hier sind noch sehr viele Gräber mit deutschen Inschriften erhalten, darunter mehrere prächtige Familiengrabstätten. Vom großen Parkplatz führt der Metternichweg weiter zur Waldquelle mit benachbartem Musikpavillon. Hier startet der schattige Goetheweg, vorbei an der neugotischen Laska-Kapelle (1909), weiter durch den **Geopark** mit großen Felsstücken. Viele sind poliert, so dass sich ihre Struktur schön erkennen lässt. Ein **symbolischer Friedhof**, eröffnet 1924, gedenkt der Marienbader und Auschowitzer Kriegstoten des Ersten Weltkrieges. An 150 kleinen Steinen sind die Namen, das Sterbejahr und das Land verzeichnet, in dem die Männer fielen.
Nach einer Kehre stehen wir vor dem **Waldstein-Monument**. Im Jahr 1832 verstarb Graf Ernst von Waldstein-Wartenberg, ein entfernter Verwandter des berühmten Feldherren Albrecht von Waldstein (=Wallenstein), während seines Marienbader Besuches. Er war ein freigiebiger Spender für die Armen und erhielt aus Dankbarkeit dieses Monument mit Gedenktafel, das eine große Marmorvase krönt. Der Goetheweg mündet zwischen dem ehemaligen Hotel Kavkaz und dem Stadtmuseum auf den Goetheplatz (Spazierweg Hotel ›Monty‹–Goetheplatz knapp 3 km, 1 Std.).

► Vom Südrand des Kurviertels, etwa auf Höhe des Hotels ›Villa Butterfly‹, verläuft ein grün markierter Weg durch den Stadtpark in den südlichen Stadtteil Úšovice (Auschowitz). Auf nur etwa drei Kilometer Distanz kann man gleich vier wohlschmeckende Quellwässer kosten: Unterhalb der Villa Butterfly die **Alexandraquelle**, dann die **Ferdinandsquelle** unter einem pompösen Empirepavillon, anschließend die **Rudolfsquelle** in einem Holzpavillon im schweizerischen Stil, der allerdings bereits arg in die Jahre gekommen ist. Bis zur **Antoniusquelle** (Antoničkův pramen) ist anschließend noch ein Kilometer auf Asphalt (ul. Dobovského) zu absolvieren (Haltestelle der Stadtlinie Nr. 3 in der Nähe).

► Man kann auch südlich der Rudolfsquelle, am Ende des Radweges, links entlang der Kleingärten abbiegen und gelangt nach etwa einem Kilometer in den **Naturpark an der Prälatenquelle** (Přírodní park u Prelátova pramene) mit Wasserspielplatz an einem Bach mit mehreren Wasserrädern, frei zugänglichem Kletterpark für die Jüngsten, Seilzug und Lagerfeuerplatz. Hier beginnt der **Lehrpfad Bäderwälder**. Die einzelnen Stationen sind auch deutsch beschriftet. Bis zum Hotel ›Krakonoš‹ läuft man auf romantischen Pfaden drei Kilometer, zumeist leicht bergauf. Anfangs lernt man das Pottatal kennen. Es ist nach dem Bergbaupächter Hans Podd benannt, der hier im 16. Jahrhundert nach Gold suchte. Gruben und Haldenreste künden noch davon. Hier am Berg befand sich auch das beliebte Café Zoo mit Tieren in Gehegen und Käfigen sowie einem Blockhaus im Wild-West-Stil mit Namen Old Shatterhand. Es wurde Anfang der 1950er Jahre durch einen Brand beschädigt. Das Pottatal verwilderte und wurde erst im Jahr 2000 mit neuen Wegen und Brücken für den Lehrpfad Bäderwälder wieder zugänglich gemacht. Vor dem Hotel ›Krakonoš‹ verkehrt die Stadtlinie Nr. 13 zurück ins Stadtzentrum.

► Vom Neubad windet sich die Straße auf den Hügel **Hamilka** (716 Meter), wo sich ein Aussichtsturm im Stil einer romantischen Ruine erhebt. Goethe unternahm hier sehr gern geologische Streifzüge (→ Extra S. 92).

► Am nordöstlichen Stadtrand verkehrt eine Kabinenbahn auf die Anhöhe vor dem **Hotel Krakonoš** (Rübezahl). Wer nicht laufen möchte, gelangt hierher auch mit der Stadtlinie Nr. 13. Die märchenhafte Nobelherberge ließ Georg Zischka, ein zu Vermögen gelangter Kellner, 1902/03 im neuromantischen Stil errichten. Der Archi-

Rübezahl am Hotel Krakonoš

tekt Arnold Heymann lieferte auch die Pläne für die Marienbader Prachthotels ›Stern‹ (Hvězda) und ›Pacifik‹. Während des Zweiten Weltkrieges fungierte das ›Rübezahl‹ als Lazarett und Erholungsheim für deutsche Offiziere, nach 1945 als Jugendherberge, Hotel und Altenheim. Es wurde in den 1960ern zwar renoviert, danach aber setzte der Verfall ein. Ende der 1990er Jahre war das schlossähnliche Hotel derart ramponiert, dass es zugesperrt werden musste. Ein ukrainischer Investor hat sich der aufwändigen Rekonstruktion angenommen, 2014 wurde das Luxushotel ›Rübezahl Marienbad‹ wiedereröffnet. Am Hotel steht eine große **Rübezahlplastik** aus alten Tagen. Man erzählt sich, dass demjenigen, der seinen Finger auf Rübezahls Bauchnabel drückt (ein blau schimmernder Metallknopf), dem steinernen Berggeist tief in die Augen schaut und ihn anschließend auf einem Fuß hüpfend umkreist, jeder Wunsch erfüllt wird. Direkt gegenüber dem altehrwürdigen Hotel steht das Neubauhotel ›Krakonoš‹.

Im benachbarten **Miniaturenpark Boheminium** sind die berühmtesten tschechischen Bauwerke – darunter die Burg Karlstein, der Schwarze Turm in České Budějovice (Budweis), die Rotunde auf dem Georgsberg (Říp) sowie das Schloss Rotlhota (Červená Lhota) – als verkleinerte Kopien im Maßstab 1:25 aus nächster Nähe zu betrachten.

Spaziergang auf dem Edward-Weg (Edwardova cesta)

Einige der letztgenannten Sehenswürdigkeiten lassen sich auf dem Edward-Weg erkunden. Auf diesem Pfad schritt der englische König Edward VII. während seiner Marienbader Besuche vom Neubad (Nové lázně) im Stadtzentrum zum Golfplatz, den er im Jahr 1905 selbst eröffnet hatte. Er schwärmte 1907: »Ich habe ganz Indien, Ceylon, alle Kurorte in Europa durchreist, aber nirgendwo wurde ich von der Poesie der anmutigen Natur so in Bann gezogen wie hier in Marienbad«.

Man kommt gleich zu Beginn hinter dem Neubad am **Karlskreuz** (Karlův kříž) vorbei, das zum Andenken an den Stadtgründer, Abt Karl K. Reitenberger, errichtet wurde. Dann geht es weiter zur **Goethe-Ruhebank** (Goethovo odpočívadlo) und zum **Aussichtsturm Hamilka** (rozhledna Hamelika). Hinter dem Dam- und Hirschwild-Gehege lädt der **Miniaturenpark Boheminium** zum Besuch ein. Das benachbarte historische Hotel ›Rübezahl‹ suchte der König während seiner Nachmittagsspaziergänge bevorzugt auf. Am Reiterhof vorbei halten wir uns an der Straßengabelung links und gehen entlang der Karlovarská zum Royal Golf Club. Vom hier bis zur Straßengabelung geht es zurück auf der selben Route, dann verläuft ein hübscher Weg durch das romantische **Forellenbachtal** zum Hotel ›Koliba‹ (an der Talstation der Kabinenseilbahn) an der Straße Dusíkova.

Rundwanderung ca. 7 km, 200 m Höhenunterschied, 2 Std.

Wanderung zum Naturschutzgebiet Stinker (Smraďoch)

Ähnlich wie im Naturschutzgebiet Soos bei Franzensbad erlebt der Tourengänger am Ziel noch aktive spätvulkanische Tätigkeit in Form blubbernder kleiner Mofetten.

Vom nördlichen Stadtrand, hinter dem Hotel ›Pacifik‹, führt ein grün markierter Wanderweg zur Waldquelle (Lesní pramen); gegenüber steht der **Musikpavillon** mit benachbartem Café ›Ulrika‹ (Mai–Okt. tgl. 13–18 Uhr). Auf einer Wiese davor entzückt die **Statuengruppe** der drei Musen auf Metallsäulen mit ionischen Kapitellen. Hier beginnt auch der **Goetheweg** durch das anmutige Maxtal, kurz darauf steht der Namensgeber zusammen mit Ulrike von Levetzow am Weg. Das Bronzedenkmal schuf der Bildhauer Prof. Heinrich Drake, es war ein Geschenk der DDR-Regierung an die damalige Tschechoslowakei. Nach etwa 20 Minuten erreicht man das Spa & Wellness Hotel ›Harmonie‹ mit dem beliebten **Ausflugscafé Lunapark**, schon seit über einem Jahrhundert eine Institution für Kaffee und Kuchen in Verbindung mit geselligem Nachmittagstanz (tgl. 14-17 Uhr). Um das Jahr 1860 ließen die Prämonstratenser des Klosters Tepl hier eine Sägemühle errichten, die Keimzelle für das heutige Anwesen. Bei schönem Wetter ist die große Terrasse stets gut besucht. Weiter oberhalb streift der Weg bald die kleine Marienbader Talsperre (1894-1896). Fünf Kilometer entfernt, an der Kreuzung von Rad- und Wanderwegen, steht das Ausflugsgasthaus ›Nimrod‹ (Tel. 354623743). Ganz in der Nähe versteckt sich das **Hochmoor Stinker**. Auf einem Bohlenweg gelangen Besucher sicher durch die zugänglichen Bereiche mit mehreren Mofetten - Quellen mit Gasaustritten. Vom starken Schwefelgeruch, der an faule Eier denken lässt, erhielt das Gebiet seinen charakteristischen Namen. Weiter der blauen Markierung folgend, erreicht man nach kurzer Zeit den Altan des Pfarrbrunnens (Farská kyselka), wo ein wohlschmeckender Sauerbrunnen hervorquillt. Von hier kann man weiter nach Kladská laufen (s.u., Beschreibung Naturschutzgebiet Kladská) und von dort den Bus zurück nach Marienbad nehmen.

Vom Pfarrbrunnen weist die rote Markierung den Rückweg nach Marienbad über die Alm (Polom) - früher Standort des berühmten Cafés Alm - und später am Golfplatz vorbei.

Rundwanderung, insgesamt 14 km, 4-5 Std.

Naturschutzgebiet Kladská

Eine enge Serpentinenstraße windet sich von Marienbad über acht Kilometer durch Fichtenwald zum Naturschutzgebiet Kladská (Glatzen). Es mutet wegen des harten Klimas und der Moorlandschaft auf über 800 Metern wie ein Flecken Klein-Skandinavien an.

Fürst Otto Schönburg-Waldenburg, selbst ein begeisterter Jäger, ließ 1875/76 hier auf einer Lichtung ein Jagdschlösschen im Tirolerstil sowie ein Sägewerk errichten, um 1900 folgten weitere fünf Tiroler Bockhäuser, darunter die heutige Pension ›Kladská‹ mit Restaurant (Kladská 6, Tel. 354691888, www.pensionkladska.cz). In einem Tirolerhaus an der Straßengabelung nach Lázne Kynzvart werden Apartments vermietet (Kladská 4, Tel. 354691296, mobil: 606577343, www.kladska-apartment.cz).

Das **Jagdschlösschen** hatte der Fürst auf einer Ausstellung in Wien erworben. Es wurde in Einzelteile zerlegt und hier wieder aufgebaut - heute ist es ein Hotel. Rundherum sieht man einen kleinen **Park** mit Rhododendren, grauen Silbertannen und Solitärfichten. Seither ist der Ort ein beliebtes Ausflugsziel für Marienbader Kurgäste. Nahe der Bushaltestelle steht das holzschindelgedeckte kleine Gasthaus ›U tetřeva‹ (Zum Auerhahn). Es ist an schönen Tagen immer gut besucht. Passend zur Umgebung wird vor allem Wildbret aufgetischt: Fasanen- und Wachtelbrüste, Wildschwein, Hasenkeule und Mufflonbraten (tgl. 11-22 Uhr, Tel. 354691244, auch Pension in einem der Blockhäuser). Im spartanischen Gasthaus nebenan gibt es die beste Kartoffelsuppe weit und breit.

Das **Glatzener Torfmoor** umfasst mehrere Teiche, der Königsteich (Kladský rybník) ist sein größtes Gewässer. Von der Bushaltestelle, gegenüber dem Gasthaus ›U Tetřeva‹, führt ein **Naturlehrpfad**, vorbei an knorrigen Moorbirken, an dessen Ufer, anfangs auf festem Untergrund, dann vorwiegend auf einem Brettersteg; das Terrain ist auch gut für Rollstuhlfahrer zugänglich. Am Nordostufer des Königsteiches, nahe der Straße zwischen Kladská und Prameny (Sangerberg), ergießt sich der **Langgraben** (Dlouhá stoka) Richtung Horní Slavkov (Schlaggenwald). Die künstliche Rinne

▲ Karte: vordere Umschlagklappe

wurde zwischen 1530 und 1536 gegraben, um den Zinnabbau zu ermöglichen. Man regelte die Wasserzufuhr aus dem Glatzener Hochmoor mittels 14 Schleusen und konnte so etwa 50 Erzmühlen in Bewegung setzen – zur damaligen Zeit ein technisches Wunder und zugleich europäischer Wasserbaurekord. Der künstliche Wasserlauf ist über 20 Kilometer lang und konnte auch zur Holzschwemme genutzt werden.

Seit einigen Jahren existiert nördlich der Straße ein zweiter Abschnitt des Naturlehrpfades, der hinter dem ehemaligen Jagdschlösschen am Parkplatz endet. Für die Erkundung des kompletten Rundkurses sollte man etwa 60 bis 90 Minuten einplanen. Mehrere Schautafeln, auch mit deutschen Texten, informieren über geschichtliche Hintergründe sowie naturkundliche Besonderheiten.

Das etwa fünf Kilometer nordöstlich entfernte Dorf **Prameny** (Sangerberg) war vor 1945 mit etwa 2000 deutschen Ein-

Die ›Drei Musen‹ am Goetheweg

Unterwegs im Naturschutzgebiet Kladská

wohnern ein wohlhabendes Städtchen, im Mittelalter fand man hier sogar Gold und Silber. Aus Sangerberger Silber wurden zwei Figuren und eine Monstranz für das Kloster Tepl gefertigt. Im Schatten von Marienbad entwickelte sich ein Kurort, vom einst großen Kurhaus Elisabethbad ist allerdings nichts geblieben. Der Ort lag von Ende der 1940er Jahre bis 1954 in einem Militärsperrgebiet und verfiel. Heute wohnen hier nur wenige Menschen, das kleine Rathaus steht verlassen zwischen einigen neuen Wohnhäusern, Freiflächen und Ruinen. Kurz vor dem Orteingang, aus Richtung Kladská auf der rechten Seite, sprudeln die Quellen Gisela und Rudolf – man kann sie verkosten. Gesund ist zudem die sehr ozonreiche Waldluft.

Montag bis Samstag gibt es dreimal täglich eine Busverbindung ab Marienbad. Wer in Kladská nicht auf die Rückfahrt warten möchte, kann auf der wenig befahrenen Straße vier Kilometer nach Lázně Kynžvart laufen. Ab hier verkehren öfters Busse ins Marienbader Stadtzentrum.

Oblaten – eine süße Versuchung

Eine gefragte Spezialität aus dem Bäderdreieck sind Oblaten. Das kurtypische Gebäck fand erstmals schriftliche Erwähnung in einem Karlsbader Stadtführer aus dem Jahr 1788. Hier ist vermerkt, dass einige Bürgerinnen Oblaten austragen und verkaufen lassen oder sich dieser Mühe selbst unterziehen. Später wurde die Nachfrage so groß, dass mehrere Oblatenmanufakturen die Produktion aufnahmen.

Hübscher liest sich eine Legende über die Entstehungsgeschichte der Oblaten aus dem 19. Jahrhundert: Ein gewitzter Koch im Prämonstratenserkloster Tepl buk für kurzfristig angereiste Gäste einen neuartigen Kuchen. Er bereitete den üblichen Teig aus Mehl, Milch und Wasser und verwendete zum Backen die Hostienzangen. Wegen des Verzichts auf Teigsäuerung, Lockerungsmittel, Eiweiß und Zucker, was eine geringe Kleberbindung zur Folge hat, gingen Oblaten nicht auf, sondern blieben flach und schmeckten pappig-fade. Der Klosterkoch streute daher zwischen zwei gebackene Oblaten einen köstlichen Mix aus Nüssen, Zucker, Zimt sowie weitere leckere Gewürze und drückte diese dann zusammen, damit die leckere Mischung unter Verschluss kam. Das Dessert fand großen Zuspruch, so dass es schnell bekannt wurde. Keine Legende, sondern gesichert ist, dass der Zuckerbäcker Karl Reitenberger, ein Neffe des Gründers von Marienbad, im Jahr 1859 mit der Herstellung der Badewaffeln im Haus ›Zu den drei Fasanen‹ (heute Hotel ›Prag‹) begann. Reitenbergers Bäckerei erlebte einen enormen Aufschwung. Die Oblaten wurden nicht nur vor Ort verkauft, sondern schon damals zu sechs bis zwölf Stück in Schachteln verpackt und mit einem Zierfaden verschnürt. Die auf diese Weise geschmückten Marienbader Oblaten gingen per Post zu Kunden in aller Welt.

Oblatenverkauf in Marienbad

Die ersten Nussschokoladenwaffeln mit Cremefüllung hingegen stellte der tschechische Zuckerbäcker Josef Homolka im Jahr 1925 in Wien her. Nach dem Zweiten Weltkrieg nahm er das Angebot der Stadtverwaltung an, die Produktion nach Marienbad zu verlagern. Auch nach der Verstaatlichung des Betriebes blieb Homolka dessen Leiter. Die süßen Marienbader Köstlichkeiten in verschiedenen Geschmacksrichtungen kommen heute aus dem Betrieb Kolonáda am Rande des Kurparks.

Die Bezeichnung Karlsbader Oblaten (Karlovarské oplatky) wurde 2011 gegen den Einspruch Deutschlands und Österreichs als geschützte geographische Angabe nach europäischem Recht eingetragen und gilt seither nur für Erzeugnisse, die auf dem Gebiet der Stadt Karlsbad unter Verwendung des Karlsbader Mineralwassers hergestellt werden.

Mariánské Lázně

Infocentrum, Hlavní třída 47/28 (Haus Chopin, Erdgeschoss), Tel. 354622474, www.kisml.cz; März–Okt. tgl. 9–18, Nov.-Feb. Mo-Sa 9-17, So 10-15 Uhr.
Infocentrum Kolonáda, Masarykova 22, Tel. 354655510, www.marienbad.cz. In der gusseisernen Hauptkolonnade.
Maria Tour, Nehrova 27/3 (gegenüber dem Hotel ›Flora‹), Tel. 354622691. Ausflüge mit deutschsprachiger Führung, u.a. Kloster Tepl, Schoss Königswart und Naturschutzgebiet Kladská, Cheb und Františkovy Lázně sowie Plzeň mit Bierbrauerei; Mo–Fr 9–12 und 13–17, Sa 9–12.30 Uhr.

Häufig nach Cheb (von hier mehrmals täglich mit der Vogtlandbahn nach Marktredwitz und Plauen), Františkovy Lázně und über Teplá und Bečov nad Teplou nach Karlovy Vary (Unterer Bahnhof/Dolní nadraží), nach Most und Chodová Planá sowie mehrmals täglich Schnellzüge nach Prag und Plzeň.

Die Stadtbuslinien Nr. 5 und 7 verkehren vom Bahnhof ins Kurviertel (Fahrplan: www.mdml.cz/jizdni-rady_de.php). Nr. 13 fährt zum Hotel Krakonoš und Miniaturenpark Boheminium (Endstation).
Busse u. a. häufig nach Cheb, Lázně Kynžvart und Chodová Planá ab Busbahnhof neben dem Bahnhof. Nach Kladská (Richtung Prameny) auch Zustieg an der Haltestelle neben dem Gymnasium an der Russischen Kirche in der Ruská, Mo–Sa 10.25 sowie 14 Uhr. Zurück Mo–Fr 15.50 und 17.50 Uhr, Sa nur 14.45 Uhr.

Kabinenseilbahn Koliba-Krakonoš, Zufahrtsstraße hinter dem Neubad, tgl. außer Mo 9.30–16.45 Uhr (Mai–Okt.) sowie tgl. 9–16 und 18–21 Uhr (Dez. -März). Nahe der Bergstation befinden sich die Hotels ›Krakonoš‹ und ›Rübezahl‹ sowie der Miniaturenpark Boheminium.

Hotels und Pensionen im Internet: www.marienbad.com.
Esplanade Spa and Golf Resort (€€€), Karlovarska 438, Tel. 354676111, www.esplanade-marienbad.cz. Märchenhaftes Fünf-Sterne-Hotel, 1911 vom Architekten Arnold Heymann im Jugendstil erbaut. Marmorbadezimmer mit Hydro-Massage-Badewannen. Zahlreiche Anwendungen im Haus, eigene Mineralquelle St. Maria-Eva. Herrlich ruhige Lage am Waldrand.
Falkensteiner Hotel Grand Spa Marienbad (€€€), Ruska 123, Tel. 354929397, www.falkensteiner.com. Von historischem Flair geprägtes Haus, eingebettet in die Bäderarchitektur Marienbads in Nachbarschaft der Russischen Kirche, etwa 500 Meter von der Kolonnade entfernt. Gelungene Symbiose aus Jugendstil und modernem Spa- und Gesundheitsangebot. Die hauseigene Alexandra-Quelle steht für die lange und berühmte Kurtradition des Hotels.
Orea Hotel Monty (€€€), Příkrá 218, Tel. 354619111, www.hotelmonty.cz. Luxuriöse Unterkunft über den Dächern von Marienbad. Mitunter Lastminute-Angebote.
Hotel Rübezahl Marienbad (€€€), Nr. 591, Tel. 354525179, www.rubezahl-marienbad.com. Luxuriöses Schloss-Wellness-Hotel auf der östlichen Anhöhe am Kaiserwald, sehr ruhige Lage. Aus dem Stadtzentrum verkehrt die Stadtlinie Nr. 13 vor den Eingang.
Hotel Rezidence Golf (€€–€€€), Mariánské Lázně 588, Tel. 777722045, www.marienbad-hotels.de/hotel/rezidence-golf. Neues komfortables Haus in herrlich ruhiger Lage (1,5 km vom berühmten Royal Golf Club und 4 km vom Kurviertel entfernt). Gelobte Hotelküche, Kinderbetreuung möglich, Fahrradverleih.
Danubius Health Spa Resort Centrální Lázně (€€€), Goethovo nám. 1, Tel. 354634111. Historisches Kurhaus mit modernisierten Zimmern, beste Lage nahe der gusseisernen Hauptkolonnade. Alle Anwendungen im Haus.

Sunhotel (€€€), Vrchlického 30/3, Tel. 355320620, www.sunhotel.cz. Sorgsam wiederaufpoliertes traditionsreiches Luxus-Kurhotel in bester Lage neben der Hauptkolonnade. Alle Zimmer mit schönem Ausblick, einige wenige auch mit Balkon. Klimatisiert, die teuersten Zimmer besitzen auch Marmorfußböden, -wanne und -duschecke.

Danubius Health Spa Resort Butterfly (€€€), Hlavní 655, Tel. 354654111. Elegantes Jugendstilhotel im Kurviertel mit großen Standardzimmern. Bad mit Wanne. Zahlreiche Wellnessangebote im Haus, darunter Mineralbad. Für Hausgäste sind Bademantel, Pool, Sauna, Zimmertresor und drahtloses Internet im Preis inbegriffen. Das Haus kann auch über Aldi-Reisen mit mehreren Vergünstigungen ab drei Tagen Aufenthalt gebucht werden. Autos parken sicher in der Tiefgarage.

San Remo (€€–€€€), Zeyerova 161, Tel. 354677111, www.sanremo.cz. Vier-Sterne-Haus mit romantischem Garten, ruhig am Waldrand. Etwa 20 Minuten Fußweg zur Kolonnade. Von Gästen sehr gelobt.

Gourmet Hotel Villa Patriot (€€), Dusíkova 62, Tel. 354673143, www.villa patriot.cz. Renoviert, große Zimmer, reichhaltiges Frühstück. Sehr gutes Restaurant sowie schöne Terrasse. Ruhige Hanglage im Kurviertel.

Villa Sant Georg (€€), Anglická 358/4, Tel. 603244914, Vier-Sterne-Garni-Hotel mit 13 stilvollen Zimmern und gutem Frühstück in einer schönen alten Villa am Stadtpark unter tschechisch-schweizerischer Leitung.

SwissHouse Apartments & Spa (€€), Zeyerova 87, Tel. 354602200, www.swisshouse.cz. Ruhige Lage südlich vom Kurviertel in einem Jugendstilhaus. Die modernen Zimmer sind nach den Feng-Shui-Grundsätzen konzipiert. Empfehlenswertes Restaurant, Spa und Wellnessanwendungen im Haus. Idyllischer Garten mit Terrasse und Pavillon.

Villa Art (€€), Ruská 315. Buchbar z.B. über booking.com. In einem klassizistischen Gebäude mit großen Zimmern. Bad mit Wanne. Relativ ruhig oberhalb der Hauptstraße Hlavní nahe Kurpark. Café im Erdgeschoss.

Villa Savoy Spa Park Hotel (€€€), Chopinova 498/8, Tel. 354601999, www.villasavoy.cz. Kleines modernes Gebäude in ruhiger Lage am Nordrand des Kurviertels direkt am Wald.

Hotel Residence La Passionaria (€€), Zeyerova 244/4, Tel. 354602862, www.lapassionaria.cz. Nichtraucherhaus in ruhiger Seitenstraße südlich des Kurviertels am östlichen Stadtrand. Fünf Minuten Spaziergang in den Kurpark. Frühstück bzw. Selbstversorgung möglich, Sauna und Massagen im Haus.

Hotel Krakonoš (€€), Nr. 660, Tel. 354622624, www.hotelkrakonos.eu. Schmuckloses Neubauhotel oberhalb von Marienbad, sehr ruhig am Waldrand, Standardzimmer, Restaurant (tgl. 7–22 Uhr mit kleiner Terrasse), Salzgrotte, viele Anwendungen im Haus. Zufahrt vom Kurviertel mit der Stadtlinie Nr. 13 bzw. der Kabinenseilbahn. Gegenüber wurde kürzlich das historische Hotel ›Rübezahl Marienbad‹ im alten Glanz wiedereröffnet. Am Zaun nahe der Trasse der Kabinenseilbahn steht eine große Rübezahlstatue.

Residence Hotel Romanza (€–€€), Mladějovského 150, Tel. 777722045, http://marienbad-hotels.de/hotel/romanza. Kleines gepflegtes Gebäude mit großen Zimmern, ruhige Lage, drei Minuten Fußweg zum Kurpark mit Kolonnade. Tiefgarage in der Nähe.

Pension Český dvůr (€€), Hlavní 706/36C, Tel. 354626273, www.cesky-dvur.com. Geräumige Apartments in der Omega-Passage, daher relativ ruhig, obwohl nahe der Hauptstraße. Gegenüber liegt der Kurpark, die Kolonnade ist etwa 300 Meter entfernt.

La Provence (€€), Hlavní 650/36a, Tel. 608161415, www.hotelprovence.cz. Studios und Apartments. Nahe Zentralpark und Hotel Polonia, etwas von der Hauptstraße zurückversetzt.

▲ Karte S. 102

Pension Polarka (€), Dobrovského 291, Tel. 774893511. Vier geräumige und geschmackvolle Fremdenzimmer in einem Wohnhaus am südlichen Rand des Stadtparks im Stadtteil Úšovice. Herrliche ruhige Lage, 30 Minuten Fußweg ins Kurviertel.

Hostel Foster (€), Tyršova 243/1. Buchbar z.B. über booking.com. Für den Preis unschlagbar: Neue moderne Apartments (mit Küchenzeile, Geschirrspüler, Waschmaschine und eigenem Bad sowie kostenfreien Kinderbetten). Haustiere erlaubt, Restaurant im Erdgeschoss, Businesscenter, Textilreinigungsservice. An der Hauptstraße, die vom Stadtzentrum ins Kurviertel führt.

Gourmet Restaurant Villa Patriot, Dusíkova 62, Tel. 354673143, www.villapatriot.cz. Erlebnisgastronomie im modernen Design unter historischem Gewölbe, im Sommer auch auf der Terrasse. Besonderer Wert wird auf frische Zutaten gelegt, sehr gute Weinauswahl; tgl. 11–23 Uhr.

U zlaté koule (Zur Goldenen Kugel), Nehrova 26 (in der Verlängerung der Straße vom Hotel ›Pacifik‹ Richtung Kreuzbrunnen), Tel. 354624455, www.uzlatekoule.com. Vielseitige Gourmetküche zu gehobenen Preisen, so z.B. Fasanenbraten; tgl. ab 11 Uhr.

Doma, Anglická 116/23, Tel. 354402005, www.restaurantdoma.cz. Moderne tschechische Küche im Hotel ›Regent‹, leider etwas ungemütlich im Stil eines Schnellrestaurants eingerichtet, meist gut besucht; tgl. 7.30–22 Uhr.

Filip I, Poštovní 96 (an der Hlavní im Kurviertel nahe der Post), Tel. 354623337. Sehr gute tschechische Hausmannskost zu günstigen Preisen: Die wenigen Plätze sind oft schnell besetzt, und hier essen auch die Einheimischen; tgl. 11–23 Uhr.

Bavaria, Palackého 61, Tel. 354626333, www.restaurantbavaria.com. Modernes Restaurant im Stadtteil Úšovice (erreichbar mit Stadtlinie Nr. 3). Internationale Küche, viele Grillgerichte, Staropramen vom Fass, auch Terassenbetrieb und Pensionszimmer; tgl. 16–23 Uhr.

Bio Vegetka, Hlavní 276/13, www.biovegetka.cz. Schnellimbiss mit täglich wechselndem Angebot für Veganer und Vegetarier. Bioladen nebenan; Mo–Fr 7–18 Uhr.

Tabarin, Tyršova 243/1, Tel. 354624709, www.tabarin-ml.cz. Ausgezeichnete Pizzeria. Klinkersteinkellerräume, kleine Sommerterrasse mit nur drei Tischen; tgl. 11–24 Uhr, Okt.–April 11–23 Uhr.

Café Modrá, Hlavní 45 (fünf Gebäude die Straße aufwärts ab Hotel ›Polonia‹). Bis auf die Stuckdecke und den Kristalllüster schnörkellos modern mit mehreren Spiegeln; tgl. 9–22 Uhr.

Sun Café, im Erdgeschoss des gleichnamigen Hotels gegenüber der Hauptkolonnade und neben dem Oblatenladen. Empiresessel, moderne Kunst an der Wand, kleine Marmortischchen sowie Terrassenbetrieb; tgl. 12–22 Uhr.

Café Royal, Lesní 345. Im 1. Stock des gleichnamigen Hotels (Zugang zu Fuß oberhalb vom Stadtmuseum oder von der Straße am Hotel ›Excelsior‹). Herrliche Terrasse mit Blick über die Dächer von Marienbad, leckere Erdbeer- und Himbeertorte; tgl. 11–22 Uhr.

Wiener Café, am Neubad (Nové Lázně); tgl. 9–20 Uhr.

Stadtmuseum, Goethovo nám. 11; Di–So 9.30–17 Uhr, Jan./Feb. geschlossen.

Miniaturenpark Boheminium, neben dem Hotel ›Krakonoš‹, etwa 2 km vom Kurviertel, www.boheminium.cz. Wanderweg beginnt unterhalb Hotel ›Excelsior‹, Zufahrt mit Stadtbus Nr. 13 bzw. Kabinenseilbahn. Zahlreiche Bauwerke aus ganz Tschechien, darunter das Minarett Lednice oder die Burg Karlstein – alle im Maßstab 1: 25 000; tgl. 10–17.30 Uhr.

Wladimirkirche in der Ruská; tgl. 9–12 und 13–17 Uhr, Nov. –April 9.30–11.30 und 14–16 Uhr, Gottesdienst So 10 Uhr.

Mariä-Himmelfahrt-Kirche, Goethovo nám., Di–Fr 9–12, Sa 9–12 und 14–16.30, So 14–16.30 Uhr.

Jazz Festival (Anfang Juli), **Kultursommer** (Juli–Aug.), **Chopin Festival** (3. Augustwoche), Folklorefestival **Marienbader Herbst**/Mariánský podzim (Mitte Sept.).

Stadttheater, Třebízského 106, Tel. 354622036. Kartenvorverkauf auch im Infocentrum, Hlavní 47. Opern, Operetten und Gastspiele. Besichtigung mit deutschsprachiger Führung einmal monatlich.

Ingo Casino Bellevue, Anglická 281, Tel. 354628628, www.marienbad-bellevue-casino.com; tgl. 15–03, Fr/Sa 15–04 Uhr. 10 Euro Eintritt (wird in Jetons vergütet).

Neubad (Nové Lázně), Reservierungen (Mo–Fr 7–15 Uhr) an der Ecke Reitenbergova/Anglická (Balneo), neben dem Wiener Café. Das zwanzigminütige Mineralbad in der Königskabine mit abschließendem zehnminütigem Wickel kostet etwa 40 Euro (verlangen Sie Kabine 1 oder 2 – nur diese beiden sind im prächtigen historischen Stil erhalten), das Römische Bad im gleichen Haus ist täglich 15–20 Uhr geöffnet. Eine Stunde kostet hier ca. 10 Euro.

Salzgrotte (Salina), Hlavní 622/15a (nahe der Ampelkreuzung im Hinterhof), www.salina-ml.cz; Mo–Sa 9.30–18 Uhr, 50 Minuten für etwa 6 Euro.

Lázně Kynžvart

Das kleine Badeörtchen Lázně Kynžvart (Königswart) liegt sieben Kilometer nordwestlich von Marienbad. Sein Schloss ist die überragende Sehenswürdigkeit, aber der Ort besteht nicht allein daraus: Im kleinen **Kurareal**, etwa zwei Kilometer nördlich des Schlosses, ist das Neubad im Stil der Neogotik (1863) sehenswert, in der Nachbarschaft breitet sich ein Park aus. Im Pavillon der Richardsquelle kann man sich das Wasser nach Münzeinwurf an einem Automaten abfüllen.

Um die errichtete Grenzburg Kungeswart entstand eine Siedlung, die 1448 das Marktrecht erhielt. Seit dem 16. Jahrhundert waren die eisenhaltigen Säuerlinge bekannt, aber erst auf Initiative von Fürst Metternich entwickelte sich ab Mitte des 19. Jahrhunderts ein kleiner Badeort. Heute kommen von Keuchhusten geplagte Kinder in das von Wäldern umschlossene bescheidene Kurareal. Die Grenzfeste aus dem 14. Jahrhundert war im Dreißigjährigen Krieg von den Schweden in Brand gesteckt worden. Auf deren Grundmauern ließ Reichsgraf Philipp Emmerich Metternich zum Ende des 17. Jahrhunderts das Barockschloss Königswart erbauen. Ein Nachfahre, Franz Georg Karl Fürst von Metternich, schenkte die Besitzungen seinem Sohn Clemens Wenzel Nepomuk Lothar Metternich-Winneburg 1808 zu Weihnachten. Als Staatskanzler stand dieser 47 Jahre im Dienst der österreichischen Kaiser und avancierte zu einem der berühmt-berüchtigsten Politiker seiner Zeit. Er hasste die Demokratie und schmiedete als Urheber nach den Napoleonischen Kriegen mit anderen europäischen Mächten die ›Heilige Allianz‹. Metternich hielt sich des öfteren im nahen Marienbad auf. Ihm fehlte hier jedoch ein repräsentativer Ort, um hohe Gäste einzuladen. Zwischen 1820 und 1833 ließ er daher das Anwesen von Pietro Nobile im Empirestil umbauen und in einen englischen Park betten. Nobile galt damals als der Stararchitekt der k.u.k. Monarchie, er hatte sein Können bereits beim neugotischen Umbau am Altstädter Rathaus in Prag unter Beweis gestellt. Er

▲ Karte: vordere Umschlagklappe

besaß ein Faible für ausgeprägte Linien und Proportionen: So erweiterte er die bereits vorhandenen zwei Längsflügel zu doppelter Länge, die vier Ecken erhielten Pavillons. Der neu entstandene Ehrenhof wird auf der Ostseite von einem schmiedeeisernen Gitter begrenzt. Der Giebel des Mittelflügels trägt das Metternichsche Wappen.

In Königswart konnte Metternich den Intrigen am Wiener Hof entfliehen. Er sagte 1819: »Die Ruhe und der Frieden, die um mich herum herrschen, erzeugen in meinem Inneren eine behagliche Stimmung. Ich gehöre nicht zu den Leuten, die meinen, dass Bewegung Lebenszweck ist«. Hier bewies er sich auch als Feingeist, so führte er vom Schloss Königswart mit Gräfin Katharina Wilhelmine von Sagan – bekannt geworden durch ihren prosaischen Auftritt im Roman ›Die Großmutter‹ von Božena Němcová – eine liebevoll-zärtliche Korrespondenz. Viele Berühmtheiten besuchten die Metternichs. Goethe interessierte sich für die Geologie der näheren Umgebung. Auch Beethoven reiste an. Der junge Dichter Adalbert Stifter war einige Zeit als Hauslehrer angestellt, was in seinem Roman ›Der Nachsommer‹ Eingang fand.

Schloss Königswart

Metternich verlor seine Macht mit der Revolution von 1848, floh ins Exil nach England und wohnte nach seiner Heimkehr ab 1851 bis zu seinem Tod im Jahr 1859 abwechselnd in Wien und Königswart. Er war auch ein leidenschaftlicher Sammler: Wertvolle Manuskripte, Inkunabeln und seltene Drucke kamen aus dem aufgelösten schwäbischen Benediktinerkloster Ochsenhausen hierher.

Ein Rundgang durch das Schloss

Während des Rundgangs durch das Schloss kommen die Besucher durch 25 Räume. Dabei kann man unter anderem bestaunen: mehrere große Malachitvasen, die Zar Alexander I. dem Kanzler schenkte; ein Gobelinbild, das die Krönung Napoleons darstellt; vier spätgotische Altartafeln, die Bernhard Strigl von Memmingen malte und die die Legende über das Auffinden des Heiligen Kreuzes darstellen; eine Vitrine mit Geschirr und Gebrauchsgegenständen, die Napoleon während seiner Zwangsaufenthalte auf St. Helena und Elba nutzte. Mit der Nummer 210 sind Haare Napoleons inventarisiert. Im **Kanzlerarbeitszimmer** sieht man Porträts der drei Ehefrauen von Metternich. Hier steht auch der Tisch, an dem Politiker auf dem Wiener Kongress (1815) über das weitere Schicksal Europas entschieden. Im größten Raum des Schlosses, dem **Großen Tanzsaal**, hängt ein böhmischer Kronleuchter, der aus etwa 2000 Kristallstücken zusammengefügt ist. In der **Waffenkammer** sammelte Metternich über 200 Blank- und Feuerwaffen. Als Weltkuriosität ist hier eine kleine Büchse ausgestellt, die gleichzeitig als Spazierstock genutzt werden konnte. Vom Auditorium blickt der Besucher in die **Schlosskapelle**. Der Altar mit Reliquien des heiligen Bonifatius ist ein Geschenk von Papst Gregor XVI., er wurde aus Marmorresten des römischen Doms San Paolo Fuori le Mura gefertigt. In der Kanzlerbibliothek befinden sich 24 000 Bände. Darunter sind wertvolle Frühdrucke, ein Fragment des Alten Testaments aus dem 8. Jahrhundert sowie seltene Handschriften, davon zwei Schreiben mit der eigenhändigen Unterschrift des heiligen Bernhard von Clairvaux aus dem 12. Jahrhundert. Viele Manuskripte wurden inzwischen digitalisiert und sind Interessierten zugänglich. Auf dem langen Esstisch im **Speisesaal** steht ein luxuriöses Tischservice aus vergoldetem Messing, das am Ende des 18. Jahrhunderts in Paris hergestellt wurde.

In Metternichs **Kuriositätenkabinett** stammt vieles aus dem Nachlass des Egerer Scharfrichters Karl Huß (1761–1838), etwa seine umfangreiche Münzsammlung sowie die von ihm zusammengetragenen Hinrichtungs- und Folterinstrumente aus dem Mittelalter. In der Schule verstoßen, war Huß bereits mit 15 Jahren Henkergehilfe, studierte zwar Medizin, übernahm aber dennoch das Erbe seines Vaters, des Scharfrichters von Brüx. Der professionelle, aber vielseitig interessierte Henker war mit Goethe befreundet. Der legte ein gutes Wort für Huß ein, so dass er zum Lebensabend als erster Kustos des Königswarter Kuriositätenkabinetts eingestellt wurde und dafür eine Leibrente erhielt.

Insgesamt sind etwa 2000 Exponate zu besichtigen, darunter eine kleine Blindgängerbombe des versuchten Attentats auf Napoleon III., ein Gipsabdruck eines Beines von Fanny Elßer (der legendären Primaballerina des Wiener Hofballetts), eine Tasche von Madame de Pompadour sowie Haare von Beethoven. Im Nebenraum sind zwei ägyptische Mumien (2500 und 3500 Jahre alt) zu bestaunen: Die ältere soll den mumifizierten Körper von Ken Amor, Wächter des ägyptischen Königsschatzes enthalten, der vergiftet wurde und als diplomatisches Präsent des Vizekönigs von Ägypten nach Königswart gelangte. Hier sind auch drei Nilkrokodil-Mini-Mumien zu sehen. Die fürstliche Sammelleidenschaft ging auf Metternichs Sohn über, der einige Jahre in diplomatischen Diensten in Paris stand und das Sammelsurium ergänzte. So erstand er den Nachlass und den gesamten Briefwechsel des Dichters Alexandre Dumas, geistiger Vater der ›Drei Musketiere‹, dazu erwarb er für den zweiten Bibliothekssaal im Schloss etwa 3000 französischsprachige Bücher.

Kein Zweifel: Das Bier spielt in Chodova Planá eine große Rolle

Ein Gastgeschenk des russischen Zaren sorgt noch heute für Aufregung: 1815 ließ Fürst Metternich den damals exotischen **Riesenbärenklau** in seinen Schlosspark pflanzen. Von hier breitete sich die im Kaukasus beheimatete Pflanze

▲ Karte: vordere Umschlagklappe

in ganz Mitteleuropa aus; mittlerweile gilt sie als Plage. Die Herkunft und die Aggressivität des Doldengewächses sind der Grund für den jetzt gebräuchlichen Namen ›bolševik‹. Die Bolschewiken, die sowjetischen Besatzer, ist man Anfang der 1990er Jahre losgeworden, der Kampf der Tschechen mit der allgegenwärtigen Pflanze wird schwieriger sein.

Das **Schlosscafé** im Erdgeschoss neben der Kasse besitzt eine herrliche Sommerterrasse mit Park- und Seeblick, im benachbarten **Schlosshotel Metternich** befindet sich auch das Schlossrestaurant (tgl. 8–22 Uhr, www.marienbad.com/metternich). Ein Teil des Schlossparks und dessen Umgebung, insgesamt etwa 300 Hektar, wird heute auch als **Golfplatz** genutzt.

Schloss: Mai bis Sept. Di–So 9–12 und 13–16 Uhr, Juli/Aug. bis 17 Uhr, April und Okt. nur Sa/So 9–12 und 13–16 Uhr.

Chodova Planá

Chodova Planá (Kuttenplan), etwa acht Kilometer südlich von Mariánské Lázně, ist vor allem wegen seiner Brauerei bekannt. Die hiesige Familienbrauerei ist die älteste in Westböhmen, sie wurde 1573 erstmalig erwähnt. Aus jener Zeit stammt auch die Sage vom weißen Hündchen Albi, das angeblich die wohlschmeckende und ergiebige Quelle in der Nähe der ehemaligen Burgschanze erschnupperte. Deshalb gilt das Hündchen noch immer als der gute Geist der Brauerei und wurde zum Zunftzeichen der hiesigen Mälzerinnung erkoren.

Im 16. Jahrhundert hatte die Chodenburg ihre Bedeutung verloren, und die verlassenen Kellerräume sowie die ausgezeichnete Quelle regten zum Bierbrauen an. Mönche aus dem nahen Kloster Tepl tauften die Quelle Il-sano (lateinisch sanitas=Gesundheit). Das enthaltene zweiwertige Eisen wird vom Organismus gut aufgenommen und dient der Blutbildung, außerdem ist natürliches Vitamin C enthalten. Dieses Wasser wird heute unter anderem zum Brauen der vier Sorten Bier verwendet: Goldenes naturtrübes Lagerhefebier, Schlosslager Spezial (Zámecký ležák), dunkles Bier sowie alkoholfreies Chodovar. Die hellen Biere haben einen ausgeprägten Malzgeschmack und nur wenig Bitterstoffe.

An der Hauptstraße unterhalb der Kirche steht das **Hotel U Sládka** (Zum Mälzer). In den Kellergewölben des Hauses kann man sich täglich ein Bierbad gönnen. Nebenan befindet sich das Restaurant **Beerarium Stará Sladovna** (Alte Mälzerei) mit schöner Sommerterrasse und Blick auf die Brauerei.

Hinter der Brauerei, Zufahrt neben dem Hotel ›U Sládka‹, geht es zum berühmten **Restaurant Ve Skále** (Im Felsen). Nach der Eingangstür läuft man etwa 40 Meter durch einen Felsengang, der bereits im 12. Jahrhundert in den anstehenden Granit gehauen wurde. In einstigen Lagerkammern sind historische Brauereiutensilien ausgestellt. Auch der eigentliche Gastraum mit langen Holztischen ist eine in den Fels getriebene große Höhle mit kleinen Seitenkammern.

Chodova Planá

Mehrmals tgl. Verbindungen nach Mariánské Lázně. Bushaltestelle an der Kirche, der Bahnhof liegt ca. 20 Min. Fußweg von der Brauerei entfernt am Ortsrand.

Hotel U Sládka (€€), Tel. 374617100, www.echtesbierbad.de, www.pivnilazne.cz. Einfache Standardzimmer. Im Kellergewölbe kann man tgl. 9–17 Uhr ein Bierbad (Pravé Pivní Lázně) genießen. 20 Minuten Bad für 2 Pers. inklusive zwei kleinen Lagerbieren zum Trinken kosten rund 53 Euro.

Ve Skále, Tel. 374798122. Altböhmische Küche nach historischen Rezepten, z.B. Planer Sauerbraten mit Preiselbeeren und Knödeln oder Chodovar-Biergulasch mit zwei Sorten Knödeln; tgl. 11–23 Uhr.
Beerarium Stará Sladovna, Pivovarská 107, Tel. 374611653. Im historischen Gebäude der Alten Mälzerei, zehn Biersorten, auch Biergarten; Mi–So 11–23 Uhr.

Pivovarská Chodovar, Pivovarská 107, www.chodovar.cz; Brauereibesichtigung tgl. um 14 Uhr.

Choden-Schlachtefest (Feb.), **internationales Barmixerfestival** (April), **Choden-Trachtenfest** und **Oldtimertreffen** (Juni), **Bierfest Chodovar** (Aug., Termine unter www.chodovar.cz).

Brauereishop neben dem Hotel ›U Sládka‹. Neben Flaschenbier sind auch zahlreiche Bier-Kosmetikartikel erhältlich, darunter das Badebier und Biershampoo. Auch im Stollen des Restaurants ›Ve Skále‹ können Sie die außergewöhnlichen Mitbringsel erwerben.

Kloster Teplá

Mit dem Bau einer Burgus Tepla als Teil eines Befestigungssystems der Choden zum Schutz der Kaufmannswege zwischen Prag und Bayern begann die Besiedlungsgeschichte der Hochebene. An Ort und Stelle wuchs zum Ende des 12. Jahrhunderts das Kloster Tepl. Dessen Gründungsurkunde von 1193 ist die erste durch einen Adligen ausgestellte und besiegelte Urkunde in Böhmen. Der Adlige Hroznata stiftete das Prämonstratenserchorherrenstift Tepl, um seine Teilnahme am Kreuzzug zu vermeiden. Seinem Ruf folgten Brüder aus dem Prager Strahovkloster. Nach dem Tod von Frau und Sohn vermachte Hroznata sein Vermögen dem Kloster und trat als dessen Verwalter selbst in den Orden ein. Während einer Dienstreise nahmen ihn Egerländer Ritter gefangen und forderten ein enormes Lösegeld. Hroznata war aber zu keinen Zugeständnissen bereit, weil er einen wirtschaftlichen Ruin befürchtete. Daraufhin ließen ihn die Entführer im Altkinsberger Burgturm (heute Starý Hrozňatov) verhungern. Seine Glaubensbrüder lösten den Leichnam aus und Hroznata wird seither als Märtyrer verehrt. 1897 wurde er seliggesprochen und 1997 zum Patron der Diözese Pilsen erhoben. Weil Hroznata seit 1945 auch als der Schutzpatron politischer Gefangener gilt, pilgern an seinem Todestag (14. Juli) viele Gläubige in das Kloster.

Die Mönche waren maßgeblich an der Kolonisierung Westböhmens beteiligt. Und obwohl das Kloster während seiner Geschichte ein Dutzend Mal vollständig ausgeraubt, sechsmal von einer Feuersbrunst und zweimal von der Pest heimgesucht wurde, konnte es sich bis Mitte des 20. Jahrhunderts immer wieder wirtschaftlich erholen. Das Stift häufte einen riesigen Grundbesitz an; dazu gehörten auch 80 Dörfer und 3 Städte. Zwischen dem Kloster Tepl und dem Prager Kloster Strahov bestand immer eine Kurierverbindung – der Laufbote war zu Fuß in genau sieben Tage an der Moldau. Um die Wende zum 20. Jahrhundert entstanden der neue Bibliotheksflügel, das Museum im neobarocken Stil sowie ein kleiner Park.

Zur wichtigen Einnahmequelle entwickelte sich der Kurort Marienbad, der ebenfalls auf Tepler Land gelegen war; bis zum Beginn des Zweiten Weltkrieges flossen reichlich Mieteinnahmen. Während der deutschen Besetzung waren

▲ Karte: vordere Umschlagklappe

Teile des Klosters Gefangenenlager sowie Entbindungsstation für Frauen von Wehrmachtsangehörigen.
Im April 1950 wurden alle Mönche von der Staatssicherheit verhaftet und interniert. Um die Gläubigen zu erniedrigen, wurde das Kloster zur Kaserne umgewandelt. Das Militär entweihte das Kloster fast vollständig, nur Kirche und Bibliothek waren tabu und der Öffentlichkeit zugänglich. 1978 zog die Armee ab. Wegen Geld- und Materialmangels schritt danach der Verfall weiter voran. Der Staat gab 1990 das Stift Tepl an den Orden zurück, seither leben hier wieder zehn Mönche. Zwar wurden seitdem alle Dächer erneuert, die meisten Mauern und Innenräume warten aber noch auf eine Rekonstruktion. Von außen wirkt das von Christoph Dientzenhofer erbaute Kloster in der Gegenwart noch ziemlich trostlos.

Ein Rundgang

Während des Klosterrundgangs kommen die Besucher in den ramponierten **Kapitel- und Speisesaal**, wo nur Fragmente von Fresken und Stuck erhalten sind. Die **Abteikirche Mariä Verkündigung** erstrahlt innen in barockem Glanz und beeindruckt mit einem monumentalen Säulengang, zwei Reihen von Altären und Statuen. Der schmucklose Steinsarkophag vor dem Hauptaltar war die erste Grabstätte Hroznatas. Gleich daneben befindet sich die Hroznata-Kapelle mit einem prächtigen goldenen Sarkophag. Die herrlichen Fresken sind das Werk des Malers Elias Dollhopf.
Im **Lese- und Studiersaal** sind Nachdrucke wertvoller Bücher ausgestellt, so eine Gutenbergbibel aus dem 15. Jahrhundert. Die **Bibliothek** wurde zwischen 1904 und 1907 erbaut, die Regale aus slawonischem Eichenholz geschnitzt. Hier steht ein Drittel der insgesamt 100 000 Bände, die sich im Klosterbesitz befinden. Im nächsten Raum sieht man Kopien des Codex Teplensis, einer Pergamenthandschrift aus 315 Blättern. Die Handschrift ist die erste lückenlose deutsche Übersetzung des Neuen Testaments und wurde zwischen 1380 und 1400 angefertigt.
Im **Klostermuseum** sind Schnitzkunst, Kirchengewänder, Reliquien, historische Andenken an den Marienbader Kurbetrieb und die kümmerlichen Reste von Goethes berühmter Mineraliensammlung zu besichtigen (→ Extra S. 92).

Teplá

Hotel Klášter Teplá (€-€€), Tel. 608113388, www.hotelklastertepla.cz. In der ehemaligen Klosterscheune, einfache Zimmer ohne Schnickschnack, sehr ruhig.

Klosterrestaurant (Plzeňská pivnice), tgl. ab 11 Uhr.

Klosterkirche, Heilige Messe Mo–Fr 7.30 Uhr, Sa 14.45 Uhr, So 10 Uhr.
Klosterführungen: Feb.–April sowie Okt.–Dez. Mo–Sa 9–15.30 Uhr, So 11–15.30 Uhr, Mai–Sept. Mo–Sa 9–17, So 11–17 Uhr, am 24. 12. und im Jan. geschlossen.
Klosterbesichtigung: Tel. 353392732, prohlidky@klastertepla.cz.

Autocamp Betlém, Tel. 353392464, www.autokempbetlem.cz. Am Südwestufer des Bethlehemteiches (Betlémský rybník), 3 km vom Kloster Tepl entfernt, auch Ferienhütten.

Orgelkonzerte in der Klosterkirche und Konzerte im Blauen Saal sowie **Ausstellungen** im Klosterspeicher.

Plzeň

Plzeň (Pilsen) ist mit rund 170 000 Einwohnern die zweitgrößte Stadt Böhmens und die viertgrößte Tschechiens. 2015 ist Pilsen eine der zwei europäischen Kulturhauptstädte (die andere ist das belgische Mons). Bekannt ist sie weltweit vor allem wegen des gleichnamigen Bieres, dessen Brauart 1842 hier erfunden wurde. Plzeň ist heute eine bedeutende Universitäts- und Industriestadt. Vor allem die Altstadt rund um den Marktplatz sowie die Pilsner-Urquell- und die Gambrinus-Brauerei lohnen eine Besichtigung.

Geschichte

Die ursprüngliche Siedlung Alt-Pilsen (Starý Plzenec) lag gut zehn Kilometer vom heutigen Stadtzentrum entfernt. Weil die alte Stadt häufig vom Hochwasser des Flusses Úslava bedroht war, ließ König Wenzel II. um das Jahr 1295 ein Neu-Pilsen gründen. Die Planungen waren großzügig, der Marktplatz mit 193 Metern Länge und 139 Metern Breite ist noch heute der größte in Böhmen.

Im Jahr 1468 entstand in Pilsen das erste böhmische Buch, die ›Trojanische Chronik‹. Merkwürdigerweise schmückt ein Kamel das Pilsener Stadtwappen: Es erinnert an ein Husarenstück der Bürger, die während einer Hussitenbelagerung in der ersten Hälfte des 15. Jahrhunderts deren Talisman, ein lebendiges Kamel, erbeuteten. 1633/34 war Heerführer Albrecht von Waldstein (=Wallenstein) in der Stadt, ließ hier seine Untergebenen einen Eid auf sich schwören und stellte seine Armee damit gegen Kaiser Ferdinand III. 1842 erfand der Braumeister des Bürgerlichen Brauhauses in Pilsen das beliebteste Bier der heutigen Welt: das Pilsner (→ Extra S. 133).

Die Waldsteiner Maschinenfabrik wurde im Jahr 1859 gegründet, 1869 in Škodawerke umbenannt und 1899 in eine Aktiengesellschaft umgewandelt (→ S. 26).

Am 25. Mai 1917 explodierte eine Halle in der Munitionsfabrik Bolevec, 300 Arbeiter verloren dabei ihr Leben. Zwischen 1942 und 1945 wurden elf angloamerikanische Luftangriffe auf die Stadt geflogen. Dabei fanden knapp 1000 Menschen den Tod, etwa 7000 Häuser waren zerstört oder stark beschädigt. Am 5. Mai 1945 erhob sich ein Teil der Pilsner Bevölkerung gegen die deutschen Okkupanten, am Morgen des 6. Mai erreichte die US-Armee die Stadt.

Am 1. Juni 1953 protestierten 20 000 Bürger, darunter viele Arbeiter und Angestellte der Škoda-Werke, gegen die Währungsreform und das politische Regime. Ab 1957 wuchsen um Pilsen mehrere Wohngebiete in Plattenbauweise, das bislang letzte noch 1989.

Die Westböhmische Universität feierte 1991 ihre Eröffnung. Seit 1993 ist Pilsen wieder ein Bischofssitz.

Einer der modernen Brunnen auf dem Platz der Republik

▲ Karte S. 123

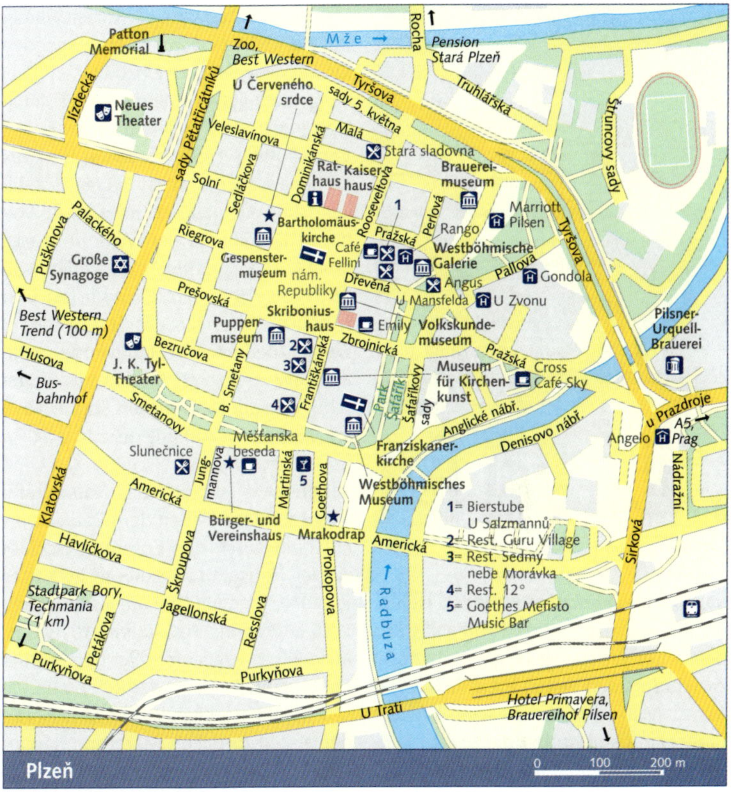

Platz der Republik

Die Innenstadt lässt auch heute noch den schachbrettartigen Grundriss aus der Gründungsepoche erkennen. Ihr Mittelpunkt, der Platz der Republik (nám. Republiky), umfasst mit 139 mal 193 Metern eine Fläche von fast 30 000 Quadratmetern.

Mit dem Bau der **St. Bartholomäuskirche** wurde im Jahr 1295 begonnen. 1993 begründete Papst Johannes Paul II. in Pilsen ein Bistum und erhob den Dom zur Kathedrale der Pilsner Diözese. Der neugotische Hauptaltar entstand nach Entwürfen des Architekten Josef Mocker, der Wiener Tischler Josef Leimrer fertigte ihn. Die Pilsner Madonna aus Tonschiefer in der Mitte ist das wertvollste Kunstwerk im Innern, eine Vielzahl großer und kleiner Heiligenfiguren umgeben sie. Die Madonna im sogenannten Schönen Stil stammt wahrscheinlich aus den Jahren um 1390 und wurde von einem unbekannten Meister gefertigt; man vermutet ihn im Umkreis der Familie Parler an der Prager Bauhütte. Ihre liebliche Gestalt beeinflusste eine ganze Reihe weiterer Madonnenfiguren jener Zeit. Größer und vergoldet steht die Pilsner Madonna als barocke Kopie auf der **Pestsäule** vor der Kirche. Ein Kleinod aus dem 15. Jahrhundert ist die **Sternbergkapelle** an der Südseite des Presbyteriums, die Begräbnisstätte der Familie von Sternberg. Der

Das Haus Zum Roten Herzen

Kapellen-Hauptaltar im Jugendstil ist jüngeren Datums. Er wurde 1900 anlässlich der Pariser Weltausstellung gefertigt und erhielt dort den ersten Preis für sakrale Kunst. Man sieht den heiligen Wenzel und seine Großmutter, die heilige Ludmilla, die die Jungfrau Maria mit dem Jesuskind anbeten. Der **Kirchturm** ragt 102 Meter in den Himmel und ist damit der höchste im Land. Über 301 Stufen können die Besucher bis in eine Höhe von 62 Metern zur Aussichtsgalerie steigen. Eine besondere Bedeutung wird einem der metallenen Engelsköpfchen am Türgitter vor der **Statuengruppe Christus auf dem Ölberg** an der südwestlichen Kirchenaußenmauer zugeschrieben: Wer den silbernen Engel mit der Hand berührt, hat angeblich einen Wunsch frei. Weil das Köpfchen daher ständig berührt wird, ist es ganz blank. In den vergangenen Jahren gab es ernsthafte Pläne, einen zweiten Kirchturm auf der Südseite zu errichten, wie es die Bauherren bereits im Mittelalter beabsichtigten – was aber letztendlich verworfen wurde. Dafür entschloss man sich aber, Spenden für vier neue Glocken einzuwerben. Drei hängen bereits an einem provisorischen Holzgerüst vor der Pestsäule.

Von 1554 bis 1559 wurde das **Rathaus** im Renaissancestil nach Plänen des italienischen Architekten Giovanni de Statia als Dominante der Marktnordseite erbaut. Die Sgraffitos entstanden von 1907 bis 1912 nach Entwürfen von J. Koula und zeigen das Stadtwappen, Könige, bedeutende Handwerke sowie allegorische Figuren. Im hinteren Erdgeschoss (Raum Nr. 3) ist ein Stadtmodell im Maßstab 1:200 aus dem Jahr 2000 frei zu besichtigen.

Sehenswert ist auch das **Kaiserhaus** (Cisařský dům) neben dem Rathaus. Es entstand durch den Zusammenschluss zweier Häuser. 1599 diente es Kaiser Rudolf II. für neun Monate als Residenz. Weil in Prag die Pest grassierte, war er nach Pilsen geflüchtet. Auf dem mittleren Stützpfeiler steht der Roland, in Pilsen Žumbera genannt. Bis zum Abriss der drei historischen Marktbrunnen im Jahr 1890 war er eine der Brunnenfiguren. Jetzt zieren drei moderne vergoldete **Springbrunnen** von Ondřej Císler den Platz. In Anlehnung an die Figuren aus dem Pilsner Stadtwappen stellen sie einen Engel, ein Kamel und einen Windhund dar. Die Wasserschalen bestehen aus schwarzem chinesischen Granit. Alle drei Brunnen zusammen sind mit 750 Gramm Gold überzogen.

Im **Skriboniushaus** (Scriboniovský dům, Nr. 105/12) nahm Albrecht von Waldstein (Wallenstein) 1633/34 für einige Wochen Quartier. Aus Pilsen reiste er 1634 nach Eger, wo er kurze Zeit später einem Attentat zum Opfer fiel.

An der Westseite des Platzes (Nr. 35) steht das bedeutendste Barockhaus Pilsens, das **Palais der Erzdechanei** von

▶ Karte S. 123

1710, heute Sitz des Bischofs. Über dem Portal prangt das Wappen des Erzbistums Prag.

An das Palais lehnt sich rechts das Haus **Zum Roten Herzen** (U Červeného srdce) an, ein schöner Bau von 1894. Mikoláš Aleš verzierte die Fassade mit farbigen Sgraffitos. Die Szene zeigt zwei Ritter hoch zu Ross, bereit zum Turnier. Tatsächlich ließ Erzherzog Ferdinand von Tirol Mitte des 16. Jahrhunderts zahlreiche Turniere und anderen Mummenschanz veranstalten, um seine Geliebte zu beeindrucken. Mikoláš Aleš schuf auch das farbige Sgraffito an der Hausfassade der Apotheke Zum Weißen Einhorn (Nr. 27) sowie an dreizehn anderen Hausfassaden in der Altstadt.

In einem Patrizierhaus im Renaissancestil auf der Südseite (Nr. 23) lädt das **Puppenmuseum** zum Besuch ein. Pilsen besitzt eine lange Puppenspielertradition und ist im Landesmaßstab betrachtet die Marionettenhochburg, die hier im Detail dargestellt wird. Aus Pilsen stammen die beiden berühmtesten tschechischen

Die Große Synagoge

Puppenspieler, Jiří Trnka und Josef Skupa. Skupa ist auch der geistige Vater der weltberühmten Marionetten Hurvínek und Spejbl, die man hier natürlich auch zu sehen bekommt. Im zweiten Stock befindet sich eine Performance-Bühne mit vielen Hand- und Stabpuppen sowie Marionetten aus dem Pilsner Puppentheater Alfa, die man selbst beleben darf. Im **Volkskundemuseum** der Pilsner Region (Markt Nr. 13) sieht man 20 Räume mit zeitgenössischen Zimmereinrichtungen von der Gotik bis zum Anfang des 20. Jahrhunderts, darunter auch zwei bäuerliche Stuben vom Anfang des 19. Jahrhunderts, eine Apotheke aus der zweiten Hälfte des 19. Jahrhunderts sowie eine originale schwarze Küche.

Rund um den Platz der Republik

Von der Südwestecke des Hauptplatzes (nám. Republiky) gelangt man durch die Straße B. Smetany zum ehemaligen Gymnasium, in dem der junge Bedřich Smetana 1840/41 wohnte und das er bis 1843 besuchte (Gedenktafel). Einst wurde das imposante Gebäude als Dominikanerinnenkloster erbaut, heute wird es als **Studien- und Wissenschaftsbibliothek** genutzt. Gegenüber vom Eingang steht ein Denkmal für Josef František Smetana, Lehrer, Mäzen und Onkel des berühmten Komponisten. Zu seinen Füßen wird jeden Tag das Datum neu gepflanzt.

Ab dem 19. Jahrhundert, nach dem Abriss der Stadtmauern, entstanden rund um die Altstadt großzügige Parkanlagen und attraktive Gebäude. Am Smetana-Park gefällt das **J. K. Tyl-Theater** (1899–1902) mit sehenswerten Jugendstilelementen. Etwa 500 Aufführungen pro Jahr stehen auf dem Programm. Ein 1800 Kilogramm schwerer Kronleuchter mit über 200 Glühlampen erleuchtet den Zuschauerraum.

Die **Große Synagoge** gegenüber wurde von 1888 bis 1893 nach Plänen des Pilsner Architekten Emanuel Klotz im maurisch-romanischen Stil mit zwei zinnoberroten Zwiebeltürmen erbaut. Sie kann 1200 Besucher fassen und ist nach denen in Jerusalem und Budapest die drittgrößte Synagoge der Welt. In der Pogromnacht 1938 blieb sie verschont, weil sich in direkter Nachbarschaft ein Verwaltungsgebäude der Nationalsozialisten befand. Anfang 1942 deportierten die Nazis 2605 Juden aus Pilsen nach Theresienstadt. Danach nutzte man die Synagoge als Verkaufslager von Möbeln der Verschleppten, anschließend als Näherei für deutsche Wehrmachtsuniformen. Aus Theresienstadt kamen nur 204 Juden zurück nach Pilsen, die meisten wanderten anschließend nach Israel oder in die USA aus.

Gottesdienste fanden bis 1973 statt; dann ließ die kommunistische Partei die Synagoge schließen und das Bauwerk war dem Verfall preisgegeben. Hunderte Bittbriefe an Juden in aller Welt halfen nichts, Geld für Reparaturen kam keines, bis das Tschechische Kulturministerium zunächst einsprang. Erste Sanierungen fanden zwischen 1994 und 1998 statt, aber innen bleibt noch einiges zu tun. Die Wände in den Seitengängen, unter der Kuppel und auf der Galerie schmücken Schwarzweiß-Fotografien wechselnder Künstler. Hin und wieder finden hier auch Konzerte statt, dank der ausgezeichneten Akustik sind sie ein besonderer Hörgenuss.

Von der Synagoge gelangt man über die Straße Palackého zum **Neuen Theater** (Nové divadlo), das nach Entwürfen eines portugiesischen Architekturbüros errichtet wurde. Erst Anfang September 2014 hob sich der Vorhang zum ersten Mal. Zum Repertoire gehören Ballett, Musicals, Operetten, Opern und Schauspiel.

▲ Karte S. 123

Zu den sehenswerten Gebäuden zählt auch das palastähnliche **Bürger- und Vereinshaus** (Měšťanska beseda), 1901 im Jugendstil zwischen J. K. Tyl-Theater und dem Westböhmischen Museum errichtet. Im ersten Stock findet einmal im Jahr ein deutsch-tschechischer Ball mit rund 500 bis 600 geladenen Gästen statt. Im Park davor stehen die **Denkmäler** von Martin Kopecký – als Bürgermeister hat er den Bau des Bürgerlichen Brauhauses vorangetrieben – sowie des Komponisten Bedřich Smetana.

Das heutige **Westböhmische Museum** (Západočeské muzeum) wuchs in einer Stilmischung aus Neorenaissance und Jugendstil zwischen 1897 und 1900 als Kunstgewerbemuseum. Im Parterre befindet sich die berühmte **Pilsner Stadtwaffenkammer** (Plzeňská městská zbrojnice). Die historischen Waffen wurden jahrhundertelang im Rathaus aufbewahrt. Heute zählt die Waffensammlung zu den besterhaltenen in Europa, die gotischen Feuerwaffen aus der Wende vom 14. zum 15. Jahrhundert sind sogar eine Weltrarität. Morgensterne aus dem 15. Jahrhundert und Hellebarden aus dem 16. und 17. Jahrhundert zählen zu den bedeutenden blanken Waffen. Daneben blieben zahlreiche Rüstungsteile erhalten, besonders verschiedene Helme und Handschuhe. Eindrucksvoll erscheint der große geöffnete Militärgeldschrank aus dem 17. Jahrhundert. In die neue Waffenkammer sind originale Pilsner Hausportale aus dem 16. bis 18. Jahrhundert integriert, darunter das des Hauses Nr. 235 ›Zum roten Herzen‹ mit je einem eingemeißelten Löwen im unteren Bereich. Eine kleine Kanone, eine sogenannte Terrassenbüchse, wurde 1507 in Nürnberg für die Stadt Pilsen gegossen; auf dem Lauf sind daher beide Stadtwappen zu sehen.

An den festlichen Zentraltreppen ist beidseitig ein Sandsteinrelief mit dem Motiv der böhmischen Sage von Ctirad und Šárka, dem ›Mägdekrieg‹, angebracht. In der zweiten Etage ist links eine umfangreiche archäologische Ausstellung zu sehen, rechts ist die Geschichte der Pilsener Region vom 10. bis 19. Jahrhundert dargestellt. Man sieht eine schwarze Küche, Münzen und Medaillen sowie einen herrlichen Empire-Kachelofen (um 1840). Im dritten Stock rechts überrascht eine umfangreiche Sammlung von Meißner Porzellan, die innerhalb von 100 Jahren auf Antiquitätenauktionen und durch Ankauf von Privatpersonen zusammengetragen wurde. Die Schau umfasst einzigartige Artefakte von der Erfinderzeit (1710–1719) bis zum Jugendstil, Art deco und Dekorativismus (1910–1935). Zu den Prunkstücken zählt das verkleinerte Modell der Reiterstatue des sächsischen Kurfürsten und polnischen Königs Friedrich August II., der verkleidet als römischer Imperator auf einem weißen, sich aufbäumenden Pferd sitzt. Es handelt sich hierbei um eine Probebrennung von 1736 für die Statue des Goldenen Reiters in zweifacher Lebensgröße, die nahe der Elbe auf dem Neustädter Markt in Dresden steht. Ins Auge fällt auch die monumentale dekorative Vase in Barockform auf einem Sockel mit plastischer Modellierung, eine Kopie aus der Mitte des 18. Jahrhunderts.

Vom Museumsvorplatz blickt man auf ein Gebäude des Architekten Hanuš Zápal, tschechisch **Mrakodrap** genannt, was Wolkenkratzer bedeutet; zur Bauzeit im Jahr 1924 war es tatsächlich eines der höchsten Pilsner Bauten. Markant sind die beiden symbolischen Kaiserkronen auf dem Dach.

Vor dem Westböhmischen Museum, im kleinen **Park Šafářík**, steht eine hübsche Bronzeplastik der berühmtesten tschechischen Marionetten: Hurvínek und Špejbl, die in den 1920er Jahren in Pilsen das Licht der Welt erblickten.

Das ehemalige Kloster in der Františkánská (Franziskanerstraße) wird heute als **Museum für Kirchenkunst** genutzt. Im Kreuzgang stehen viele schöne Bildhauerarbeiten, darunter das Werk ›Christus am Kreuz‹ von Matthias Braun. Östlich des Kreuzgangs befindet sich die St. Barbarakapelle, in der Fresken aus dem 15. Jahrhundert erhalten sind. Ein Wandbild zeigt Pilsen im Mittelalter. Die frühgotische **Franziskanerkirche** ist nicht wie das übrige Kloster barockisiert worden. Im krassen Gegensatz zu ihr steht das

In der Stadtwaffenkammer

moderne Palais Ehrlich auf der anderen Seite des Parks. Es wurde kürzlich hochgezogen und ist heute die teuerste Pilsner Wohnadresse.

Noch ein Stück den Park entlang findet sich eine Baulücke mit Resten der Stadtmauer. Hier kann man das größte Wandbild in Tschechien sehen. Es wurde 2001 erschaffen, trägt den Namen **Theatrum Mundi** und stellt wichtige Pilsner Persönlichkeiten bis in die Gegenwart dar, darunter Kaiser Rudolf II., der Künstler Mikoláš Aleš, der Erfinder der Bogenlampe František Křižík sowie der Puppenspieler Josef Skupa und sein geistiges Kind Hurvínek.

In der benachbarten Prager Straße (Pražská) befanden sich die **Fleischbänke** (Masné krámy) mit ehemals 31 kleinen Läden, die bis 1950 als Fleischmarkt genutzt wurden. Jetzt ist hier die Westböhmische Galerie (Západočeská galerie) beheimatet, Wechselausstellungen werden in der Pražská 13 gezeigt.

In der Pražská 8 lädt die älteste Pilsner Bierstube **U Salzmannů** zum Besuch ein. Das Haus wurde 1907 umgebaut, vom Vorgängerbau aus dem Jahr 1584 blieb nur das schöne Portal erhalten. Der Kutscher Martin Salzmann brachte 1842 die ersten Fässer mit Pilsner Urquell zu seinem Freund Pinkas nach Prag. Dem schmeckte das neue Bier so ausgezeichnet, dass er seinen Beruf aufgab und eine Gaststube eröffnete. Herr Salzmann folgte bald dessen Beispiel und richtete eine Kneipe in seinem Wohnhaus ein, das sich neben der heutigen Nummer 8 befand.

Vom 13. bis zum 19. Jahrhundert entstanden die historischen **Pilsner Kellergänge** (Plzeňské podzemí). Die drei- und vierstöckigen unterirdischen Räume sind teilweise miteinander verbunden und dienten zur Aufbewahrung von Lebensmitteln, waren Handwerkerstätten, Weinbrennereien und Mälzereien. Außerdem

Špejbl und Hurvínek im Park Šafářík

konnte man schnell vor Feinden und bei Feuersbrünsten fliehen. Dieses System von Gängen ist mit seinen 20 Kilometern und drei Etagen eines der weitläufigsten in Europa. Durch die Ausstellung leitet ein Audioguide, der heutige Zugang erfolgt über das Brauereimuseum.

Das **Brauereimuseum** der Bürgerlichen Pilsner Urquell Brauerei ist das einzige Biermuseum auf der Welt, das sich in einer Mälzerei samt einst brauberechtigtem mittelalterlichen Haus befindet. Noch bis 1860 wurde hier Malz für das Bürgerliche Brauhaus zubereitet. Im Parterre stand in den 1920er Jahren in ›Tázlers Pilsner Bierstube‹ ein berühmter Mann am Zapfhahn: František Tázler, der Böhmen- und Europameister im griechisch-römischen Ringkampf bis 70 Kilogramm. Im Biermuseum zeigt man eine komplette Fassbinderwerkstatt mit Gerätschaften, die früher in Brauereien,

▲ Karte S. 123

Mälzereien, in Gastwirtschaften, beim Böttcher und Fassbinder verwendet wurden. Und man schließt Bekanntschaft mit Herzog Gambrinus, der der Sage nach der erste Bierbrauer Böhmens war, sowie dem Märchenkönig Ječmínek, dem Schutzpatron der böhmischen Brauer und Mälzer. Der Clou ist das maßstabsgerechte Modell eines funktionstüchtigen Dampfsudhauses, das auf der Expo 1958 in Brüssel ausgestellt worden ist. Der Brauereimitarbeiter Josef Veselý hat nach Feierabend 40 Jahre daran gewerkelt, die maximale Kapazität pro Brauzyklus sind 30 Liter Bier. Die Rolle des Bieres wird auch in bildender Kunst, Literatur und Musik anhand von Gemälden und Dokumenten - Noten, Büchern und anderem - gebührend berücksichtigt.

Östlich des Zentrums, an der Radbusa (Radbuza), breitet sich das **Betriebsgelände der Bürgerlichen Brauerei** (Měšt'anský pivovar) aus (→ Extra S. 133).

Außerhalb des Zentrums

Mit den Straßenbahnen Nr. 1 und 4 (Haltestelle Lékařská fakulta) sowie dem Stadtbus Nr. 41 (Eingang Vinice) gelangt man zu Zoo und Dinopark und in den Botanischen Garten Pilsen (Zoologická a botanická zahrada), etwa drei Kilometer nördlich des Zentrums. Im **Zoo** leben unter anderem Komodowarane, die größten Eidechsen der Welt. Sie sind nur in acht Zoos der Erde zu beobachten. Daneben sieht man Panzernashörner, Sudan-Geparden, Riesenschildkröten und Schneeleoparden. Der Zoo in Pilsen ist auch für seine Aufzucht des gefährdeten großen Ozelots, der Schneeeule und die erste Aufzucht von Sporenschildkröten bekannt. Hier gibt es auch große Freigehege für Braunbären und Wölfe. Konsequent wurden Gitter und Zäune durch Gräben, Glas und Holzpalisaden ausgetauscht. Der **Dinopark** im oberen Bereich des Zoos vermittelt Eindrücke aus dem Zeitalter des Mesozoikums mit animierten Modellen furchterregender Echsen sowie einem 3-D-Kino. Im **Botanischen Garten** ist auch ein Japanischer Garten zu finden. Der Architekt Eischin Harada hatte zuvor bereits eine ähnliche Anlage am Schloss Schönbrunn in Wien gestaltet.

Im Stadtpark **Bory**, etwa drei Kilometer südwestlich der Altstadt, steht ein Gedenkstein, der an die Befreiung der Stadt am 6. Mai 1945 erinnert, ein weißer Marmorblock mit der Aufschrift ›Thank you, America‹.

Plzeň

Infozentrum Pilsen, nám. Republiky 41 (neben dem Rathaus), Zweigstelle im Bahnhof, Tel. 378035330, www.icpilsen.cz; www.pilsen.eu.

Deutschsprachige Stadtführung Sa 14 Uhr am Infocentrum (Juni–Sept.).

Alle Infos zur Kulturhauptstadt Europas 2015: www.plzen2015.eu.

Hauptbahnhof ca. 500 Meter von der Pilsner-Urquell-Brauerei und 1 km von der Altstadt entfernt. Gute Verbindungen nach Prag, České Budějovice, Mariánské Lázně und Cheb. Viermal täglich Direktverbindung nach München über Regensburg, www.alex.info. Busbahnhof knapp 2 km westlich der Altstadt. Gute Verbindungen nach Prag und in alle größeren Städte der Umgebung.

Radio Taxi Plzeň, Tel. 377377377.
Taxi Plzeň, Tel. 776315454.
Taxislužba City Line, Tel. 733222317.

U Zvonu (€€€), Pražská 27, Tel. 378011855, www.hotel-uzvonu.cz. Das wohl luxuriöseste Haus der Stadt mit geschmackvollen barrierefreien Zimmern und Bädern, Café und Restaurant. Das Auto parkt sicher in der Tiefgarage. Nahe der Altstadt am Weg zur Pilsner-Urquell-Brauerei.

Courtyard by Marriott Pilsen (€€–€€€), sady 5. května 57, Tel. 373370100, www.marriott.com/prgpz. Modernes Vier-Sterne-Haus im Zentrum.

Hotel Gondola (€€), Pallova 12, Tel. 377994211, www.hotelgondola.cz. Kleine Vier-Sterne-Herberge mit klimatisierten Zimmern in einem historischem Gebäude, Fr–So 50 Prozent Wochenendrabatt. Nahe der Altstadt in ruhiger Lage am ehemaligen Stadtgraben, der hier wieder mit Wasser gefüllt wurde. Bio-Restaurant (tgl. 11–23 Uhr) mit großem Angebot an tschechischen Weinen, auch günstiges Mittagsmenü, Fischspezialitäten, Sommerterrasse; Wellnesszentrum.

Hotel Angelo (€€), U Prazdroje 6, Tel. 378016111, www.vi-hotels.com. Neue große Design-Herberge gegenüber der Pilsner-Urquell-Brauerei und in Hauptbahnhofsnähe.

Hotel Primavera (€€–€€€), Nepomucká 128, Tel. 378020500, www.primavera hotel.cz. Schöne komfortable und geräumige Zimmer sowie vier Suiten, alle mit großen Doppelbetten, gediegenes Restaurant.

Best Western Trend (€€), Kovářská 13a, Tel. 373720622, www.trend-hotel.cz. Mittelklassehotel, ruhig gelegen, vom Platz der Republik zehn Minuten Fußweg nach Norden. Schönster Raum ist das Apartment Nr. 601.

Best Western Hotel Panorama (€€), V Lomech 11, Tel. 377534323, www.panorama-pm.cz. Kleines modernes Hotel an einem Teich nördlich des Stadtzentrums, Restaurant (tgl. 11–23 Uhr) mit schöner Terrasse, Weinstube, Sauna, Fahrradverleih.

Rango (€€), Pražská 10, Tel. 377221188, www.rango.cz. Altstadthaus nahe dem Gasthaus ›U Salzmannů‹ mit großen Standardzimmern.

Hotel Roudná (€–€€), Na Roudné 13, Tel. 377259926, www.hotelroudna.cz. 300 Meter nördlich des Zentrums. Ruhig, gutes Restaurant.

Brauereihof Pilsen (Pivovarský dvůr Purkmistr) (€€) im dörflichen Stadtteil Černice, Selská náves 21/2, Tel. 377994311, www.purkmister.cz. Hotel in den Gebäuden eines ehemaligen Bauernhofs aus dem 16. Jahrhundert mit Restaurant, Weinstube und Bowlingbar. Alle Zimmer mit Klimaanlage. Die Minibrauerei hat eine Kapazität von nur 1000 Hektolitern pro Jahr. Mit Bierbad.

Pension Stará Plzeň (€), Plánská 1, Tel. 377259901, www.pension-sp.cz. Ruhige und stilvolle Bleibe in historischem Stadthaus, reichhaltiges Frühstück, bewachter Parkplatz.

Bierhalle (Pivnice Na spilce) am Betriebsgelände der Pilsner Urquellbrauerei, www.naspilce.com. Größtes tschechisches Bierhaus, rustikal, häufig von Reisebusgesellschaften besucht; schmackhafte Gerichte und Happen zum Bier, ausgeschenkt werden Fassbiere der Sorten Prazdroj, Gambrinus, Velkopopovický kozel černý, Fenix (frisches Weizenbier), Řezané pivo (Mix aus hellem und dunklem Bier), alkoholfreies Radegast Birell, bernsteinfarbenes Master 13° und dunkles Master 18°; tgl. 11–22, Fr/Sa 11–23 Uhr, Sommergarten 10–22 Uhr.

Krčma Stará sladovna, Malá ul. 3, Tel. 377225151, www.starasladovna.cz. In einer alten Mälzerei in Nähe des Marktes. Mittelalterliches Flair, oft Live-Musik, gut besucht. Platzreservierung ratsam; tgl. ab 11 Uhr.

Restaurant U Salzmannů, Pražská 8, Tel. 377235476, www.usalzmannu.cz. Älteste Pilsner Bierstube im Stadtzentrum, altböhmische Küche, tgl. 11–23 Uhr.

U Mansfelda, Dřevěná 9, Tel. 377333844, www.umansfelda.cz. Deftige böhmische Küche, auch Nichtrauchersaal und große Terrasse mit Blick auf Fleischbänke und Park. Mo–Do 11–23, Fr/Sa 11–24, So 12–22 Uhr. Nebenan Weinstube (Di–Sa 17–24 Uhr).

▶ Karte S. 123

Angus Steakhouse, Pražská 23, Tel. 377224332, www.angussteakhouse.cz. Gewölbe und Terrassenplätze am idyllischen Stadtgraben unterhalb des historischen Wasserturms. Biofleisch aus eigener Zucht; tgl. 11–23, Fr/Sa 11–24 Uhr.
Restaurant 12°, Kopeckého sady 329/8, Tel. 377221409, www.restaurant-12.com. Wenige Schritte nördlich des Westböhmischen Museums. Auch großer Kellerraum und Terrassenplätze unter Dach und alten Kastanien. Gambrinus unfiltriert und Pilsner Urquell nicht pasteurisiert; tgl. ab 11 Uhr.
Sedmý nebe Morávka, Bezručova 4, Tel. 378609696, www.moravkaplzen.cz. Ausgezeichnete böhmische und internationale Küche im offiziellen Gambrinus-Brauereirestaurant gegenüber dem Eingang zum ehemaligen Franziskanerkloster; Mo–Do 11–23, Fr 11–24, Sa 12–24, So 12–22 Uhr.
Slunečnice, Jungmannova 4, Tel. 377270193, www.slunecnicezdravavyziva.cz. Schnellrestaurant und Verkauf im Erdgeschoss, Restaurant im Feng-Shui-Stil im 1. Stock, Terrasse im Hinterhof. Auch vegetarische und vegane Küche, Fisch und Geflügel, frische Obst- und Gemüsesäfte. Imbiss Mo–Fr 9–11, Restaurant tgl. 11–23 Uhr.
Guru Village, nám. Republiky 21, Tel. 604490000, www.guruvillage.cz. Vegetarische indische Küche, idyllischer Innenhof neben dem Puppenmuseum am Marktplatz; Mo–Sa 11–19 Uhr.

Měšťanska beseda, Kopeckého sady 59/13. Jugendstilcafé im Erdgeschoss des Bürger- und Vereinshauses in der Nähe des Westböhmischen Museums. Mit verzierter Holzdecke, drei Kronleuchtern und vier riesigen Fenstern; Mo–Fr 9–23, Sa/So 11–23 Uhr.
Cross Café Sky, Anglické nábřeží 1. Aussichtscafé in der 16. Etage des BCB – Business Center Bohemia. Selbstbedienung auf drei Ebenen mit herrlicher Sicht auf Pilsen und Umgebung. Auch einige Plätze im Freien. Fahrstuhl nur bis 15. Etage; Mo–Fr 7.30–21, Sa 11–21, So 11–20 Uhr.
Café Fellini, nám. Republiky 95/7 (am Markt), www.caffefellini.cz. Im italienischen Stil, Sommerterrasse, am Rathaus nahe Engelbrunnen; tgl. 8–22 Uhr.
Café Emily, Zbrojnická 7, www.hotelrous.cz. Mit schöner Terrasse auf den Resten der ehemaligen Stadtmauer; Mo–Fr 8–24, Sa 9–23, So 15–22 Uhr.

Buena Vista Club, Kollárova 20, Tel. 377921291, www.buenavistaclub.cz. Angesagter Musikclub nahe dem Hotel Best Western Trend; Mo–Sa 20–2 Uhr.
Goethes Mefisto Music Bar, Goethova 2, Tel. 377320850, www.mefistobar.com. Höllische Bar mit guter Musik und teuflischer Atmosphäre; tgl. ab 21 Uhr.

Brauereimuseum, Veleslavínova 6, Feb./März und Okt.–Dez. tgl. 10–17, April–Sept. 10–18 Uhr. Neben dem Brauereimuseum: Schenke **Na Parkánu**, schöne Terrasse, deftige böhmische Kost; tgl. ab 11 Uhr.
Pilsner Kellergänge (Plzeňské podzemí), Veleslavínova 6, www.plzenskepodzemi.cz; Januar nur für angemeldete Gruppen, Feb./März und Okt.–Dez. 10–17 Uhr, April–Sept. tgl. 10–18 Uhr (deutschsprachige Führung tgl. 12.20 Uhr, Dauer 60 Minuten).
Museum für Kirchenkunst, Františkánská 11, April–Okt. Di–So 10–18 Uhr.
Westböhmisches Museum mit Pilsner Stadtwaffenkammer, Kopeckého sady 2, www.zcm.cz; Di–So 10–18 Uhr.
Große Synagoge, sady Pětatřicátníků 7/9, Tel. 377235749, www.zoplzen.cz; April–Okt. So–Fr 10–18 Uhr.
St. Bartolomäuskirche, Mi–Sa 10–16 Uhr (April–Okt.), Nov.–März. nur Mi–Fr, Turm ganzjährig tgl. 10–18 Uhr.
Rathaus, nám. Republiky 1; tgl. 8–18 Uhr.
Volkskundemuseum (Národopisné muzem Plzeňska), nám. Republiky 13, www.zcm.cz; Di–So 10–18 Uhr.
Westböhmische Galerie (in den Fleisch-

Reiseziele

bänken), Pražská 13, www.zpc-galerie.cz; Di–So 10–18 Uhr.

Puppenmuseum, nám. Republiky 23, www.muzeumloutek.cz; Di–So 10–18 Uhr.

Gespenstermuseum (Muzeum strašidel), nám. Republiky 33 (im Untergeschoss des Hotels ›Central‹), www.muzeumstrasidel.cz; tgl. 10–18 Uhr.

Techmania (im Science Center der Škoda-Werke), Eingang Ecke Borská/Břeňkova, www.techmania.cz. Wissenschaftszentrum für Kinder mit vielen Experimentiermöglichkeiten; Mo, Di, Do 8.30–17, Mi und Fr 8.30–18, Sa/So 10–18 Uhr.

Patton Memorial Pilsen, Pobřežní 10. Das einzige tschechische Museum, das die Befreiung Westböhmens durch US-Truppen dokumentiert; Di–So 9–13 und 14–17 Uhr.

Pilsner Urquell Brauerei und Gambrinus Brauerei, U Prazdroje 7, Tel. 377062888 (Kartenreservierung), www.prazdrojvisit.cz. Kartenverkauf im Besucherzentrum gegenüber dem Restaurant ›Na spilce‹; tgl. 8–18 Uhr, Okt.–März 8–17 Uhr. Führungen in deutscher Sprache Mo–Fr 14.30, Sa/So 13 und 14.30 Uhr, englischsprachige Tour tgl. 12.45, 14.15 und 16.15 Uhr, Dauer 100 Minuten. Gambrinus Brauerei: Sa 13 und 15.30 Uhr (Mai–Nov., nur tschechische Führung).

Smetana-Tage (März), **Freiheitsfest** (6.5. - zur Erinnerung an das Ende des Zweiten Weltkrieges), **Appetitfestival** (Mai), **Folklorefest** (Juni), **Sonne im Glas**: Festival der Minibrauereien (Sept.), **Suppenfestival** (Sept.), **Bierfest der Pilsner-Urquell-Brauerei** (Okt.), **Jazz ohne Grenzen** (Nov.).

Zoo, **Botanischer Garten** und **Dinopark**, Pod Vinicemi 9, www.zooplzen.cz; April–Okt. tgl. 8–18, sonst 9–16.30 Uhr (Dinopark nur April–Okt.). Von April–Okt. zweimal tgl. außer Mo Falknereivorführung am Amphitheater sowie kommentierte Fütterungen ausgewählter Tierarten. **Sukkulenten-Gewächshaus**, Okt.–März nur Sa/So 10–16 Uhr, April–Sept. Di–So 11–18 Uhr. **Arboretum**: Mai–Sept. tgl. 8–18 Uhr.

Divadlo J.K. Tyla, Smetanovy Sady 16, www.djkt-plzen.cz. Theaterkasse in der ul. Sedláčkova 2.

Kladruby

Hauptanziehungspunkt in Kladruby (Kladrau), gut 30 Kilometer westlich von Plzeň, ist das Kloster mit der Stiftskirche St. Marien. Das **Benediktinerkloster** wurde im Jahr 1115 gestiftet, von 1712 bis 1728 war Giovanni Santini mit dem Umbau der romanischen Kirche beschäftigt. Der Architekt verband eindrucksvoll gotische und barocke Stilelemente. An das dreischiffige Langhaus wurde ein Querschiff mit einer großen Kuppel angefügt, seitdem beträgt die Längsachse über 80 Meter. Die Statuen auf dem Altar und weitere Heiligenfiguren sind das Werk von Matthias Bernhard Braun. Im Kloster werden zwei Besichtigungstrassen angeboten. Die eine umfasst die Wohnung des Abts, die Kirche St. Marien und eine Ausstellung über Johannes von Nepomuk, die andere die schlossähnlichen Repräsentationsräume mit Zinnausstellung, Winterrefektorium, Braunschen Skulpturen sowie die Bibliothek derer von Windischgrätz. Im Sommer finden im Rahmen des alljährlichen Festivals ›Musiksommer von Stříbro‹ Konzerte statt.

▲ Karte: vordere Umschlagklappe

Kladruby

Tgl. nach Stříbro sowie zwei- bis dreimal nach Plzeň und Tachov.

Kloster Kladruby, Tel. 374631773, www.kladruby.euweb.cz; April und Okt. nur Sa/So 9–16 Uhr, Mai und Sept. tgl. außer Mo 9–16 Uhr, Juni–Aug. 9–17 Uhr.

Pilsner Urquell – ein Bier erobert die Welt

Es gibt weltweit gesehen unzählige Biersorten. Unter allen bislang gebrauten Bieren galt und gilt das Pilsner Urquell unbestritten als eines der besten, und das erste und einzig echte Pilsner ist es ohnehin. Es inspirierte darüber hinaus mehr als zwei Drittel aller weltweiten Brauereien, die als Pils bezeichnete Biere produzieren.

Über 500 Jahre Braugeschichte vergingen, bis das meisterhafte Bier geboren war: Im Jahr 1295 verlieh König Wenzel II. der Stadt Pilsen die Braurechte. Jahrhundertelang fabrizierten die Bürger ihr Bier zuhause, in Spitzenzeiten besaßen bis zu 260 Einwohner ein Brauprivileg. Die Qualität war allerdings bestenfalls mäßig, und so hatten sich bis zum Anfang des 19. Jahrhunderts viele Bürger das Biertrinken fast abgewöhnt. 1839 beschloss der Stadtrat den Bau des Bürgerlichen Bräuhauses. Der erste Bierbrauer, ein ebenso bekannter Grobian wie anerkannter Fachmann, kam aus dem bayerischen Vilshofen: Braumeister Josef Groll, zu diesem Zeitpunkt noch keine 30 Jahre alt. Groll achtete auf Qualität und erfand die Pilsner Brauart und so ein süffiges untergäriges Bier mit tiefgoldener Farbe und schneeweißer Blume, würzigem Geschmack sowie guter Bekömmlichkeit.

Bereits 1845 zählte man in Prag 35 Gasthäuser, in denen das Pilsner Urquell aus dem Hahn floss. Über das Bäderdreieck fand es um das Jahr 1853 seinen Weg nach Wien, und ab 1863 wollten es sich auch die Franzosen munden lassen. 1862 erhielt Pilsen Anschluss an das Eisenbahnnetz, seither gingen die Fässer mit Pilsner Lagerbier in die ganze Welt. Hiesige Tüftler entwickelten den Bierkühlwaggon, der 1889 auf der Pariser Weltausstellung seine Premiere feierte. Bald darauf besaß die Brauerei über 250 derartiger Spezialwaggons. Täglich war ein Zug nach Wien unterwegs, ein zweiter rollte nach Bremen. Das Pilsner Urquell wurde hier umgeladen und gelangte auf Schiffen über den Atlantik nach Amerika. Erst 1898 wurde die Schutzmarke ›Urquell‹ (Prazdroj) registriert. Inzwischen gab es zahlreiche Mitbewerber, die ihr Bier auch unter den Namen Pilsener oder Pils vermarkteten, die Qualität des Originals aber blieb unerreicht.

Weder an der Kunst des Bierbrauens noch an den Zutaten hat sich bis heute etwas geändert. Das weiche Brauwasser aus dem eigenem Brunnen stammt aus 80 Metern Tiefe, der edle Hopfen kommt aus Žatec (Saaz) und ist für das typisch feine Bitteraroma verantwortlich, die Bierhefe wird selbst gezüchtet und das Malz selbst gedörrt. Nur die Besitzer wechselten häufig: Zuletzt kaufte im Jahr 1999 die weltweit zweitgrößte Brauereigruppe, die britisch-südafrikanische SAB-Miller, die Brauerei und steigerte seitdem den Export. Heute beträgt die Jahresproduktion bis zu elf Millionen Hektoliter. In Flaschen abgefüllt, entspräche das einer ›Bierschlange‹, die sich zehnmal um die Erde wickeln würde.

Auch in Pilsen entsteht das Bier, wie Besucher bei einer Brauereiführung erfahren können, mittlerweile nach modernsten technologischen Verfahren: das Lagerbier reift in über 100 riesigen Edelstahltanks. Die neue Technologie kam aber erst nach umfangreichen Tests zum Großeinsatz. So wurden etwa Braumeister im Ruhestand gebeten, die Biere aus klassischem und neuen Verfahren zu vergleichen. Auch ihre erfahrenen Gaumen merkten keinen Unterschied zwischen Lagerbier aus einem Holzbottich oder Edelstahlbehälter. In den ausgedehnten Sandsteinkellern hat sich die klassische Bierherstellung nach alter Braukunst in kleinen Mengen noch erhalten. Bei zwei Grad Celsius gärt das Bier zehn Wochen in Eichenfässern. Dieser Prozess dient nicht nur der Traditionspflege: Die Qualität des Bieres nach altem und neuen Verfahren kann so beständig überprüft werden. Abschließender Höhepunkt einer Brauereiführung ist der Besuch der alten Braukeller, wo die Gäste (über 18 Jahre!) das unfiltrierte und nicht pasteurisierte Pilsner Urquell verkosten können.

Im Jahr 1930 beschrieb der Wiener Professor Eduard Jalowetz das Pilsner Urquell mit acht Kennzeichen: hellgelbe bis goldgelbe Farbe, angenehm harmonischer Geschmack, kräftige edle Bitterkeit, feiner Duft, leichte Bekömmlichkeit, angenehmes Hopfenaroma, voller Geschmack und Trinkbarkeit sowie erfrischende Wirkung. Heute wissen wir noch mehr. Ärzte haben bestätigt, dass das von manchen als ›himmlisch‹ bezeichnete Getränk aus Westböhmen auch der Gesundheit zuträglich ist. Der maßvolle Genuss mildert Verdauungsstörungen und Stresssymptome, stärkt Blutkreislauf und Nierentätigkeit und senkt das Risiko von Herzkrankheiten. Die Ärzte registrierten das ›Pilsener Paradox‹: Während andere Biere den Blutdruck leicht erhöhen können, sinkt dieser nach dem Genuss von Pilsner Urquell etwas ab. Wegen all dieser besonderen Eigenschaften wird Bier in unserem Nachbarland mitunter sogar ärztlich verschrieben!

Der Eingang zur Pilsener Brauerei

Das berühmte Original

In der Brauerei-Broschüre ›Die Geschichte vom Pilsner Urquell‹ ist zu lesen: »Es wird behauptet, dass Bier, besonders stärkeres wie es das Urquell ist, ein Dickmacher sei. Experten zufolge soll das jedoch - wenn man es in Maßen trinkt - nicht zutreffen. Übergewichtigkeit hängt nur insofern mit dem Urquell zusammen, dass es die Verdauung anregt und Appetit macht. Wenn wir also weniger essen, können wir dafür mehr trinken... Allerdings tritt die heilende Wirkung des Urquells sicherlich nur bei Genuss von geringen Mengen ein. Übermäßiger Verbrauch ist, und das gilt für jedes alkoholische Getränk, nicht empfehlenswert. Auch das Urquell kann sich aus einem angenehmen und nützlichen Gesellschafter in ein reißendes Untier verwandeln. Trinken wir es also in einer Menge, die seinem königlichen Wesen gebührt.«

Als einzige Brauerei im Lande und wahrscheinlich ganz Europas beschäftigt die Pilsner Urquellbrauerei noch Fassmacher, die die Tradition des alten Böttcherhandwerkes bewahren. Hauptsächlich sind sie für die Herstellung und Instandhaltung der Holzgärbottiche sowie der großen Eichenholzfässer zuständig, die zum Lagern des nach der ursprünglichen Originaltechnologie gebrauten Bieres dienen; für Touristen werden auch kleine Fässchen ab zwei Liter Fassungsvermögen produziert.

Im Brauereigasthaus ›Na spilce‹ auf dem Werksgelände geht es laut und geschäftig wie in einer Bahnhofshalle zu. Hier, im einstigen Sudkeller, gärte das Bier einst in großen Holzbottichen. 1992 wurde das größte Bierlokal Tschechiens anlässlich des 150-jährigen Gründungsjubiläums eröffnet. Bis zu 550 Gäste finden Platz, darunter mischten sich schon die einstigen Präsidenten Vacláv Havel und Bill Clinton, um sich ein pivočka (Bierchen) zu genehmigen. Zum Bier werden Klassiker der böhmischen Küche gereicht, etwa Biergulasch (›Prazdroj‹), gefüllte Kartoffelknödel, Entenkeule in Kümmelschmalz mit Ingwer, Rotkraut und Knödeln oder Wildragout in Rotwein mit Lebkuchengewürz, Mehlbeere und Klößen sowie Gegrilltes, Fisch und Spaghetti. Nimmersatten sei das Angebot ›Soviel essen und trinken wie Sie wollen‹ für 399 Kč (etwa 16 Euro) empfohlen, das drei Stunden gilt.

Gegenüber dem ›Na spilce‹ steht das Besucherzentrum mit dem ›Panorama‹, einem nachgestellten Querschnitt einer Brauerei zur Wende des 19./20. Jahrhunderts, und einer Minibrauerei im ersten Stock.

Obwohl man guten Gewissens behaupten kann, dass das Pilsner Urquell nach wie vor zu den weltbesten Bieren gehört, ist das Bier der Marke Gambrinus in Tschechien heute das meistverkaufte. Die Gambrinus-Brauerei wurde 1869 als Konkurrenz zum Bürgerlichen Brauhaus gegründet. Aber bereits im Jahr 1933 musste sie mit dem unmittelbaren Betriebsnachbarn fusionieren, so dass auch diese Gewinne heute in die Pilsner Urquell AG fließen.

Reisetipps von A bis Z

Angeln

Für die verschiedenen Fischarten gelten unterschiedliche Schonzeiten. Erforderlich ist eine Anglerkarte, die von den Stadtbezirks- und Kreisämtern sowie Stadt- und Gemeindeämtern ausgestellt werden (Tages-, Wochen-, Monats- und Jahreskarten). Eine Wochenkarte kostet pro Person für Forellengewässer in Westböhmen 10 Euro. Die Firma SHOCart Zlín (Wassersport) gibt Fischrevierkarten (Rybářské mapy) heraus. Infos: Tschechischer Anglerverband (Český rybářský svaz), www.rybsvaz.cz.

Anreise

Seit dem Beitritt zum Schengenraum gehören Grenzkontrollen von und nach Tschechien der Vergangenheit an. EU-Bürger und Schweizer müssen aber dennoch einen Personalausweis oder Reisepass dabeihaben, um sich bei Stichkontrollen des Zolls oder an der Hotelrezeption ausweisen zu können.
Wer von der Polizei ohne Personaldokument ertappt wird, kann mit bis zu 25 Euro zur Kasse gebeten werden.

■ Mit dem Auto

Führerschein und Kraftfahrzeugschein sind erforderlich, die Mitnahme der Grünen Versicherungskarte wird empfohlen. Für die Benutzung von Autobahnen und ausgewählten Fernstraßen müssen Gebühren bezahlt werden. Die erforderliche Vignette (Tages-, Wochen- und Jahresvignette) ist an Grenzübergangsstellen, aber auch in Postämtern und ausgewählten Tankstellen erhältlich. Preise für PKW und Motorräder: Jahresvignette etwa 60 Euro, für einen Monat 18 Euro und pro Woche 12 Euro.

■ Mit dem Zug

Grenzübergänge von Deutschland nach Westböhmen im Bahnverkehr:
Johanngeorgenstadt-Potucky (Regionalverkehr)
Bad Brambach-Vojtanov (Regionalverkehr)
Furth im Wald-Domažlice (Regionalverkehr)
Schirnding-Cheb (Hauptstrecke Nürnberg–Prag)

■ Mit dem Fahrrad oder zu Fuß

Seit dem Beitritt Tschechiens zum Schengenabkommen darf man die deutsch-tschechische Grenze überschreiten, wo es einem beliebt. Eine Ausnahme mit Eintrittsverbot gibt es nur in Nationalparks und Naturschutzgebieten.

Apotheke (lékárna)

Das Angebot unterscheidet sich kaum von dem deutscher Apotheken, auch in der Anzahl der Standorte. Viele Arzneimittel sind hier kostengünstiger zu haben, auch deutsche Rezepte kann man einlösen.

Baden

Mehrere Stauseen, naturbelassene Flussufer an der Eger (Ohře), aber auch Seen und Teiche locken in der warmen Jahreszeit zum Baden.
Einige beliebte Badegewässer:
Gaßnitzer Stausee (Vodní nádrž Jesenice) südöstlich von Cheb.
Talsperre Pirkenhammer (Vodní nádrž Březová) südwestlich von Karlsbad.

Campingplätze

An mehreren Stauseen im Umkreis des Bäderdreiecks kann man das Zelt aufstellen, im Caravan oder in einer Hütte übernachten. In Deutschland erscheint jährlich ein aktualisierter ADAC-Campingführer, in dem auch ausgewählte Plätze in Böhmen mit ihren Betriebszeiten, Badegelegenheiten, Einkaufsmöglichkeiten, Restaurants und Preisen aufgeführt sind.
Standortsuche im Internet: www.camp.cz.

Diplomatische Vertretungen Tschechiens im Ausland

In Deutschland:
Wilhelmstr. 44
10177 Berlin

Tel. 030/226380
www.czech-embassy.de
In Österreich:
Penzinger Straße 11-13
1140 Wien
Tel. 01/89958111
www.mzv.cz/vienna
In der Schweiz:
Muristraße 53
3000 Bern 16
Tel. 031/3504070
www.mzv.cz/bern

Diplomatische Vertretungen in Tschechien

Deutsche Botschaft
12560 Prag 1
Vlašská 19
Tel. 257113111
www.prag.diplo.de
Mo-Fr 9-12 Uhr
Österreichische Botschaft
Prag 5
Victora Huga 10
Tel. 257090511
www.aussenministerium.at/prag
Schweizer Botschaft
Prag 6
Pevnostní 7
Tel. 220400611
www.eda.admin.ch/prag

Einkaufen

In Tschechien gibt es kein Ladenschlussgesetz. Je nach Lage und Größe des Geschäfts variieren die Schließzeiten. Lebensmittelläden haben von Montag bis Freitag zumeist von 7 bis 18 Uhr, samstags von 7 bis 12 Uhr und manche auch sonntags von 13 bis 18 Uhr geöffnet. Ansonsten gilt von 9 bis 18 Uhr an Werktagen als üblich. In Dörfern und Kleinstädten werden Geschäfte oft über Mittag und schon ab 17 Uhr geschlossen.

Kaufhäuser haben donnerstags meist bis 20 Uhr geöffnet, am Samstag bis 16 Uhr und in Großstädten auch am Sonntag, die Discounter (z.B. Albert, Billa, Lidl, Penny) täglich von 7 bis 20 und So von 9 bis 19 Uhr, einige, wie z.B. Tesco, an manchen Standorten rund um die Uhr. Einige Bezeichnungen: ›Maso uzeniny‹ sind Fleisch- und Räucherwaren, eine ›cukrárna‹ verkauft Gebäck und Süßigkeiten, ›lahůdky‹ ist das Delikatessengeschäft. Obst- und Gemüseläden erkennen Sie an der Aufschrift ›ovoce/zelenina‹, mancherorts auch ›kolonial‹. Beliebte Mitbringsel aus Böhmen und Mähren sind Porzellan, Keramik, böhmisches Glas, Lederwaren, Spitze und Stickereien, CDs mit klassischer Musik, preisgünstige Bücher (insbesondere mehrsprachige Bildbände, auch in deutsch), Kalender, Kosme-

Zeltplatz an der Ohře bei Loket

tik, Bier, der Likör Becherovka (Karlsbader Becher) und Sliwovitz, ein Pflaumenschnaps. Von der EU geschützte regionale Spezialitäten sind der Wittingauer Karpfen, der südböhmische Käse Niva, Pardubitzer Pfefferkuchen sowie Olmützer Quargeln – eine sehr würzige Käsesorte mit dem niedrigsten Fettgehalt aller Käsesorten der Welt (1%).

Fest- und Feiertage

Neujahr (1. Januar), Ostermontag, Tag der Arbeit (1. Mai), Tag der Befreiung Prags 1945 (8. Mai), Tag der Slawenapostel/ Einführung des Christentums 863 (5. Juli), Gedenktag an die Verbrennung des Jan Hus 1415 (6. Juli), Tag des Nationalheiligen Wenzel (28. September), Tag der Republik/Staatsgründung 1918 (28. Oktober), Weihnachten (24., 25. und 26.Dezember).

Geld und Währung

Der Vergleich vor dem Geldumtausch lohnt, einige Geldinstitute oder Hotelrezeptionen verlangen hohe Gebühren. Am kostengünstigsten ist das Geldabheben am Automaten mit der Postbank Sparcard. Pro Jahr sind zehn Auszahlungen im Ausland kostenfrei, dazu kommt ein günstiger tagesaktueller Kurs (Anfang 2015: 27 Kč = 1 Euro). Bei den meisten Bankautomaten kann man den Umtauschkurs im Voraus abfragen. Der Vergleich lohnt sich, denn die jeweiligen Konditionen unterscheiden sich von Bank zu Bank. Kreditkarten werden vielerorts akzeptiert.

Die Währungseinheit in Tschechien ist die Krone (Kč). In Tschechien gibt es Scheine zu folgenden Werten: Kč 100, 200, 500, 1000, 2000 und 5000. Münzen existieren zu Kč 1, 2, 5, 10, 20 und 50. Der Beitritt zur Eurozone ist gegenwärtig noch nicht absehbar.

Informationen

Tschechische Zentrale für Tourismus – CzechTourism, Wilhelmstraße 44/Eingang Mohrenstraße, 10117 Berlin, Tel. 030/ 2044770, berlin@czechtourism.com, www.czechtourism.cz. Öffnungszeiten Infopoint:

Tschechisches Groß- und Kleingeld

Mo–Do 10–12 u.14–19, Fr 10–12 Uhr.

Tschechisches Kulturzentrum München, Prinzregentenstr. 7, 80538 München, Tel. 089/21024932, www.munich.czechcentres.cz.

Kuren

Viele deutsche Krankenkassen beteiligen sich an den Kosten für ambulante Vorsorgemaßnahmen auch im EU-Ausland. Bedingung ist ein Kurantrag. In der Folge erhält man Informationen über die Art und Höhe der Kostenübernahme. Der Patient bezahlt die Kur vor Ort aber selbst und reicht nach der Heimkehr die entsprechenden Unterlagen zur Kostenrückerstattung ein. Dazu zählt auch die Bestätigung über die absolvierten Kuranwendungen durch einen Arzt des Hotels/Kurhauses.

Medien

Die meisten Hotels, Pensionen und Privatunterkünfte verfügen über TV-Satellitenempfangsanlagen.

Deutsche Tageszeitungen, Nachrichtenjournale und Boulevardblätter sind an vielen Kiosken und Hotels zu bekommen. Die ›Prager Zeitung‹ ist deutschsprachig. Die Themen sind speziell auf im Land verbliebene Deutsche, Heimatvertriebene, aber auch alle Interessenten ausgerichtet.

Medizinische Versorgung

Zwischen Deutschland und Tschechien existiert ein Sozialhilfeabkommen, die herkömmliche Karte gilt auch als Europäische Krankenversicherungskarte. Damit kann man sich in Tschechien zu einer Vertretung der staatlichen Krankenkasse (Česká zdravotní pojištění) begeben, die in jeder größeren Stadt ein Büro hat. Dort erhält man Adressen der jeweiligen Vertragsärzte. Müssen dennoch Behandlungen selbst bezahlt werden, sollte man sich unbedingt eine Quittung mit Beschreibung der erbrachten Leistungen ausstellen lassen, damit die Kosten daheim rückerstattet werden können. Eine zusätzliche private Auslandskrankenversicherung wird angeraten, da die gesetzlichen Kassen keinerlei Kosten für einen Krankentransport nach Deutschland übernehmen.

Medizinischer Notfalldienst (landesweit): Tel. 155.

Zwei wichtige Worte: lékař (Arzt), nemocnice (Krankenhaus).

Museen

Geöffnet ist in der Regel täglich außer montags und an Tagen nach Feiertagen. Der überwiegende Teil der Museen und Ausstellungen, die sich auf Burgen und Schlössern befinden, ist nur von Anfang April bis Ende Oktober zugänglich. In den Monaten April und Oktober haben viele Ausstellungen nur samstags und sonntags sowie an Feiertagen geöffnet, wenn keine Vorbestellung für andere Tage erfolgte. Eine Führung ist meist obligatorisch; spricht das Personal nicht deutsch, dann bekommen deutsche Touristen oft Besichtigungsmappen mit deutschem Text in die Hand gedrückt. Viele Museen zeigen spezialisierte Ausstellungen.

Post

Postämter in Städten haben meist durchgehend, auch am Wochenende, geöffnet, ansonsten Mo–Fr 8–19 und Sa 8–12 Uhr. Auch Dörfer haben ihre Postämter, allerdings sind diese meist nur von Mo–Fr 8–13 Uhr geöffnet. Briefe und Karten aus der Tschechischen Republik nach Deutschland (tschechisch: Německo) benötigen ein bis zwei Tage. Die Gebühr für Postkarten und Briefe bis 20 Gramm beträgt innerhalb Europas Kč 25. Briefmarken (postovní známka) erhält man an Zeitungskiosken, Schreibwaren- und Tabakläden.

Radfahren

Die grenzüberschreitende Fahrradmitnahme ist in vielen Zügen möglich. Bei der Tschechischen Bahn werden Fahrräder im Gepäckwagen oder -abteil transportiert, zumeist ist das Selbstverladen obligatorisch, die Fahrradfahrkarte kostet ca. 1 Euro. Fahrräder kann man in vielen Hotels und Touristenzentren ausleihen. Das ist oft recht teuer, meist werden Mountainbikes vermietet.

Auf allen Nebenstraßen kann man gut radeln, in Touristenzentren wurden spezielle Rundkurse für Fahrradfahrer ausgewiesen. Regionale Routen verlaufen oft auf Forst- und Wirtschaftsstraßen oder Wanderwegen. Radfahrkarten (cykloturistická mapa) für das gesamte Land vertreibt die Kartografie Praha im Maßstab 1:700 000. Nützlich sind auch der Atlas ›Česká republika c cyklotrasami‹ (1:240 000), www.zaket.cz, sowie die Radatlanten ›Cykloprůvodce Česká republika‹ mit Höhenprofilen des Verlages freytag & berndt, www.freytagberndt.cz.

■ Informationen zum Egerradweg

Auskünfte in Deutschland: **Landratsamt Wunsiedel im Fichtelgebirge**, 95631 Wunsiedel, Tel. 09232/80482, franziska.ruckdeschel@landkreis-wunsiedel.de.

In Tschechien: **enthusia**, CZ-40502 Děčín, Thunská 32, Tel. (00420)/777499804, www.enthusia.cz. Das tschechische Reisebüro organisiert auch für deutsche Interessenten geführte Egerradreisen, die Mitarbeiter sprechen deutsch und/oder englisch.

► An- und Abreise

Der Egerradweg umfasst nach der beschriebenen Variante (→ S. 61) knapp 300 Kilometer. Startpunkt für Zugreisende ist

Münchberg (an der Bahnstrecke Hof-Nürnberg). Vom Zielort Litoměřice geht es über Ústí nad Labem und Děčín nach Dresden.

► **Beschaffenheit/Markierung**

Vom Startpunkt Bahnhof Münchberg anfangs dem Quellenweg folgen (HO 5, BT 35, BT 34, WUN 15) zur Egerquelle. Von der Egerquelle bis Hohenberg a. d. E. durchweg WUN 15. Über Schirnding auf dem Wallensteinradweg Richtung Cheb (über Fuß- und Radgrenzübergang Pomezí nad Ohří). In Franken neben einigen Straßenabschnitten viele schlecht befahrbare Feld- und Waldwege. In Böhmen ist der Egerradweg durchgängig mit Nr. 6 auf gelbem Grund markiert. Zwischen Cheb und Karlovy Vary hervorragend ausgebaut, nachfolgend einige schwierige Abschnitte im Gelände. Zwischen Budyně nad Ohří und Písty ist nur ein steiniger Feldweg vorhanden, auf der benachbarten Hauptstraße Richtung Doksany (Nr. 118) montags bis samstags starker Verkehr.

► **Tourenvorschlag**

1. Etappe: Münchberg-Egerquelle-Schönlind (24 km)
2. Etappe: Schönlind-Cheb (50 km)

Am nächsten Tag evtl. Ruhetag/Stadtbesichtigung Cheb

3. Etappe: Cheb-Loket (48 km)
4. Etappe: Loket-Karlovvy Vary (15 km), nachmittags Besichtigung Kurort
5. Etappe: Karlsbad-Kadaň (45 km)
6. Etappe: Kadaň-Louny (60 km)
7. Etappe: Louny-Litoměřice (50 km)

► Karten

in Franken: ›Radfahren - Naturpark Fichtelgebirge‹, M 1:75 000, ISBN3-936333-30-0, 4 Euro.

in Böhmen: Radkarten (cyklomapa) ›Živý kraj‹ (M 1:75 000, Cheb-Kadaň), ›Dolní Poohří‹ (M 1: 100 000, Kadaň-Libochovice) und ›České středohoří‹ (M 1:100 000, Libochovice-Litoměřice). Kostenloses Kartenmaterial erhältlich bei: www.enthusia.cz (bei Herrn Sven Czastka - spricht deutsch); www.dolnipoohri.eu/kontakty; www.ceskestredohori.info/cz/destinacni-agentura/kontakty; www.zivykraj.cz/cz/tourism-kontakt (bei Herrn Petr Židlický).

Reiseveranstalter

Das Böhmische Bäderdreieck ist für Individualtouristen unkompliziert zu bereisen. Aber natürlich kann man sich auch organisierten Touren anschließen. Eine Auswahl besonders empfehlenswerter Anbieter:

FFAIR Reisen GmbH, Waldeyerstr. 10/11, 10247 Berlin, Tel. 030/4264660, www.ffair.de/kur-wellness-reisen/tschechien. Kurreisen nach Franzensbad, Karlsbad, Marienbad und St. Joachimsthal. Hin- und Rück-

Der Egerradweg ist gut beschildert

fahrt im Kleinbus zu Ihrem Wunschhotel einschließlich Abhol- und Rücktransportservice bis an die Haustür.

Bohemia-Travel.de e. K., Silcherstraße 38, 74706 Osterburken, Tel. 06291/649001, www.bohemia-travel.de. Ein reiner Online-Reiseveranstalter mit Angeboten in den Kurorten des Bäderdreiecks (Kuren, Wellness, Golfen).

Cup Tourisik GmbH, Marcusallee 7a, 28359 Bremen, Tel. 0421/203600, www.cup.de. Kurreisen nach Franzensbad und Marienbad.

Cup Vital, Masarykova 626/1, Tel. 354546211, www.cupvital.cz. Kurreisen mit bundesweiten Zustiegsstellen.

Garber Reisen GmbH, Grazerstrasse 36, A-7571 Rudersdorf, Tel. (0043)/(0)3382/71734, www.garber-reisen.at/das-westbohmische-baderdreieck. Vier-Tage-Rundfahrt durchs Böhmische Bäderdreieck.

Reiten

In Touristenzentren bieten Reitschulen vielfältige Angebote. Wenn Sie einen speziellen Reiturlaub planen, wenden Sie sich am besten an ein Reisebüro.

Telefonieren

Das Handy funktioniert problemlos, nur in einigen Gebirgstälern kann Funkstille herrschen. Einige wichtige Nummern:

Telefonauskunft: 1180 (national), 1181 (international).

SOS: 112.

Polizei: 158.

Stadtpolizei: 156.

Schnelle ärztliche Hilfe: 155.

Straßenhilfsdienst: 154.

Feuerwehr: 150.

Vorwahl von Tschechien nach Deutschland 0049, nach Österreich 0043 und in die Schweiz 0041. Danach folgt die jeweilige Ortskennzahl ohne die erste 0.

Nach Tschechien gilt aus Deutschland, der Schweiz und Österreich die Vorwahl 00420, danach folgt die neunstellige Telefonnummer. Ortsvorwahlnummern gibt es nicht!

Unterkünfte

Hotels: Die Sternklassifikation 1 bis 5 ist üblich: ein Stern = sehr einfach, zwei Sterne = Zimmer mit Dusche, drei Sterne = Zimmer mit Bad. Doch allein von den Sternen sollte man sich nicht leiten lassen, manche Besitzer scheinen sie sich selbst zu verteilen. Verlässlich ist nur die Vergabe mit einem Zertifikat, das an der Rezeption aushängen sollte. Am besten man besichtigt das Zimmer, damit es keine Enttäuschung gibt. Das Personal spricht fast immer etwas deutsch, so dass es wenig Verständigungsprobleme gibt. Im Bäderdreieck haben renommierte Hotels längst westeuropäisches Preisniveau erreicht. Ein komfortables Doppelzimmer ist hier ab 100 Euro pro Nacht die Regel. Günstiger sind die Preise im Winterhalbjahr und mitunter am Wochenende. Im Internet findet man interessante Spezialpreise, so ist das luxuriöse Doppelzimmer manchmal schon für ca. 70–80 Euro zu haben.

In Kleinstädten kann man dagegen ab 50 Euro pro Doppelzimmer in einem schönen Hotel übernachten. Werden Sie aber skeptisch, falls der Zimmerpreis sofort bei Ankunft beglichen werden soll. In diesem Fall können Sie sicher mit unerwünschten nächtlichen Überraschungen rechnen oder der Standard lässt sehr zu wünschen übrig. Bei Werbung wie ›24-Stunden-Nonstop‹ dienen die Zimmer oft als Stundenhotel. Neben einem ständigen Kommen und Gehen der Freier und dem Klingeln an der Rezeption stört dann das geschäftliche Gestöhne der Damen die Nachtruhe erheblich. Außerdem lässt die Hygiene in solchen Herbergen oft zu wünschen übrig – ein Blick auf die Matratze unter dem Laken spricht dann Bände. Generell ist in der letzten Zeit zu bemerken, dass viele Vermieter zwar die Preise ständig erhöhen, aber der Service damit nicht Schritt hält.

Pensionen: Pensionen haben in den letzten Jahren einen Boom erlebt. Oft ist hier eine kleine Gaststube/Bar angeschlossen – eine gute Alternative für Reisende, die nicht auf alle Annehmlichkeiten verzichten, aber auch nicht zu tief in die Tasche greifen möchten. Etwa 25 Euro pro Nacht und Person sind zu zahlen, darin ist meist ein Frühstück enthalten.

Unterwegs in Westböhmen

Mit dem Autobus

Bushaltestellen (autobusova zastávka) und Busplätze befinden sich meist in der Nähe von Bahnhöfen. Busfahren ist etwas teurer, als mit der Bahn zu reisen. Dafür kommt man mit dem Bus auch in fast jedes kleine Dorf. Große Gepäckstücke wie Rucksäcke verstaut der Fahrer mitunter im Gepäckraum. Das Gepäck muss meist extra bezahlt werden.
Fahrpläne: www.vlak-bus.cz.

Wichtige Symbole an Busfahrplänen:

X	verkehrt nur werktags (Mo bis Fr)
b	verkehrt werktags und Sa
A	werktags vor Sa oder Feiertagen
g	täglich außer Sa
a	Sa, So und an Feiertagen
S	Sa
+	So und Feiertage
c	an Schultagen
h	in den Schulferien
V	verkehrt an Arbeitstagen vor einem arbeitsfreien Tag bzw. Freitag
r	nicht am 24. und 31.12.
L	im Sommer
Z	im Winter
1–7	Mo bis So
p	Mo

Mit dem Zug

»Wir Tschechen haben ein besonderes Verhältnis zur Bahn. Selbst auf dem Land kommen wir überall hin – schließlich nennen wir das dichteste Schienennetz aller EU-Länder unser Eigen. Insgesamt 9490 Kilometer Gleise! In kleine Orte wie Osoblaha oder Hrušovany nad Jevišovkou fahren zwar meist nicht die modernen Züge mit ihrer langen Schlange von Waggons; dorthin sind oft nur die kurzen Uralt-Bahnen unterwegs ... Aber Hauptsache, sie fahren überhaupt. Auf beinahe zwei Dutzend Zugfahrten bringt es jeder von uns pro Jahr ... und darin werden wir auch von keinem der neuen EU-Länder übertroffen.« (Geo Special Tschechien und Prag, Nr. 08/09 2009). Die Tarife sind immer noch günstig. Der Bahnfahrschein für eine Strecke von 100 Kilometern kostet etwa 4 Euro. Bei der Fahrt mit Personenzügen sollte man Zeit mitbringen, das gemütliche Tempo lässt viel Muße zum Hinausschauen. SuperCity- (SC), Eurocity- (EC) und Intercity-Züge (IC) sind zuschlagpflichtig. Fahrkarten (jízdenka) gelten bis 200 Kilometer Entfernung einen Tag, darüber hinaus drei Tage. Der Ausstellungstag gilt als 1. Tag. Die Fahrkarte kann bis Mitternacht des 3. Tages benutzt werden. Fahrtunterbrechungen während dieses Zeitraumes sind problemlos möglich. An Haltepunkten der Regionalbahn gibt es oft keinen Fahrkartenschalter, in diesem Fall sollten Sie sich umgehend beim Schaffner des Zuges melden. Im grenznahen Bereich gilt das DB-Schöne-Wochenend-Ticket als ›Deutsch-tschechischer Freundschafts-Fahrschein‹ (německo-české jízdenky přátelství) auch auf böhmischen Bahnstrecken z. B. mit den Zielorten Františkovy Lázně, Karlovy Vary, Mariánské Lázně und Plzeň. Es kostet am Automaten 44, am Schalter 46 Euro und gilt entweder am Samstag oder am Sonntag von 0–3 Uhr des Folgetages. Mit dem Bayern-Böhmen- bzw. Sachsen-Böhmen-Ticket fahren Sie günstig im Nahverkehr bis nach Tschechien. Beide Tickets gibt es als flexibles 1er-, 2er-, 3er-, 4er- und 5er-Ticket , d. h. der Gesamtpreis richtet sich nach der Anzahl der Reisenden: Die 1. Person zahlt 25 Euro, jeder weitere Mitfahrer 4,50 Euro. Am Schalter kostet der Fahrschein 2 Euro mehr. Die Tickets sind auch online zu ordern. Sie gelten einen Tag, montags bis freitags von 9 Uhr bis 3 Uhr des nächsten Tages, am Samstag, Sonntag sowie an den gesetzlichen Feiertagen in Bayern/Sachsen ganztägig von 0 Uhr bis 3 Uhr des Folgetages.
Auch in Tschechien gibt es ein Wochenendticket (SONE +): Es gilt einen Tag für bis

zu zwei Erwachsene und drei Kinder, kostet für das gesamte Streckennetz 650 Kč und ist auch auf grenznahen deutschen Bahnstrecken gültig.

Ein regionales deutsch-böhmisches Angebot im Vierländereck ist der EgroNet-Fahrschein, in Böhmen für 150 Kč pro Person zu erwerben. Fahrräder können in Personenzügen damit kostenlos mitgenommen werden. Weitere Infos: www.egronet.de.

Bei Vorlage des Studentenausweises (ISIC) bekommt man knapp 50 Prozent Rabatt auf Zeitnetzkarten, zwei Tage Bahnfahren – ohne Kilometerbegrenzung. Wer bereits bei der Hinfahrt den Tag der Rückreise kennt, lässt sich ein DB-Wochenendticket vordatieren. Internationale Fahrkarten sind wie in Deutschland auch in Tschechien zwei Monate lang gültig. Die Fahrt kann im Geltungsbereich beliebig oft unterbrochen werden. Inlandfahrkarten sind im Fernverkehr zumeist drei Tage lang gültig, im Regionalbereich nur einen Tag. www.bahn.de, www-vlak-bus.cz.

Fahrscheinkauf im Internet: www.eshop.cd.cz.

Einige wichtige Vokabeln:

Abfahrt	odjezd
Ankunft	příjezd
Bahnhof	nádraží
Fahrplan	jízdní řád
Liegewagen	lehátkový vůz
Platzkarte	místenka
Schnellzug	rychlík
Verspätung	zpoždění
Zug	vlak

Einige wichtige Fahrplansymbole:

R	Reservierung erforderlich (Platzkarte)
X	verkehrt werktags (Mo–Fr)
+	verkehrt feiertags
L	im Sommer
Z	im Winter
S	verkehrt an Sa
A	letzter Arbeitstag vor Sonn- oder Feiertagen
1	Montag
7	Sonntag

Stadtbuslinien, Straßenbahn, Metro

Fahrkarten erhalten Sie an Automaten oder an Verkaufsstellen der Verkehrsbetriebe, oft auch an Zeitungskiosken, Schreibwarenläden etc. Nach dem Einsteigen müssen Sie die Fahrkarte sofort entwerten. Die Umsteigebedingungen variieren von Ort zu Ort, im Zweifelsfall sollten Sie lieber neu lösen. Jede Stadt hat ihre eigenen Stadtlinienfahrkarten, sie können nur im jeweiligen Regionalbereich verwendet werden.

Mit dem Auto

Der Straßenzustand ist fast ausnahmslos gut, aber viele Landstraßen ersticken inzwischen zu Stoßzeiten unter einer Verkehrslawine. Die Verkehrsvorschriften wurden weitgehend den EU-Vorschriften angeglichen; es bestehen jedoch absolutes Alkoholverbot, Gurtpflicht und Handyverbot am Steuer. Wegen der vielen Zebrastreifen (Fußgängerschutzüberwege) genießen Fußgänger in Tschechien absolute Priorität: Autofahrer müssen an diesen immer anhalten. Viele Kreisverkehre halten den Verkehr flüssiger als mit den vielen Ampeln in Deutschland – außerdem werden auf diese Weise Energiekosten gespart.

Ganzjährig muss auch am Tage mit eingeschaltetem Abblendlicht gefahren werden. Im Winter (1. Nov.–30. April) gilt auf gekennzeichneten Strecken ›Auto mit Schneeflocke auf blauem Grund‹ eine Winterreifenpflicht, unabhängig von den aktuellen Straßenverhältnissen.

► Geschwindigkeitsbegrenzungen

130 km/h auf Autobahnen
90 km/h auf Straßen außerhalb geschlossener Ortschaften
80 km/h für PKW mit Anhänger
50 km/h innerhalb von Ortschaften 30 km/h ab 30 Meter vor Bahnübergängen bis nach deren Überquerung.

In Städten sowie auf Autobahnen und Hauptstraßen existieren Zapfsäulen mit Nonstop-Betrieb, ansonsten haben Tankstellen nachts sowie an Sonn- und Feiertagen oft geschlossen. Ende 2014 betrug

Wegweiser in Franzensbad

der Preis für Eurosuper wie für Diesel umgerechnet etwa 1,25 Euro.

► **Autohilfsdienst**:
ADAC-Mitglieder, Tel. 004989/222222.

► **Notrufe** (gelten landesweit):
Notruf, Tel. 112
Polizei, Tel. 158
Unfallarzt, Tel. 155
Feuerwehr, Tel. 150

► **Leihwagen**
Ansprechpartner sind in renommierten Hotels zu finden. Die Preise entsprechen dem westeuropäischen Niveau. Der Besitz einer Kreditkarte ist Bedingung.

► **Taxi**
»Kolik stoij kilometr?« heißt: »Was kostet der Kilometer?« Das Taxameter sollte funktionieren, damit Sie jederzeit über den aktuellen Fahrpreis informiert sind. Auf Verlangen ist der Fahrer auch verpflichtet, eine Quittung auszustellen. Gesetzlich vorgeschrieben ist auch die Währung: nur tschechische Kronen. Wenn der Fahrer dennoch Euro wünscht, dann achten Sie auf den aktuellen Kurs.

Wandern

Westböhmen ist ein Paradies für Wanderer. Ganz Tschechien ist von einem einheitlich markierten Wegesystem durchzogen. Es werden vier Farben im Mittelteil (oben und unten weißer Streifen) verwendet. Rot (Fernwanderweg, Hauptwanderweg, Kammweg), blau (Strecken mittlerer Länge), grün (regionale Wanderwege), grüner Schrägstrich (Naturlehrpfad), gelb (Verbindungswege). An den Wegkreuzungen und Abbiegungen befinden sich Wegweiser mit Orts- und Kilometerangaben. Detaillierte Wanderkarten gibt der Klub Tschechischer Touristen (Klubu českých turistě) heraus. Diese Karten erscheinen im Verlag VKÚ Harmanec einheitlich im Maßstab 1:50 000. Der Verlag Rosy gibt Karten beliebter Wanderregionen auch im Maßstab 1:25 000 heraus. Einige Karten sind mit Informationen in deutscher Sprache erschienen. Eine Karte kostet vor Ort etwa 4 Euro, beim Kauf in Deutschland etwa 10 Euro.
Wanderkarten für Tschechien gratis im Internet: www.mapy.cz.

Wassersport/Wasserwandern

Schon ein flüchtiger Blick auf eine Tschechienkarte zeigt viele Flüsse und Bäche, die sich hervorragend für wassersportliche Aktivitäten eignen. Für viele Flüsse gibt es Wasserwanderkarten (Vodácká mapa).
Als beliebteste Wasserwanderstrecke in Westböhmen gilt die Eger (Ohře).
Auf der ›Vodácká mapa‹ sind alle günstigen Einsatzpunkte für Wasserrouten eingetragen, einschließlich der Anbindung an das Straßen- und Schienennetz. Aus der Farbmarkierung werden die Schwierigkeitsgrade ersichtlich. Auch die Höhenlage am Einsatzpunkt und die Flusskilometrierung sind zu entnehmen. Campingmöglichkeiten sind eingezeichnet. Wasserwanderkarten des Verlages SHOCart Zlín: www.shocart.cz/cze/voda.htm, siehe: vodácké průvodce.

Sprachführer

Das Tschechische verfügt über ein Alphabet mit 84 Buchstaben. Man verwendet neben häufigen Betonungsstrichen auch fleißig Häkchen (háčky), Kullerchen, dazu sieben Fälle, Verben mit zwei Aspekten und vier Konjugationsklassen. Der Schriftsteller Milan Kundera beschreibt in seinem Roman ›Die Langsamkeit‹ eine Szene, in dem ein tschechischer Professor einer französischen Sekretärin die ›merkwürdigen‹ Schriftzeichen erläutert: ›Kennen Sie Jan Hus? Wie Sie wissen, war er ein großer Reformator der Kirche. Ein Vorläufer von Luther ... Was Sie aber nicht wissen: Jan Hus war zugleich ein großer Reformator der Orthografie. Es ist ihm gelungen, sie wunderbar zu vereinfachen. Um das zu schreiben, was Sie wie tsch aussprechen, brauchen Sie drei Buchstaben: t, c, h. Die Deutschen brauchen sogar vier: t, s, c, h. Während uns, dank Jan Hus, ein einziger Buchstabe genügt, ein c mit diesem kleinen Zeichen drauf.‹ So verwundert es nicht, das tschechische Texte mit gleicher Aussage etwa ein Drittel kürzer sind als deutsche.

Der gemeinste Zungenbrecher unserer Nachbarn heißt: Tři sta třicet tři stříbrných stříkaček stříkalo přes tři sta třicet tři stříbrných střech (333 silberne Feuerwehrspritzen spritzen über 333 silberne Dächer).

Obwohl viele Tschechen Deutsch oder Englisch sprechen, wird es in bestimmten Situationen hilfreich sein, wenn Sie sich mit einigen tschechischen Worten verständlich machen können. Wenn Sie dann z.B. an der Hotelrezeption das Haus und den Service mit den Worten loben: »Velmí hezký hotel!« (Ein sehr hübsches Hotel), dann erwidert man Ihr Kompliment vielleicht mit: »Mluvíte hezký český!« (Sie sprechen ein hübsches Tschechisch) – und darüber dürfen Sie sich freuen, denn die wenigsten deutschen Gäste mühen sich.

Einige Ausspracheregeln

á	aa
c	z
č	tsch
ch	nach e und i wie ›dich‹, ansonsten wie in ›Krach‹
ck	zk
ď	dj
dz	ds (stimmhaft)
dž	dsh (stimmhaft)
ě	je
h	ch wie in ›ach‹ vor stimmlosen Konsonanten und am Wortende, sonst h
ň	nj
ó	oo (wie Moor)
ou	langes o
ř	rsh, bei stimmlosen Konsonanten und am Wortende rsch
š	sch
ť	tj
ú, ě	langes u
y	i
z	s (stimmhaft)
ž	sh wie j in Journal

Einige Redewendungen

Guten Tag/Morgen/Abend	Dobrý den/dobré jitro/dobrý večer
Gute Nacht	Dobrou noc
Auf Wiedersehen	Na shledanou
bitte	prosím
danke	děkuji
ja/nein	ano/ne
Sprechen Sie Deutsch?	Mluvíte německy?
Verstehen Sie mich?	Rozumíte mi?
Ich verstehe etwas Tschechisch	Já rozumím trochu česky.
Wo kann ich Geld umtauschen?	Kde si měžu vyměnit peníze?
Können Sie mir sagen,	Můžete mi říci,
wie ich zum Bahnhof/ins	jak se dostanu k nádraží/do
Stadtzentrum komme?	centra města?
Gehen Sie geradeaus	Jděte rovně
... nach links	... doleva
... nach rechts	... doprava
Können Sie mir ein gutes	
Hotel empfehlen?	Můžete mi doporučit dobrý hotel?
kaltes/warmes Wasser	studená/teplá voda
Wetter	počasí
feuchtes	vlhké
trockenes	suché
kaltes	studené
warmes	teplé
schlechtes	špatné
schönes	krásné
nebliges	mlhavé
Wie wird das Wetter?	Jaké bude počasí?
Wo kann man ... kaufen?	Kde mužeme ... nakupovat?
Was kostet das?	Kolik to stojí?
Wo befindet sich ...?	Kde se nalézá ...?
Ich möchte etwas essen/trinken	Chtěl bych něco k jídlu/k pití
Wo ist die Autowerkstatt?	Kde je autodílna?
Ersatzteile	nahradní díly

Holen Sie bitte die Polizei	Zavolejte policii
... einen Arzt/ Autoschlosser	... lékaře/ autozámečníka
Entschuldigung!	Promiňte!
Ich heiße ...	Já se jmenuji ...
Ich liebe Dich ...	Miluji te ...
Zahlen	**čísla**
0	nula
1	jedna
2	dvě
3	tři
4	čtyři
5	pět
6	šest
7	sedm
8	osm
9	devět
10	deset
20	dvacet
30	třicet
40	čtyřicet
50	padesát
60	šedesát
70	sedmdesát
80	osmdesát
90	devadesát
100	sto
Wochentage	**všední dny**
Montag	pondělí
Dienstag	úterý
Mittwoch	středa
Donnerstag	čtvrtek
Freitag	pátek
Sonnabend	sobota
Sonntag	neděle

Monate	měsíce
Januar	leden
Februar	únor
März	březen
April	duben
Mai	květen
Juni	červen
Juli	červenec
August	srpen
September	září
Oktober	říjen
November	listopad
Dezember	prosinec
Sehenswürdigkeiten/Natur	
Schloss	zamek
Burg	hrad
Brücke	most
Berg	hora
Tal	důl
Fluss	řeka
See	jezero
Aussicht	vyhlídka
Turm	věž
Altstadt	staré město
Ausflug	výlet
Ausstellung	výstava
Besichtigung	prohlídka
Festung	pevnost
Führung	prohlídka
Kirche	kostel
Markt	trh
Rathaus	radnice
Wald	les
Wasserfall	vodopád

An der Rezeption	
Rezeption	recepce
Ich habe bei Ihnen ein Zimmer auf den Namen ... reserviert.	Mám u vás rezervovaný pokoj na jméno...
Haben Sie noch Zimmer frei?	Máte ještě volné pokoje?
... für eine Nacht.	na jednu noc.
... für zwei Tage/ eine Woche.	na dva dny/ na týden.
Nein, wir sind leider vollständig belegt.	Ne, máme bohužel všechno obsazené.
Ja, was für ein Zimmer wünschen Sie?	Ano, jaký pokoj byste si přál/-a?
Ein Zweibettzimmer	Dvoulůžkový...
Ein Einzelzimmer	Jednolůžkový...
... mit Dusche.	se sprchou.
... mit Bad.	s koupelnou.
... ein ruhiges Zimmer.	Nějaký tichý pokoj.
Kann ich das Zimmer ansehen?	Můžu se na ten pokoj povídat?
Was kostet das Zimmer...	Kolik stojí pokoj ...
... mit Frühstück?	se snídaní?
... mit Halbpension?	s polopenzí?
Ab wann gibt es Frühstück?	Od kolika hodin (po)dáváte snídani?
Wecken Sie mich bitte morgen früh um ... Uhr.	Ráno mě prosím vzbuďte v ... hodin.
Kalte Vorspeisen	**Studené předkrmy**
Rollmops	zavináč
belegtes Brötchen	obložený chlebíček
Käseteller	obložená sýrová mísa
Räucherlachs mit Mayonnaise	uzený losos s majonézou
Quark	tvaroh
Prager Schinken	pražská šunka
Schinkenwurst	šunkový salám
Butter	máslo
Marmelade	džem
Hörnchen/Brötchen	rohlík
Semmel	žemle, houska
Warme Vorspeisen	**teplé předkrmy**
Würstchen mit Senf	párek s hořčicí

Bratwurst	klobása
Schinkenomlett	šunková omeleta
Bauernfrühstück	selská omeleta
Spiegeleier	sázená vejce
Rühreier	míchaná vejce
Toast	topinka
Suppen	**polévky**
Gulaschsuppe	gulášová polévka
Kartoffelsuppe	bramborová polévka
Fischsuppe	rybí polévka
Brühnudeln	bujón s nudlemi
Erbsensuppe	hrachová polévka
Linsensuppe	čočková polévka
Rindssuppe	hovězí polévka
Hühnerbrühe mit Nudeln	slepičí polévka s nudlemi
Tomatensuppe	rajská polévka
Pilzsuppe	houbová polévka
Hauptgerichte	**hlavní jídla**
Schweinebraten	vepřová pečeně
Schweineschnitzel paniert	smažený vepřový řízek
Rinderbraten	hovězí pečeně
Rinderroulade	hovězí závitek
Rindergulasch	hovězí guláš
Kalbsschnitzel	telecí řízek
Znaimer Braten	znojemská pečeně
Bratklops	karbanátek
Rehbraten	srnčí pečeně
Wildschweinbraten	kančí pečeně
Fasanenbraten	pečený bažant
Gänsebraten	pečená husa
Entenbraten	pečená kachna
Brathähnchen	kuře pečené
Forelle	pstruh

Fischfilet	rybí filé
panierter Karpfen	smažený kapr
gefüllte Paprikaschoten	plněné paprikové lusky
Beilagen	**přílohy**
Kartoffeln	brambory
Salzkartoffeln	vařené brambory
Röstkartoffeln	opékané brambory
Kartoffelknödel	bramborové knedlíky
Pommes frites	bramborové hranolky
Kartoffelpüree	bramborová kaše
Kartoffelsalat	bramborový salát
Semmelknödel	houskové knedlíky
Nudeln	nudle
Reis	rýže
gedünstetes Gemüse	dušená zelenina
Erbsen	hrách
Bohnen	fazole
Sauerkraut	kyselé zelí
Getränke	**nápoje**
Mineralwasser	minerální voda
Milch	mléko
Kaffee	káva
Tee mit Zitrone	čaj s citronem
Obstsaft	ovocná šťáva
Bier	pivo
Weißwein	bílé víno
Rotwein	červené víno
Süßspeisen	**moučník**
Eis	zmrzlina
Palatschinken	palačinka
Torte	dort
Sahnebecher	šlehačkový pohár
Apfelstrudel	jablkový závin

Literaturhinweise

Marie von Ebner-Eschenbach, Aus Franzensbad & Das Gemeintdekind, Residenz Verlag, 1. Auflage 2014, 24,90 Euro. Das unkonventionelle Debüt der österreichischen Autorin – eine 1858 anonym erschienene Briefnovelle – nimmt erfrischend und voller Sprachwitz den damaligen Zeitgeist aufs Korn.

Lesereise Karlsbad, Vitalis Verlag, 2. Auflage 2006, 9,90 Euro. Mit literarischen, historischen und landeskundlichen Beiträgen stellt die Vitalis-Lesereise Städte, Orte und Landschaften vor. Das Zielpublikum dieser Reihe sind nicht die Ströme des Massentourismus, sondern vielmehr jene wirklichen Reisenden, deren Fahrt schon lange vorher, nämlich im Kopf, beginnt. Die hübschen Bändchen sind darüber hinaus ein Souvenir von bleibendem Wert, denn einzigartiges Bild- und Kartenmaterial macht aus jeder Lesereise eine kleine bibliophile Kostbarkeit.

Harald Salfellner, Franzensbad in Böhmen, Vitalis Verlag, 1. Auflage 2008, 9,90 Euro. Geschichten, Reiseberichte und landeskundliche Beiträge über das weltberühmte Kurbad.

Mirjam Triendl-Zadoff, Nächstes Jahr in Marienbad, Verlag Vandenhoeck & Ruprecht 2007, 52 Euro. Mehr als 50 Jahre lang waren Karlsbad, Marienbad und Franzensbad auch als sommerliche Zentren jüdischen Lebens in Europa bekannt. Anhand von Kultur-, Literatur- und Medizingeschichte analysiert Mirjam Triendl-Zadoff diese Entwicklungen vom Ende des 19. Jahrhunderts bis in die 1930er Jahre.

Tschechien im Internet

Die meisten tschechischen Internetseiten, die touristische Informationen anbieten, sind auch in deutscher oder englischer Version abrufbar. Die Qualität ist aber sehr unterschiedlich. Die folgende Auswahl bietet die wichtigsten Informationen für Reisende.

Allgemeine Informationen

www.tschechien-online.org, **www.tschechien-netz.com** Zwei deutschsprachige Internetportale mit Suchfunktion, vielfältigen Informationen von A bis Z sowie Nachrichten aus Wirtschaft, Tourismus und Kultur. Das Angebot wird durch Immobilien- und Kleinanzeigen sowie interessante Links ergänzt.

www.czechtourism.de Die Tschechische Zentrale für Tourismus (Czechtourism) stellt alle Regionen des Landes kurz und bündig vor. Ein Archiv von Pressetexten ist abrufbar. Auch Infos zu Aktivurlaub, Kurorten, Museen und Galerien sind zu finden.

www.czecot.cz Der Touristikserver der Tschechischen Republik mit der Möglichkeit zur virtuellen Besichtigung touristischer Sehenswürdigkeiten sowie Sport- und Freizeitobjekten. Man findet touristische Webkameras, einen Veranstaltungskalender, eine interaktive Karte sowie die Darstellung vielfältiger Sachthemen, z.B.: böhmisches Bier und böhmisches Glas, Folklore, Badeseen. Hilfreich ist die Auflistung sämtlicher Infozentren im Lande. Auch eine Unterkunftssuche ist über diese Seite möglich.

Übernachtung

www.booking.com Das Onlineportal offeriert eine riesige Auswahl an Unterkünften in Tschechien. Bedingung für die Buchung ist zumeist eine Kreditkarte – damit kann man auch kurzfristig (z.B. 1 Tag vorher) oft günstige Angebote ordern.

www.travelguide.cz, **www.czechhotels.cz**, **www.hotel.cz** Durch Ortseingabe können viele Hotels, Pensionen und Privatunterkünfte sowie Campingplätze und Restaurants gesucht werden. Es werden die Adresse und oft auch die Preise angezeigt. Häufig kommt man per Link zur Homepage des Anbieters. Bei einer Buchung über das Internetportal erhält man mitunter einen Rabatt.

www.camp.cz Diese Seite stellt alle Campingplätze des Landes mit Adressen und Öffnungszeiten vor.

http://ubytovani.invia.cz Das Reisebüro bietet eine Unterkunftssuche im Internet nach Region, Preis und Standard mit vielen sehr günstigen Angeboten.

Sonstiges

www.ticketpro.cz Nur tschechische und englische Version: Eintrittskarten für Veranstaltungen in ganz Tschechien (Musik, Theater und Sport).

www.iffkv.cz Informationen zum alljährlichen Internationalen Filmfestival in Karlovy Vary (Juli), in tschechischer und englischer Sprache.

www.zamky-hrady.cz Schlösser, Burgen, aber auch einige Museen, Kirchen, Klöster und historische Städte in Tschechien werden kurz beschrieben und auf stimmungsvollen Fotos dargestellt.

www.fos.cz Hier findet man landesweit die Folklorefestival-Termine, zur Zeit sind weitere Infos nur in der tschechischen Version verfügbar.

www.cz-museums.cz Unterteilt in 14 Regionen, findet man hier die Adressen und Öffnungszeiten der Museen und Galerien in Tschechien, leider nur auf tschechisch. Bei der Suchanfrage wird im oberen Balken ›Adresář muzeí a galerií ČR‹ angeklickt. Im unteren Bereich erscheint dann eine farbige Tschechien-Karte mit den Regionen. Wählt man die entsprechende aus, erscheinen beim nächsten Klick erst die größeren Städte, beim zweiten die gesuchten Orte.

www.vlak-bus.cz Bahnfahrten (Tschechien und Europa), Busfahrten (Tschechien, auch Slowakei und der ÖPNV in den größeren tschechischen Städten) sowie Flüge. Vorbildliche Suchmaske, auch in deutscher Version mit Preisangabe.

Die Autoren

Die Reisejournalisten Kerstin und André Micklitza haben mehrere Reiseführer über ihre Heimat - die Lausitz - sowie über Polen, Tschechien und die Slowakei verfasst. Im Trescher Verlag erschienen die Titel ›Lausitz - Zwischen Spreewald und Zittauer Gebirge‹ (4. Auflage 2013), ›Spreewald‹ (2. Auflage 2014), ›Polnische Ostseeküste‹ (7. Auflage 2014) sowie ›Tschechien‹ (4. Auflage 2015).

Gemäß Goethes Worten ›Die beste Bildung findet ein gescheiter Mensch auf Reisen‹ konnten Kerstin und André Micklitza im Laufe von über 20 Jahren viele allgemeingültige Erfahrungen sammeln. Ihr kompaktes Wissen geben sie in ›Die Vermessung des Glücks in Deutschland‹ (BoD Norderstedt, 3. Auflage 2014) weiter. Darin erzählen sie auch vom beglückenden Gefühl, oft unterwegs sein zu können und wie man individuelle Reisepläne am besten in die Tat umsetzt. Mit ungewöhnlichen Anregungen auch für den Alltag.

Zwei Outdoor-Ratgeber erschienen im Conrad Stein Verlag: ›Wandern mit Kind‹ sowie ›Skiwandern - Nordic Cruising‹.

Micklitza-Fotos werden über die Bildagentur Huber (www.huber-images.de) bundesweit vermarktet.

Danksagung

Frau Michaela Bäumlová nahm sich Zeit für eine Privatführung durch das Bezirksmuseum Cheb. Vielen Dank an die Stadtführer: Pavel Feigl in Karlsbad, Walter Dotzauer in Franzensbad und Václav Vrbík in Pilsen. Dank auch dem gebürtigen Egerländer Josef Döllner, dem 1. Vorsitzenden des Fördervereins Maria Kulm e.V. Er gab Hinweise zur gleichnamigen Wallfahrtskirche.

Bildnachweis

Alle Fotos von Kerstin und André Micklitza, außer S. 15 (l. u.) u. 100: Národní památkový ústav (NPÚ)

Titel: Marienbad, Singende Fontäne mit Hauptkolonnade
Vordere Umschlagklappe: Karlsbad, Mühlbrunnkolonnade
Hintere Umschlagklappe: Doubrava

FLUSSKREUZFAHRTEN DONAU

420 Seiten
Euro 18.95 (D)/19.50 (A)
ISBN 978-3-89794-237-0

FLUSSKREUZFAHRTEN FRANKREICH

460 Seiten
Euro 18.95 (D)/19.50 (A)
ISBN 978-3-89794-266-0

FLUSSKREUZFAHRTEN NIEDERLANDE • BELGIEN

420 Seiten
Euro 16.95 (D)/17.50 (A)
ISBN 978-3-89794-243-1

FLUSSKREUZFAHRTEN RUSSLAND

384 Seiten
Euro 16.95 (D)/17.50 (A)
ISBN 978-3-89794-263-9

KREUZFAHRTEN NORDMEER UND ARKTIS

400 Seiten
Euro 18.95 (D)/19.50 (A)
ISBN 978-3-89794-292-9

RHEIN-MAIN-MOSEL KREUZFAHRTEN

372 Seiten
Euro 14.95 (D)/15.40 (A)
ISBN 978-3-89794-164-9

OSTSEESTÄDTE

432 Seiten
Euro 16.95 (D)/17.50 (A)
ISBN 978-3-89794-299-8

www.trescher-verlag.de

Kartenlegende

Bahnhof	Theater
Brunnen	Tor
Burg/Festung	Touristeninformation
Burgruine	Turm
Busbahnhof	Zoo
Café	Sehenswürdigkeit
Campingplatz	Burg
Denkmal	Kirche
Dorfkirche	Friedhof
Flughafen	Zeltplatz
Höhle	Seilbahn
Hotel	
Kirche	
Kloster	Autobahn
Klosterruine	Schnellstraße
Museum	Hauptstraße
Naturschutzgebiet	sonstige Straßen
Oper	E 65 Europastraße
Parken	A 65 Autobahn
Post	243 Bundesstraße
Restaurant	Eisenbahn
Ruine/Ausgrabungsstätte	Grenzübergang
Sehenswürdigkeit	Staatsgrenze
Seilbahn	Hauptstadt
Synagoge	Stadt/Ortschaft

Kartenregister